KB135102

동학과
서학의
만남

동학과 서학의 만남

홍경실 지음

한국학술정보㈜

동학−천도교 장학회의 후원과 최동희, 고 신일철 은사님의 지도로 준비했던 석사학위논문의 제목이 「베르그송의 종교사상과 동학의 비교 연구」였다. 논문 발표 후 베르그송의 철학에 관하여 더욱 심도 깊게 알고자 「베르그송의 직관에 관한 연구」라는 논문으로 고려대학교 철학과에서 박사학위를 취득했다. 이 저서를 발간하고자 하니 서양철학 전공자의 한 사람으로서 대학교에서의 교양 강의와 연구생활 및 학회활동 그리고 결혼과 육아 등으로 지금까지 보내 온 시간들이 나름대로 한길을 걸어온 것 같다는 생각에 감회가 새롭다.

박사학위논문을 지도해주셨던 표재명 은사님이 회장으로 계시던 '한국키에르케고어학회'에서의 활동과 주일 예배를 통하여 그 근원을 추적해 본다면 서학으로도 대변이 가능할 수 있는 기독교사상에 입문했다. 물론 서학이 좁은 의미로는 가톨릭을 지칭하지만 넓은 의미로는 서양의 모든 문물을 가리킬 수 있으며, 가톨릭/구교나 기독교/개신교 모두 동일한 신을 믿으며 성경 말씀에 근거한다는 그 연원으로 본다면 양자를 서학이라는 단어로 묶을 수 있다고 생각한다. 이런 개괄적인 판단으로 정해진 본서의 제목에 그저 독자들의 너그러운 양해를 구할 따름이다. 본서의 제목을 '동학과 신서학'이라고 표현하는 것이 좀 더 정확하겠지만, 이는 2000년에 지식산업사를 통해 이미 출간된 김상일 교수님의 저서명이기 때문에 피해갈 수밖에 없었다는 점을 이 자리를 빌려 밝히지 않을 수 없다.

본서는 저자가 박사학위논문 발표 이후 동학학회와 키에르케고어 학회에서 활동하면서 연구 발표해온 논문들과 한국연구재단(구 한국 학술진흥재단)의 후원 아래 숭실대학교 연구교수로 재직하면서 발표 했던 논문들을 한데 모아서 정리한 글이다. 부족하기 그지없는 글들 이라고 할 수 있지만 이 땅의 학문후속세대의 한 사람으로서 박사학 위를 취득한 이후 걸어온 학문 여정이 이곳에 고스란히 집결되어 있 다는 데 그 출판의 의미를 찾을 수 있을 것이다.

본서의 제목을 '동학과 서학의 한 만남'이라고 정한 것은 첫 번째 수록된 논문의 성격을 대변하고자 해서이다. 물론 서학이 키에르케고 어의 사상과 동일하다고는 할 수 없으며 키에르케고어는 오히려 좁 은 의미의 서학, 곧 가톨릭의 율법적 형식성을 비판하고자 하는 개신 교도로서의 기독교인이었다. 그러나 기독교나 가톨릭의 궁극적인 믿 음의 대상이 동일하고 양자가 공히 성경의 말씀에 근거한다는 공통 점을 지니기 때문에, 또한 동학 창도 당시의 서학의 넓은 의미가 서 양학과 문물을 총칭할 수 있다는 의미에서 동학에 대한 대비를 선명 히 하기 위해 서학이라는 단어를 제목에 넣었다. 동학과 서학이라는 대조적인 단어를 굳이 책의 제목에 넣은 또 다른 이유를 들자면 동· 서양의 대표적인 두 종교사상 간의 만남과 대화, 소통을 통하여 우리 것, 우리 사상, 우리의 정체성에 대한 문제의식과 고민을 해결하고 싶 은 나름의 오랜 학문적 바람에서라고 하겠다.

본서를 마무리하면서 프랑스철학사를 관통하는 '몸 철학'의 담론들을 수록했다. 이 세 편의 논문들은 한국연구재단의 후원으로 숭실대학교 한국기독교문화연구소 연구교수로 재직하면서 연구, 발표한 것들이다. 사실 이 세 편의 논문에 살을 입혀서 한 권의 저서로 출판하고자 하는 의욕이 넘치던 시절이 있었다. 언젠가 그 의욕이 되살아나 소기의 결실을 맺게 되었으면 하는 바람은 아직도 유효하다. 본인은 몸 철학적인 담론이야말로 모든 인문학적 담론이 회통할 수 있는 만남과 대화의 중심에 놓여 있다는 학문적 소신을 갖고 있다. 몸이 발하는 관능성이 그 감각적 성격을 지양하면서 성화(聖化) 가능할 수 있는 것은 종교와 예술의 힘에 의하여 가능하다고 생각한다. 인문학적 담론이란 어쩌면 사고의 정신성에 맞닿아 있는 몸의 감각성, 몸의 감각성에 맞닿아 있는 사고의 정신성에 대한 진지한 성찰과 이로부터 가능한 바른 이해로부터 출발해야 하지 않을까? 동학이 말하는 무궁한 우리의 몸과 기독교가 말하는 성스러운 부활의 몸이야말로 이런 몸 담론의 정점 가운데 하나일 수 있겠다는 학문적 소신을 지울 수 없다.

정신이나 영혼, 철학적 사유나 주체 등의 소프트웨어 관련 학문이 인문학이라고 할 수 있다면, 육체나 감각적인 물체 등의 하드웨어 관련 학문이 곧 자연과학이라고 할 수 있다. 오늘날 절실하게 요구되고 있는 학문 간의 소통과 융합이란 결국 이 양자를 관통하는 '몸'에 관한 성찰이 아닐까 하고 조심스럽게 생각한다. 몸에 관한 숙고와 성찰이야말로 종교를 근간으로 하는 제반 인류의 문화 현상을 이해할 수 있는 그 뼈대이며 출발 지점이어야 할 것이다.

이런 생각을 하기 시작한 게 언제부터였는지는 정확히 알 수 없다. 그때가 언제쯤부터였을까? 어쩌면 아주 어렸을 적부터, 생각이나 사고를 하기 이전부터 몸을 통한 무의식적이고도 감성적인 사고를 해왔기 때문은 혹시 아닐까? 이런 어렴풋한 생각들이 박사학위논문을 준비하며 베르그송의 몸 담론에 집중적으로 빠져들면서 지금까지 학문적 소신으로 자리 잡게 된 것 같다. 깊은 잠에서 깨어나 아침 햇살과 인사하려고 방안의 창문을 열어젖혔는데 엊그제와 같은 자리에 늘 서 있던 앙상한 나뭇가지에 물이 오른 듯 봄 냄새가 가득 풍겨왔다. 또 다른 계절이 시작하려나 보다. 일 년에 서너 번 옷을 갈아입으면서 그렇게 예기치 않게 우리들 곁을 찾아오는 저 자연과 같을 수는 없겠지만, 우리네 인간도 언젠가는 분명 몸의 옷을 갈아입게 될 날이 찾아오리라는 깨달음이 엄습해왔다. 하루하루 찾아드는 시간의 흐름 속에 피부라는 우리들 몸의 겉옷도 언젠가는 저 앙상해져가는 초록의 자연처럼 닳고 해져서 누추해져 갈 수밖에 없겠지만, 또다시 어김없이 찾아드는 자연의 갈무리와는 달리 기약을 할 수 없는 육신의 갈무리가 아니던가!

마흔이라는 불혹의 나이를 넘어서면서부터 이런 생각은 더 깊어지지 않았을까 싶다. 나의 사고는 예기치 못할 죽음의 순간을 밑면의 한 꼭짓점으로 하면서 그 맞은편 꼭짓점에 몸이라는 육신의 옷을 찍고, 홀로 선 맨 꼭대기의 꼭짓점에는 그런 삼각형 밑변의 두 꼭짓점을 관조하는 나를 늘 놓아두곤 했다. 10여 년의 성상이 더해진 이제는 살아온 날들보다 죽어 갈 날들이 더 가까이에서 손짓하고 있는지도 모를 일이다. 아무래도 지금껏 살아온 날들보다는 더 많은 시간이 나에게 허락될 수 없으리라는 안타까움과 두려움이 밀려오곤 한다. 죽음과 마주하게 될 언제인가를 막연하게 예감할 수밖에 없는 서서히 늙어감이 그저 속절없을 뿐이다.

그래서였는지 모른다. 40대를 넘어선 언제인가부터 나는 생각을 할 때마다 그 생각의 한 모퉁이에다 죽음의 자리를 마련하곤 하는 습관이 배기 시작했다. 나의 몸이 경험하고 있는 살아 있는 날들의 모든 기억들, 보고 듣고 만지는 그 모든 몸의 향연이 임종 시의 앙상한 겨울 나뭇가지 혹은 백지장처럼 형해화된 임종 시의 나의 몸과 오버랩 되면서 종종 나의 사고를 숙연하게 만들기 시작했다. 죽음이란 과연 어떻게 찾아오는 것일까? 이 글을 쓰고 있는, 아직 살아 있는 나는 과연 어떻게 죽음을 준비해야 하는가? 삶을 담보로 또 하나의 숙제를 부채인 양 짊어지고 있는 나이지만, 한 가지의 방법으로도 분명 죽음을 예감할 수 있을 것 같다. 그 가장 확실하고도 분명한 방법이란 바로 나의 몸에 대한 주의 집중과 성찰이 아닐까? 지금 이렇게 이곳에서 살아 숨 쉬고 있는 심장의 고동소리와 뛰는 맥박을 느낄 수 있는 생명의 몸, 언젠가는 죽음의 몸으로 화할 나의 몸⋯⋯. 어쩌면 몸에 관한 성찰이야말로 앞으로 내가 계속 연구해야 할 학문적 소임임에 분명한 것 같다.

그래서 앞으로의 연구 활동은 베르그송의 철학과 사상에 대한 비판적 재검토는 물론 우리의 몸에 대한 동학과 서학의 이해를 비교하는 작업이 될 것 같다. 이 저서에 실린 첫 번째 논문에서도 밝히고 있듯이 '무궁한 인간과 원죄를 짊어진 인간'이라는 대조적인 인간 이해는 후일 한 권의 묵직한 단행본으로 출판될 수 있는 저자의 문제의식 가운데 하나이다. 베르그송을 중심으로 한 그 주변의 프랑스 사상가들과의 만남은 물론, 동학학회와 키에르케고어학회를 통한 연구 활동을 계속해 나갈 것이다. 「베르그송의 직관에 관한 연구」라는 논문으로 박사학위를 취득한 이후 지속되고 있는 저자의 연구 활동이 모쪼록 이 땅에서 학문을 하는 많은 연구자들에게 조금이라도 도움이 되었으면 하는 간절한 마음으로 머리말을 맺는다.

홍경실

목차

* 절대자에 관한 자작시 – '주와 한울님'

아플 때, 정말 아플 때
죽고 싶도록 아플 때
그런 아픔이 아무 것도 아니라고
그런 아픔이 무(無)라고
내려놓을 수 있던가요?

슬플 때, 아주 슬플 때
슬퍼서 죽고 싶을 때
그런 슬픔도 잊을 수 있다며
슬픔도 기쁨도 한 순간의 바람이라며
모른 척 외면할 수 있던가요?

무념무상(無念無想)한 듯한 삶의 이치
어김없이 흐르는 시간과 세월의 덧없음

알아요, 저도 알지요
머리로는 말이에요
그런데, 그런데……

지금 이 순간을 느끼고 있는 심장의 뜨거움
가슴이 아프고 또 아플 때
마음이 슬프고 또 슬플 때

어떻게 누군가에게 간절히
다가가지 않을 수 있을까요?

오! 주님, 나의 한울님!
저희들의 아픔과 이 고통을 거두어 주세요!
죽어가고 있는 저희들을 불쌍히 여겨
그 슬프고 아픈 마음을 어루만져 주세요!
제발 삶이 덧없다며 무상하다고 말하지 마세요!

행복하고 싶어요.
행복을 느끼고 싶어요.
당신이 도와주셔야 해요.

오, 주여!
나의 한울님이시여!

제1장 키에르케고어와 수운의
인간 이해 비교

1. 들어가면서

비교란 두 가지 이상의 비교 대상 간의 다른 점과 같은 점을 꼼꼼하게 드러내는 사고 과정이다. 이런 과정을 통하여 인간의 사고는 그 비판적 기능을 계발해왔다. 서양어로 생각하다, 사고하다의 어원인 라틴어 pensarer는 두 대상을 천칭에 올려놓고 그 물리적인 양의 차이를 비교하는 행위를 의미한다. 물론 인문학적인 사유 방식으로서의 비교란 비교 대상들 간의 차이를 천칭 위에 올린 정량적인 것으로 규정하는 작업일 수는 없을 것이다.

비교 대상들 간의 질적인 차이, 그 유사성과 상이성을 부각시키는 인문학적인 비교 행위는 곧 인문학의 탐구 대상에 대한 이해와 해석을 도모하는 질적인 것이다. 오늘날 차이의 철학에서 발견한 것처럼 자아와 타자가 단지 비교에 의해서만이 그 정체성을 확보할 수 있다고 한다면, 무릇 비교에 의하지 않고 유아독존적으로 자기 스스로의 정체성과 고립된 자아성이나 타자성을 논하는 일은 무의미할 것이다.

본고는 쇠렌 키에르케고어(SØren Aabye Kierkegaard: 1813~1855)와 수운 최제우(水雲 崔濟愚: 1824~1864)의 인간에 대한 이해를 상호 비교해 봄으로써 이 둘 간의 상이성과 유사성을 부각시키고자 한다. 그렇게 함으로써 키에르케고어의 인간에 대한 이해와 수운의 인간에 대한 이해가 더욱 더 선명하게 부각될 수 있을 것이며, 이에 더 나아가 우리들 자신에 대한 이해 역시 증진될 수 있으리라고 기대된다.

쇠렌과 수운의 인간에 대한 이해를 비교하기 위하여 이 둘이 종교사상가라는 사실에 주목하고자 한다. 종교사상의 핵심은 신이나 절대자에 대한 이해라고 할 수 있으나 쇠렌과 수운을 통하여 우리들 자신에 대한 인간학적인 이해를 확장시키고자 하는 본고의 성격상 이 두 사상가의 인간 이해에 논의의 초점을 맞추고자 한다. 먼저 쇠렌의 인간에 대한 이해의 핵심을 원죄아(原罪我)로 규정하고 수운의 그것은 무궁아(無窮我)로 규정하고자 한다.

이어서 원죄아의 근거가 되는 쇠렌의 기독교 이해를 그의 종교에 대한 이해의 핵심인 종교성A와 종교성B를 중심으로 살펴보고자 한다. 이는 쇠렌의 실존주의사상인 세 가지 실존 가운데 마지막 세 번째인 종교적 실존의 단계와 함께 진행될 것이다. 그리고 무궁아의 근거가 되는 수운의 동학 이해를 그의 사상이 담긴 『동경대전』과 『용담유사』에 주목하면서 특히 이돈화(李敦化: 1884~?)의 무궁아에 대한 해석을 중심으로 살펴보고자 한다.

4절인 '쇠렌과 수운의 인간 이해 비교'와 마무리 부분에서는 쇠렌과 수운의 인간에 대한 종교적인 이해를 비교해 보고자 한다. 인간이란 쇠렌의 이해처럼 원죄를 짊어지고 고뇌하면서 괴로워하지만 역설적으로 그리스도의 십자가 보혈로 인하여 죄 사함의 구속(救贖) 가운데 저 세상에서의 영생의 축복을 누리는 존재일까? 아니면 수운의 이해처럼 한울님의 무궁한 전체아의 품 안에서 이 세상에서의 신명을 누리는 무궁한 존재일까? 이런 물음을 제기하면서 본고를 시작하고자 한다.

2. 키에르케고어의 인간에 대한 이해

쇠렌 키에르케고어는 인간이 지닌 최고의 열정을 믿음과 신앙이라고 말한다. "믿음은 인간 속에 있는 최고의 정열이다."[1] 믿음을 주제로 한 『공포와 전율』에서 쇠렌은 구약성서에 나오는 '믿음의 사람'인 아브라함과 이삭의 이야기를 통해 아브라함에게 찬사를 보낸다. 아브라함은 귀하게 얻은 늦둥이 이삭을 '윤리적인 것의 목적론적인 정지'[2]를 통하여 하느님에게 바치려 했다. 그는 하느님을 믿고 그의 명령에 순종하는 개별자로서 윤리적이고 보편적인 것보다 높은 곳에 있었다. "믿음이란 곧 개별자가 보편적인 것보다도 높은 곳에 있다는 역설이다."[3] 이는 매개를 용납하지 않은 역설이다.[4] 쇠렌은 믿음이란 곧 역설이어서, 오성적인 인간의 사유가 끝나는 곳 바로 거기서부터 시작한다고 주장한다.[5]

여기서 쇠렌은 역설을 절대적 상이성, 전적으로 다름, 질적인 차이성 등으로 이해되는 절대자에 대한 믿음으로 보고 이를 하나의 한계 개념으로 규정하게 된다.[6] 인간의 사고방식인 오성은 동일성에로 조회되는 표상적 활동이어서 인간의 사고방식과 전혀 다른 것을 알 수 없다. 그리고 바로 여기서 인간과 신과의 절대적이고도 질적인 차이에 근거하는 순수한 그리스도교의 개념인 '절대적 역설'이 제기된다.[7] 절대적인 역설이란 시간 안에 들어온 영원인 예수 그리스도의 성육신(incarnation)을 의미한다. 오성이 자신과는 전적으로 다른 역설

---

1) SØren Aabye Kierkegaard, 임춘갑 역, 『공포와 전율/반복』, 다산글방, 2007, 226쪽(앞으로 이 책은 『공포와 전율』로 줄인다).

2) 『공포와 전율』, 99-104쪽 참고.

3) 위의 책, 101쪽.

4) 위의 책, 123쪽.

5) 위의 책, 99쪽.

6) 표재명, 「키에르케고어의 역설의 개념」, 『키에르케고어 연구』, 지성의샘, 1995, 57쪽 참고.

7) 위의 책, 60쪽.

을 이해하고 만나게 되는 행복한 정열의 순간이 곧 신앙이다.[8] 이러한 역설은 오성이 그저 받아들이고 수긍해야만 하는 하나의 양보(讓步)가 아니라 바로 우리들 인간의 존재론적이고도 실존적인 범주 가운데 하나이다.[9]

쇠렌의 인간 이해는 실존의 세 가지 단계설을 통하여 정리될 수 있는데 여기서 세 가지의 단계는 고정된 것이어서 반드시 한 단계에서 다른 한 단계로 옮아가는 것은 아니다. 개인은 한 단계로부터 다른 단계로 넘어갈 수도 있고 그렇지 않을 수도 있어서 이에는 어떤 논리적인 필연성이나 변증법적인 필연성도 작용하지 않는다. 다만 하나의 단계와 관계를 끊느냐 마느냐의 실존적인 선택이 문제될 뿐이다.[10] 첫 번째 심미적인 단계와 두 번째 윤리적인 단계 그리고 마지막 세 번째의 단계인 종교적 단계 가운데 본고의 논의와 직접 관련되는 종교적 단계에 주목하고자 한다.

주지하다시피 덴마크 국교회하의 서구 기독교적인 시민사회에서 태어나 부친으로부터 독실한 신앙심을 몸소 배울 수 있었던 키에르케고어의 평생의 문제의식은 "인간은 어떻게 해야 그리스도인이 될 수 있는 것일까?"였다. 그는 생애의 마지막 순간까지 자신이 그리스도인이 되어가고 있었을 따름이라고 말한다.[11] "내게 주어진 과제는 그리스도인의 개념을 음미하는 일이다."[12] "그리스도인이 되고 또 그리스도인으로서 끝까지 사는 일이야말로 시련이고 다른 어떤 인간적

---

8) 위의 책, 64쪽.

9) 위의 책, 66쪽 참고.

10) Charles Le Blanc, 이창실 옮김, 『키에르케고르』, 동문선, 2004, 59-60쪽 참고.

11) Walter Lourie, 임춘갑 옮김, 『키르케고르 평전』, 다산글방, 2007, 212쪽 참고.

12) SØren Aabye Kierkegaard, 임춘갑 옮김, 『순간/ 현대의 비판』, 다산글방, 2007, 334쪽.

인 고난과도 비교가 안 될 만큼의 고통과 고뇌를 동반하는 고뇌이다. 그렇다고 해서 그리스도교 내지는 그리스도가 잔인한 것은 아니다. 천만에, 그리스도 자신은 자비와 사랑이시고, 그렇다, 자비와 사랑 그 자체이시다."[13]

당시의 덴마크 기독교를 제도적으로 교리화되고 습관적으로 타성에 젖은 Sunday religion이라고 비판한 그는, 생애의 마지막 순간까지 '그리스도인으로 되어가는 실존적 과정'에 충실했던 한 사람의 실존주의적인 기독교 종교사상가였다. 쇠렌은 인간의 심각하고도 비참한 경험과 하느님의 무한한 은혜 그리고 감사하는 마음에서 우러나오는 인간의 노력이 기독교를 구성하는 세 가지의 요소라고 정의한다.[14]

쇠렌은 인간을 질색하게 하는 것이 인간의 나약함이 아니라 인간의 왜곡된 힘이라고 말한다. 왜냐하면 인간이 인간에게 힘을 주신 하느님을 망각할 때에는 하느님께서 주신 힘 그 자체가 인간을 유혹하여 인간으로 하여금 자기 자신만으로도 스스로 만족하다고 생각하게 만들기 때문이라고 한다. 과학기술의 실제적인 성과와 자유 정의 사회를 실현해나가는 과정 속에서, 당시의 인간은 하느님을 찾으려는 욕구를 상실한 채 자기 자신만으로도 스스로 만족하다고 생각하면서 마치 인간이 하느님이기라도 한 듯한 착각을 한다고 쇠렌은 비판한다. "대다수의 인간들의 불행은 결코 그들이 약하다는 사실에 있지 않고 오히려 강하다는 사실에 있다. 즉 하느님의 역사(役事)에 주의를 기울이기에는 정말 너무나도 지나치게 강하다는 사실에 있는 것이다."[15]

---

13) SØren Aabye Kierkegaard, 임춘갑 옮김, 『그리스도교의 훈련』, 다산글방, 2005, 305쪽.

14) Haward and Edna Hong(ed.), *S Øren Kierkegaard's Journals and Papers*, Bloomington, 993(X[3] A 734).

15) H. A. Johnson, 임춘갑 옮김, 『키르케고르 사상의 열쇠』, 다산글방, 2006, 28-29쪽 참고.

인간이 전지전능한 하느님과는 질[16]적으로 다른 연약한 존재라는 쇠렌의 인간이해는 기독교의 인간이해인 원죄아와 동일하다. 쇠렌은 인간이 강한 존재가 아니라 불안과 절망에 빠져 있는 나약한 존재여서 그리스도에 대한 신실한 믿음으로만 구원받을 수 있다고 역설한다. "그러므로 한 사람으로 말미암아 죄가 세상에 들어오고 죄로 말미암아 사망이 들어왔나니 이와 같이 모든 사람이 죄를 지었으므로 사망이 모든 사람에게 이르렀느니라."[17] "내가 죄악 중에서 출생하였음이여 어머니가 죄 중에서 나를 잉태하였나이다."[18] 쇠렌은 최초의 죄인 아담의 죄와 후대의 모든 개인들의 죄 사이에는 아무런 질적 차이가 없다고 주장한다.[19]

여기서 원죄를 받아들이느냐 받아들이지 않느냐를 중심으로 쇠렌의 종교적 실존에 대한 이해는 전자를 종교성A로 규정하고 후자를 종교성B로 규정하면서 전개된다. 원죄(Original Sin)란 인간의 본성을 이해하는 데 있어서 너무도 깊고 무서운 개념이라고 할 수 있다. 인간의 사고방식으로는 결코 원죄를 이해할 수 없을 것이다. 그러나 성경의 말씀과 그리스도의 성육신(Incarnation)이라는 계시로부터 원죄를 받아들이고 또 원죄를 믿어야만 한다.[20] "죄는 본래 그 어떤 학문에도 속해 있지 않다. 오히려 그것은 설교의 주제인바, 그러한 설교에서

---

16) SØren Aabye Kierkegaard, 임규정 옮김, 『죽음에 이르는 병』, 한길사, 2007, 136쪽 옮긴이.
키에르케고어의 경우 '질'이란 하나의 현상 및 현상이라는 개념의 고유한 특징을 의미하며, 하나의 질로부터 다른 질로의 이행은 오로지 비약에 의해서만이 가능하다. 이는 질적 변증법으로서, 양적인 변화의 기초 위에서만이 질적 비약이 가능하다고 하는 헤겔의 변증법과는 대조된다.

17) 신약성경 로마서 5장 12절(『굿데이 성경』, 생명의말씀사, 2007).

18) 구약성경 시편 51장 5절(『굿데이 성경』, 생명의말씀사, 2007).

19) SØren Aabye Kierkegaard, 임규정 옮김, 『죽음에 이르는 병』, 한길사, 2007, 138-139쪽 주)17 참고.

20) SØren Aabye Kierkegaard, 임규정 옮김, 『불안의 개념』, 한길사, 2005, 73쪽 참고.

단독자는 단독자에게 단독자로서 말을 건넨다."[21] 여기서 원죄를 받아들이는 종교성B는 개별자로서의 단독자가 보편적이고 윤리적인 것보다도 높다고 하는 역설을 드러낸다. 윤리적인 것의 목적론적 정지를 통해 진정한 신앙의 기사로서 우뚝 선 아브라함의 경우처럼 하느님과 아브라함 사이에는 개별적인 관계만이 있을 뿐이다.

원죄아를 인정하는 기독교 교의학은 죄의 현존을 부정하지 않고 그 반대로 죄를 미리 가정함으로써 죄를 설명한다. 교의학은 현실적인 것을 관념성으로 끌어올리기 위해서 현실적인 것에서 출발하지만 이는 단지 원죄를 전제함으로써 원죄를 설명할 뿐이다. 그러나 원죄란 아무도 붙잡을 수 없는 그 무엇으로 도처에 존재하는 것이다. 그 어떤 학문도 죄를 만족스럽게 다룰 수는 없다. 그러나 가장 단순한 인간도 그것을 붙잡을 수가 있다.[22] "죄는 정말로 존재한다. 그것도 하느님 앞에서. 이것에서만큼 인간이 하느님과 그처럼 구별되는 것은 없다."[23]

죄의식은 양심의 가책과는 다른 것이다. 양심의 가책은 인간의 윤리적인 한계성에서 오는 것으로서 윤리적으로 살려고 하면 할수록 그렇게 살 수 없는 한계성을 통해서 자기를 발견하는 것이다. 그래서 윤리적 자아를 쇠렌은 자기 스스로 발견되는 것(autodidact)이라고 부른다. 이렇게 윤리의 한계를 깨달을 때 종교의 가능성이 열리게 되는데 이 경우 종교성A는 기독교가 아닌 범신론 등의 다른 자연종교에서 발견되는 것이다.

죄책감이나 양심의 가책과 죄의식은 질적으로 상이한 것이기 때문

---

21) 위의 책, 103쪽.

22) 위의 책, 110쪽 참고.

23) SØren Aabye Kierkegaard, 임규정 옮김, 『죽음에 이르는 병』, 한길사, 2007, 243쪽.

에 이들 간에는 단절이 있다. 인간은 초월자의 힘에 의하지 않고서는 죄의식에 다다를 수 없기 때문에 여기서 종교성 일반으로서의 종교성A와 기독교의 입장을 대변하는 종교성B 사이에는 질적인 차이가 있다.[24] 죄의식이란 인간이 스스로의 힘으로 발견하는 지식이 아니라 육신을 입고 역사 속으로 온 신－인(God-Man)인 예수 그리스도를 통해 발견된다. 이처럼 인간에 대한 진정한 이해는 철학적이고 인간학적인 것이 아니고 기독교적이고 신학적인 것이다.[25]

종교성A는 윤리적이고 종교적인 단계로서 보편적인 절대자가 개별자의 윤리적 실존과 일치한다고 보는 점에서 윤리적 실존과 다를 것이 없다. 물론 단순히 윤리적인 사람의 독립성에 비하여 여기서는 어떤 형태로든지 절대자와의 관계가 유지된다. 그러나 윤리적 실존과 다를 바가 없기 때문에 종교성A는 하느님과 인간 사이의 전적인 차이성을 보지 못한다. "종교성A에서 신은 무한히 모든 것이므로 개인 안에도 있으나 개개인이 신은 아니고, 우리 모두를 감싸고 있는 것이나 이 모든 것 안의 어떤 것이 아니다. '종교성A'의 신은 신에 대한 우리의 관계 밖에서는 생각할 수도 없고, 있지도 않은 것이다."[26]

쇠렌은 당시 기독교계의 근본적인 문제점으로서 하느님－사람/ 신－인인 예수 그리스도에 관한 가르침이 하느님과 인간 간의 질적인 차이를 범신론적으로 지양하는 데 있다고 비판한다. 마치 하느님과 인간이 하나로 융합되기라도 하는 것처럼 양자 사이의 질적인 차이를 지양하는 것을 가장 끔찍한 신성모독행위라고 비판한다.[27] "하느님과

---

24) 『키에르케고어 연구』, 지성의샘, 1995, 96쪽 참고.

25) 한국키에르케고어학회, 『다시 읽는 키에르케고어』, 철학과 현실사, 2003, 255쪽 참고.

26) 위의 책, 이승구, 「키에르케고어의 종교성 A와 슐라이어마허의 종교」, 107-108쪽.

인간은 무한한 질적 차이에 의해 분리되어 있는 두 성질이다. 인간적으로 말하자면 이러한 차이를 간과하는 그 어떤 가르침도 모두 광기이며, 신적으로 이해하자면 그것은 신에 대한 모독이다. 이교에서는 사람이 신을 인간(인간ー신)으로 만들었다. 그리스도교에서는 하느님이 스스로를 인간(하느님ー사람)으로 만들었다. 그러나 하느님의 자비로운 은총이라는 이러한 무한한 사랑 속에서도 하느님은 한 가지 조건을 붙인다. 하느님은 그렇게 할 수밖에 없는 것이다. 바로 이것, 하느님은 그렇게 할 수밖에 없다는 것이 그리스도의 슬픔이다."[28]

쇠렌은 하느님과 인간의 절대적인 상이성 때문에 역설이 비롯되며 역설이란 순수한 기독교 개념이라고 말한다. 인간의 사고로는 이해할 수 없는 불합리한 역설임에도 불구하고 이를 이해하려고 할 때 생기는 불행을 쇠렌은 분노라고 부른다. 그런데 분노하다는 덴마크말의 어원인 희랍어가 '충돌 또는 걸려 넘어지게 하는 것'을 의미하는 scandalon이라고 한다. 여기서 분노란 충돌하는 것이 아니라 충돌을 받아들이는 것과 유사하다. 여기서 과연 어떤 충돌을 받아들인다는 것인가 하는 의문이 제기된다.

신약성경은 예수 그리스도를 가리켜 '거침 돌, 걸려 넘어질 돌(로마서 9장 32절~ 33절), 걸리는 돌, 넘어지는 바위(베드로전서 2장 8절) 등으로 표현하고 있다. 시간 안에 들어 온 영원이라는 절대적인 역설을 이해할 수 없어서 거리끼고 분노하는 인간 오성의 하나의 반동 현상을 역설과 대조적으로 드러내기 위해 분노라는 말을 썼다.[29]

---

27) 『죽음에 이르는 병』, 한길사, 2007, 235쪽.

28) 위의 책, 251쪽.

29) 『키에르케고어 연구』, 지성의샘, 1995, 61쪽 참고.

"그러나 분노를 넘어서서 이 배리, 이 절대적 역설을 받아들일 때 신앙은 성립한다. 사람은 스스로의 이성을 십자가에 못 박고 죽음의 비약을 할 때 궁극적인 구원을 얻게 되는 것이다. 이것은 물론 모험이다. 그러나 모험 없이는 신앙도 없다. 신앙이란 바로 내면성의 무한한 정열과 객관적 불확실성 사이의 모순이기 때문이다. 그리고 이것은 신으로부터 주어지는 은총이다."[30]

3. 수운의 인간에 대한 이해

이 땅에 16세기 말엽부터 소개되기 시작한 서학 · 천주교는 17세기와 18세기를 지나면서 실학파 사상가들에게 비판적인 거부와 창조적인 수용이라는 측면에서 영향을 주게 된다.[31] 19세기 벽두부터 황사영의 백서사건을 계기로 해서 발발된 신유사옥과 1866년의 병인양요 등, 조선조 사회의 내유외환과 더불어 천주교의 교세는 확대일로에 있었다.[32] 이미 정조 10년(1786)에 천주교를 사학(邪學)이라 하여 국법으로 금할 정도로 천주교는 널리 퍼졌으며, 국가 경제가 파탄 지경에 이르고 민심이 소란스럽던 '민란의 시대'인 철종 때에 와서는 천주교 신자가 급증해서 철종 12년(1861)에는 18,035명의 신도가 있었다고 한다.[33]

이런 와중에서 1860년 경신년 4월 5일의 동학 창도는 수운 당시의

---

30) 위의 책, 29쪽.
31) 최동희, 『서학에 대한 한국실학의 반응』, 고려대학교 민족문화연구소 출판부, 1988, 머리말 참고.
　　이 책의 머리말은 서학을 넓은 의미로는 서양문화 전반에 대한 총칭으로서, 가장 좁은 의미로는 서양 종교인 천주교로서 정의한다. 이 경우 서학과 서교는 동일한 용어인데, 때로는 서도(西道)로서 쓰이기도 했다.
32) 금장태, 『동서교섭과 근대 한국사상』, 성균관대 출판부, 1984, 241-244쪽 참고.
33) 신일철, 『동학사상의 이해』, 사회비평사, 1995, 128쪽.

동남아 삼국의 종교사상인 유·불·선과 노장사상 등에 대한 이해와 천주교에 대한 이해를 비판적으로 성찰하면서, 이에 대한 한국적 수용과 변용의 결과라는 의의를 지닌다. 이른바 19세기 중반 무렵 조선왕조 사회 내에서의 동양과 서양 종교문화 간의 만남 가운데, 가장 토착적이고도 근원적인 한국사상의 뿌리로서 오늘날 주목받고 있는 선(禪)사상의 지반 위에 개화한 민족종교가 곧 동학이다.[34] 따라서 동·서양의 제반 종교문화가 혼합된 단순한 혼합종교로서 동학을 규정하는 태도는 동학에 대한 올바른 이해가 아니라고 본다. 동·서양 제반 종교문화가 동학 창도에 있어서 그 해석학적인 지평의 역할을 제공할 수는 있었을지언정, 그러한 지평이 수운에 의하여 창조적으로 변용되어 동학이 창도되었다는 사실과는 필요충분적인 인과관계가 없기 때문이다.

그런데 여기서 다음과 같은 물음이 제기될 수 있다. 과연 어떻게 해서 동·서양의 대표적인 종교문화가 동학이라는 이름으로 만날 수 있었을까? 종교사상 가운데 가장 핵심이 되는 신관의 경우만 거론해도 서학·천주교의 경우는 유일신적이고 인격적인 창조신관을 믿지만, 동양의 제반 종교의 경우 이는 결코 받아들이기 어려운 신관이기 때문이다. 그러나 동학의 경우 물론 부분적인 비판과 거부는 인정하지만 서학의 신관의 일면모를 보이고 있으며 동시에 동양 종교의 면모도 보이고 있다.[35] 동학이 지닌 일견 양립 불가능해 보이는 이런

---

34) 국내 학계에서 이런 주장은 김상일과 노태구에 의하여 주도되고 있다.

35) 『동학학보』 제6호는 '동학과 서학의 만남'을 제목으로 하는 특집호로서 기획되었다. 그런데 사실 이런 연구는 동학연구가들 내부에서보다는 한국기독교계 내에서 이미 비교종교학적인 측면의 연구로서 진행되었다. 권진환, 「기독교와 동학의 만남: 영과 지기를 중심으로」, 『동서 종교의 만남과 그 미래』(변선환 아키브 동서 종교신학 연구소 편), 모시는사람들, 2007, 335쪽 참고(여기서 기독교의 한 위격인 영과 인간과의 관계가 일방적인 것임에 반해 동학의 지기와 인간과의 관계는 쌍방적이라고 논자는 말한다).

신관에 관한 이해는, 인격성과 비인격성의 공존과 유일신과 범신론의 공존, 초월신과 내재신의 공존과 자력신과 타력신의 공존 그리고 무신론과 유신론 등의 공존으로서 정리될 수 있다. 이는 실로 동·서양의 다양한 종교사상의 파노라마가 동학이라는 스펙트럼을 통하여 그 빛을 발산하고 있는 듯한 현기증을 불러일으키기에 부족함이 없다고 하겠다.[36]

수운의 인간에 대한 이해를 살펴보기에 앞서 먼저 인간과 신과의 관계에 대한 그의 이해를 살펴보자. 신과 인간의 관계에 대한 가장 결정적인 수운의 사상은 다음과 같은 글 속에서 등장하고 있다. "ᄂᆞᆫ 도시 밋디 말고 ᄒᆞᄂᆞᆯ님을 미덧셔라 네 몸의 모셔시니 ᄉᆞ근춰원 ᄒᆞ단 말가?"[37] 이 글이 등장하는 교훈가는 경신년에 득도한 수운이 세상 사람들을 향하여 포덕을 하게 되는 신유년 11월에서 12월 사이에 써진 것으로 추정되는 가사체의 글이다.[38]

교훈가의 후반부에 등장하는 마지막 구절인 '네 몸의 모셔시니'에 대하여 다음과 같은 두 가지의 상반되는 해석이 있다. 천도교중앙총부 출판부에서 간행된 경전 안에는 분명 이 부분이 '네 몸에 모셨으니'로 표기되어 있다. 즉, 원본의 '네 몸의'에서의 '의'를 장소를 뜻하는 조사 '에'로 해석하는데, 실제로 수운 당시 '의'는 '에'의 의미로서 사용되었다. 그러나 동학 연구의 풍토를 정착시킨 최동희의 해석을 보면 '네 몸의'는 '네 몸이'로 표기되고 있다. '의'가 장소를 뜻하지 않고 주격조사인 '이'로 해석된 것이다.[39]

---

36) 홍경실, 「동학의 종교학적 이해」, 『논쟁과 철학』(김성진·정인재 편), 고려대학교 출판부, 2007, 530-531쪽 참고. 성해영, 「수운 종교체험의 비교종교학적 고찰」, 『동학학보』 제18호, 동학학회, 2009, 292-295쪽 참고.

37) 최제우, 「교훈가」, 『용담유사』, 계미판, 1883년.

38) 윤석산, 『용담유사 주해』, 동학사, 2000, 275-276쪽 참고.

그런데 계미판 원본을 통하여 표기된 '의'가 '이'를 뜻하는 경우들을 많이 발견할 수 있다. 예컨대 안심가에서 '한의(汗夷) 원수'라는 표기 가운데 '의'는 오랑캐 이(夷)에 대한 표기이다. 또 몽중노소문답가에도 한자어 산기(産氣)를 산긔로, 기남자(奇男子)를 긔남자로 표기하고 있다. 말하자면 이는 모음 소리인 '이'가 '의'로 표기되었다는 이야기며, 따라서 위에서 지적한 '네 몸의'도 '네 몸이'라는 표기에 대한 수운 당시의 표현일 수 있다. 이 점에서 '네 몸이 모셨으니'라는 최동희의 해석은 동학의 '신과 인간의 관계'를 이해하는 데 결정적인 기여를 하고 있다고 볼 수 있다.[40] 동학의 신이 초월적인 유일신론으로서 이해될 수 있는 데 결정적으로 기여하고 있는 『동경대전』의 해석 가운데 하나가 바로 사인여천에 대한 해석이다. 사인여천은 사인여사천으로 해석되어야 하는데, 이런 해석에 의한다면 동학의 신관은 초월적인 유일신론으로서 해석이 가능하게 된다.[41]

지금까지의 두 가지 상이한 해석을 간략히 정리해보면 다음과 같다. 전자의 경우처럼 '네 몸에'로 해석할 경우 동학의 신은 마치 무신론적인 자력종교인 불교의 경우처럼 그렇게 범신론적으로 내재화되게 된다.[42] 그 결과 무신론의 위협에 동학은 무방비 상태에 처하게 될 수 있다. 후자의 경우처럼 '네 몸이'로 해석할 경우 동학의 신은 마치 유신론적인 타력종교인 기독교의 삼위일체설의 경우처럼 ─특히 원시기독교에서 강하게 볼 수 있는 성령의 임재에 대한 종교체험

---

39) 최동희·유병덕 공저, 『한국종교사상사─천도교 원불교 편─』, 연세대학교 출판부, 1999, 29쪽.

40) 여기서 네 몸이 모신다는 의미가 샤머니즘의 그것과는 결정적으로 다른 경험이라는 사실에 대한 최동희의 연구 또한 참고할 수 있다(최동희, 「샤머니즘」, 『신인간』 제353호, 신인간사, 30-35쪽 참고).

41) 홍경실, 「갑진개화운동의 종교사상에 관한 계보학적 이해」, 『동학학보』 제7호, 동학학회, 2004, 42-44 참고.

42) 물론 불교를 무신론이라고 보는 것은 어디까지나 서양인의 종교 이해에 의할 때이다.

처럼 - 그렇게 유신론적으로 외재화되면서도 동시에 내재화될 수 있게 된다.[43]

그런데 놀랍게도 이 두 가지의 일견 양립 불가능한 해석을 수운의 사상은 항상 가능하게 하고 있다. 최근 동학에 대한 한 연구서를 살펴보면 이런 사실을 다음과 같이 잘 정리해주고 있다. 즉 전자의 경우는, 의암 손병희에 의하여 동학 정신을 계승하면서 창단된 천도교 창단 이념과 직결된다. 이제 인간은 자신의 몸에 신이 거하는, 그래서 신이자 인간이기에 자연스럽게 인내천(人乃天)이 성립되는 것이다. 후자의 경우 '네 몸이'는 '人及天', 즉 인간이 신에게로 다가서려는(及) 신앙인의 끝없는 구도의 자세로서 이해될 수 있는 것이다.[44]

여기서 동학의 지기일원론적인 신과 인간에 대한 이해를 주목해야 한다. 즉 동학의 신은 기독교처럼 초월적인 인격신으로서 이해될 수 있는 측면이 있으면서도 항상 인간의 몸을 통한 기화지신(氣化之神)[45]이 가능한 내재적이고도 범신론적인 측면을 지니고 있다. 무릇 모든 인간은 그가 죽은 사람이 아닌 이상 몸을 떠나서 생각할 수 없듯이, 관념적이고 추상적인 사유가 아닌 구체적이고도 현실적인 우리의 몸이야말로 역시 구체적이고도 생동적으로 신과 관계 맺는 그 연결고리이기 때문이다. 이는 동학의 신이 인간과의 쌍방향적인 관계를 떠나서는 노이무공(勞而無功)[46] 할 수밖에 없는 지극히 관계론적인 대상

---

43) 김용해, 「그리스도교와 천도교의 신관 비교」, 『동학학보』 제6호, 동학학회, 2003, 105쪽 참고. 동학의 지기적 신의 양태와 역할을 기독교의 성령과 비교할 수 있다는 것은 신학자 안병무의 지론이었다고 한다. 105쪽의 (주) 75 참고. 여기서 삼위일체설을 신의 외재화이자 동시에 내재화로 보는 시각은 동학의 종교성 이해를 위하여 앞으로 많은 연구를 요하고 있다.

44) 차옥숭, 『한국인의 종교경험 - 천도교·대종교 - 』, 서광사, 2000, 124쪽 참고.

45) 수운은 『동경대전』의 논학문에서 서학은 동학처럼 몸에 의한 기화지신을 인정하지 않는다며 서학을 비판하고 있다. 그러나 삼위일체설을 예로 들 때 과연 이런 수운의 비판이 어느 정도 가능할 수 있을지 이 또한 심도 깊은 연구를 요하는 문제이다.

으로서 이해되어야 하는 이유를 제공한다.

그렇다고 해서 이러한 신과 인간 간의 관계에서 인간의 역할이나 그 의미가 지나치게 강조된다면 위에서의 '네 몸의'는 '네 몸에'로, 즉 인내천과 인시천의 의미로만 일방적으로 해석될 수 있다. 그 결과 동학은 인간지상주의나 인간중심주의적인 무신론으로 전락할 우려가 있게 되고, 이 경우 현실에서의 실천과 행동만이 전부가 되는 이데올로기적 선전 선동에 노출될 수 있다. 또한 인간이 지닌 그 유한함과 한계상황 때문에 결국은 염세주의나 비관주의로 전락할 우려도 있다.

그러나 동학은 분명 종교사상으로서 출발했다. 동학의 창도 과정 자체가 수운과 한울님과의 만남이라고 하는 천사문답의 종교체험을 통하여 비롯되었기 때문이다. 수운은 자신의 불우한 생애 가운데서도 '춘삼월 호시절'[47]을 갈망하는 종교적인 낙천주의를 결코 포기하지 않았다. 수운은 한울님과의 만남을 통한 득도로써 풍전등화에 놓인 조선조 말기 문화의 그 병리 현상을 치유하고자 희망했다. 신과 인간의 관계를 믿음과 신앙이라고 한다면 이제 좀 더 구체적으로 수운이 이해한 신앙인으로서의 인간의 모습을 추적해보기로 한다.

수운은 1860년 경신년에 천사문답을 통하여 한울님과의 신비적이고도 계시적인 종교체험을 하게 된다. 그 후 일 년여 동안 한울님과의 첫 만남에서 비롯된 두려움과 당혹감을 해소하면서 점진적으로 한울님에게 익숙해지는 과정을 밟는다.[48] 그리고 이런 과정을 통하

---

46) 최제우, 『용담유사』, 용담가.

47) 『용담유사』의 안심가와 도수사는 이 글귀를 통해 끝맺고 있다.

48) 김용휘, 『우리 학문으로서의 동학』, 책세상, 2007, 64-65쪽 참고.

여 한울님과의 첫 만남을 통해 드러난 한울님의 절대자로서의 초월성이 점진적으로 내재화 과정을 겪게 된다. 그 결과 한울님은 초월적이면서도 동시에 완전한 내재성을 드러내는 일견 모순적인 존재로서 드러난다. 말하자면 초월적인 절대자에 의지하여 믿음과 신앙을 갈구하는 자세로부터 절대자를 내재화시키는 수행과 구도의 자세로의 변화과정을 수운의 동학이 보여주고 있는 것이다. "몇 달 동안의 천사문답을 통해 상제의 권위를 수용하게 된 수운에게 상제는 드디어 오심즉여심(吾心即汝心)이라는 자신과 인간의 근원적 동일성에 대한 가르침을 주게 된다. 그리고 그 가르침에 따라 "공중에서 들리던" 상제의 말이 "마음속에서" 울려 나오고, "무궁(無窮)을 노래"하는 과정을 거쳐 수운은 결국 시·공의 개념이 완전하게 소멸되는 궁극의 경지에 도달했던 것이다. 상제와 존재론적 동일성을 체득한 수운에게, 상제와 주고받는 천사문답이 더 이상 필요하지 않게 되었다는 점은 대단히 자연스럽다."[49]

여기서 수운이 절대자와의 그 존재론적인 동일성을 체득하면서 스스로를 무궁아로서 이해하게 되는 과정을 볼 수 있다. 수운이 한울님으로부터 받은 동학의 내용이 구체적으로 담긴 강령주문을 보면 이를 분명히 알 수 있다. <지기>는 우주에 가득 차 우주를 덮고 있는 한울님의 신령한 기운으로서 우주 만물의 원기를 이룬다. <금지>라는 것은 지금 도에 들어 비로소 한울님 기운을 접하여 한울님 기운을 체험하는 것이다. <원위>는 한울님에게 청하여 비는 것이며, <대강>은 한울님 기운과 나의 기운이 하나로 융화하여 모든 일과 이치

---

49) 성해영, 「수운 종교체험의 비교종교학적 고찰」, 『동학학보』 제18호, 동학학회, 2009, 282쪽.

가 한울님에게로 귀일하면서 마침내 지상신선의 경지에 이르는 것이다.[50] 여기서 전체아로서의 한울님과 무궁아로서의 개체아인 인간이 하나가 되는 경지, 곧 인간과 절대자의 그 질적인 차이가 무화되면서 이 둘이 하나가 되는 경지가 강령주문에서 말하는 지상신선의 경지임을 알 수 있다. 이러한 무궁아를 천도교 교리연구가 이돈화는 다음과 같이 해석한다.

　'한울님'에서 '한울'은 '무궁한 이울'로서 '무궁'은 '크다'는 의미의 '한'을 말한다. '울'이라는 것은 양적으로는 우주 전체의 자연 세계를 의미하고 질적으로는 '우리들 인간'을 말한다.[51] 여기서 '울'이 질적인 것과 양적인 것을 동시에 의미하게 되면서 범신론의 요소를 드러내는데, 주지하다시피 동학의 한울님은 범재신론으로 이해되고 있다. 전체아인 한울님이 무궁한 울이라면 개체아인 개개의 인간은 무궁아, 즉 무궁한 나라고 할 수 있다. 인간이 한울님처럼 무궁한 이유는 한울의 자체적인 진화 과정을 통해 최후로 발현된 것이 인간이며 인간도 한울처럼 무궁한 진화 능력을 지니기 때문이다. 이돈화는 이를 '사람성무궁'[52]이라고 말하는데 그는 한울님처럼 인간 역시 무한한 진보와 역사 발전을 이루어나가는 존재라고 이해한다. 이돈화의 인내천사상 해석은 진화론과 서양근대철학에 의거하여 한울님과 인간 간의 그 질적인 동일성을 무리 없이 해석하고 있다. 하지만 그렇다고 해서 철학과 사상만으로 동학을 해석하기에는 수운의 동학은 너무도 심도 깊은 종교학적 연구 대상임이 분명하다.

---

50) 윤석산, 『동경대전 주해』, 동학사, 1998, 82쪽 참고.
51) 이돈화, 『신인철학』, 천도교중앙총부 출판부, 1982, 9쪽 참고.
52) 이돈화, 「인내천요의」, 『동학사상자료집 Ⅲ』, 아세아문화사, 1979, 240쪽 참고.

인간과 절대자와의 질적인 차이성을 받아들이지 않는 수운의 동학은『동경대전』의 여러 곳에서도 이런 기본 입장을 드러내고 있다. 한울님과 수운의 영이 별개로 있어서 천사문답을 통하여 서로 만나게된 것이 아니다. 한울님의 영이 곧 수운의 영이기 때문에 지극한 수련에 정진하게 되면 곧 한울님의 기운이 회복되면서 수운과 한울님은 하나로 일치되는 상태가 된다.[53] 이는 물론 비단 수운만이 아니라 수학이 창도한 동학을 믿는 사람들 모두에게도 해당된다. 여기서 동학을 실천적인 수행 체계로서 볼 수 있는 단서가 발견되는데, 이는 믿음보다는 수행을 강조하는 불교와 동학과의 유사성이기도 하다.

수운은 자신이 한울님으로부터 받은 동학을 한마디로 무위이화(無爲而化)라고 말한다. 이는 도교의 비인격적인 자연의 이법 체계로서의 무위이화와는 다르다. 동학의 무위이화는 한울님이라는 믿음의 대상과 관계하는 신앙인으로서의 인간이 전제되기 때문이다. 인간의 정성이 한울님을 감응하게 하고 한울님이 조화를 통해서 무위이화하면서 인간은 한울님의 경지에 이르게 된다. 이때 인간의 편에서 행하는 무위이화의 구체적인 수행 방법으로서 수운이 정한 것이 바로 수심정기(守心正氣)이다. "수심정기란 인간의 마음에서 한울님으로부터 품부받은 마음을 회복시켜 이를 올바르게 지키고 이 올바른 마음을 작용시키는 기운인 한울님의 기운을 바르게 하는 법이다."[54]

"한울님의 도가 무엇인지 알지 못하거든, 내가 나 됨이요, 다른 것이 아님을 알아야 한다."[55] 인간과 절대자와의 그 질적인 차이성이

---

53) 윤석산,『동경대전 주해』, 동학사, 1998, 63쪽 참고.

54) 위의 책, 145쪽과 162쪽.

55) 최제우, '후팔절',『동경대전』, "不知道之所在 我爲我而非他".

사상되면서 사람과 신의 이분법적인 이원성이 하나로 통일되는 모습은 동학의 3대 교조인 의암 손병희에 의하여 다음과 같이 결정적으로 드러난다. "너는 반드시 한울이 한울된 것이니 어찌 영성이 없겠느냐. 영은 반드시 영이 영된 것이니, 한울은 어디 있으며 너는 어디 있는가. 구하면 이것이요, 생각하면 이것이니 항상 있어 둘이 아니니라."[56]

4. 쇠렌과 수운의 인간 이해 비교

이 세상과 저 세상을, 삶과 죽음을, 영혼이나 정신과 몸을 이원론적으로 나누어 생각하는 쇠렌과 나누어 생각하지 않는 수운의 인간에 대한 이해는 기본적으로 상이할 수밖에 없다. 절대자에 대한 이해에 있어서도 쇠렌과 수운은 결정적으로 상이한 지반 위에 서 있다. 쇠렌의 경우 하느님은 전지전능하고 영원불변하기 때문에 인간과는 질적으로 다를 수밖에 없다. 그러나 수운의 경우 한울님이란 역시 쇠렌의 절대자에 대한 이해처럼 전지전능하며 영원불변하다고 할지언정 인간과 전적으로 동질적인 존재로서 이해된다. 말하자면 인간과 신과의 질적인 차이를 수운은 쇠렌의 경우처럼 받아들이지 않는 셈이다.

여기서 다음과 같은 의혹이 제기될 수 있다. 수운이 인간과 신의 질적인 차이를 받아들이지 않고서 그 동질성을 주장한다면 우리들 인간이 전지전능하고도 영원불변한 존재라고 생각한다는 말인가? 생

---

56) 「법문」, 『의암성사법설』, "汝必天爲天者, 豈無靈性哉, 靈必靈爲靈者, 天在何方, 汝在何方, 求則此也, 思則此也, 常存不二乎".

로병사의 시간의 흐름 속에서 진인사대천명(盡人事待天命)과 인간의 나약함을 인정하지 않을 수 없는 우리들 인간을, 오래 전에 파스칼이 그저 살아 숨 쉬고 있다는 이 엄연한 사실 하나만으로도 무한한 우주의 경이로움 앞에서 두려움과 공포를 떨칠 수 없는 존재라고 이해한 우리들 인간을 수운은 신이 될 수 있는 존재라고 생각한다는 말인가?

이에 수운은 인간이 시간 속에서 영원불변한 존재라고는 말하지 않지만 한울님의 가르침인 동학의 수행체계를 실천함으로써 부단히 한울님과 닮아갈 수 있고 또 한울님과 하나가 되는 종교체험을 할 수 있다고 주장한다. 여기서 인간과 신과의 질적인 차이를 받아들이지 않는 수행체계로서의 동학의 종교성이 결정적으로 부각될 수 있다. 이 경우 동학의 종교성은 쇠렌의 이해처럼 종교성A로서 이해될 수 있을 것이다.[57] 신과 인간의 질적인 차이를 인정하지 않는 종교성A 의 경우 인간의 자기 수행이나 수련, 윤리적인 행위규범이나 도덕체계, 인간적인 사고방식인 오성으로써 절대자와의 만남은 가능할 수 있다. 그래서 불교 등의 무신론의 경우 절대자는 인간과의 차별성이 사상(死傷)되고 있다.

그러나 인간의 오성적인 사고로는 받아들일 수 없는 성육신의 역설을 신앙의 열정으로써 믿는 종교성B는 신과 인간의 질적인 차이성을 강조한다. 하느님은 인간이 스스로의 사고방식으로는 도저히 알 수 없는 역설을 받아들일 수 있도록 당신의 독생자인 그리스도를 역사 속으로 보내셨다. 쇠렌이 이해한 종교성B로서의 기독교는 인간과

---

57) 최제우, 「포덕문」, 『동경대전』, "~誠之又誠, 至爲天主者, 每每有中, 不順道德者, ――無驗, 此非受人之誠敬耶" 이 부분은 수운의 동학을 종교성A로 규정할 수 있는 결정적인 증거가 된다. 즉 수운은 유교의 윤리적인 도덕률인 인의예지와 달리 자신이 정한 새로운 도덕률을 수심정기라고 천명하기 때문이다.

전적으로 다른 영원불변하신 하느님이 그의 외아들 독생자 예수 그리스도를 인간의 시간 속으로 보내어 십자가의 보혈로 인간의 죄를 대속(代贖)하셨다는 역설에 기초한다. 이때 종교성B의 역설이란 머리로 받아들이려 할 때 걸림돌이 되어 인간을 실족시키게 되는 것으로서, 머리가 아닌 가슴으로써, 인간적인 오성으로써가 아닌 신앙의 열정으로써만이 받아들일 수 있는 것이다.

그러나 쇠렌의 인간 이해인 원죄아와 수운의 인간이해인 무궁아는 인간이 인간으로서 살아가면서 인간으로서 마땅히 되어가야만 하는 삶의 과정 그 안에서의 실존적인 자기 책임과 결단은 물론 실천적인 자기 수행과 공부를 권고(勸告)하고 있다는 점에서 그다지 상이한 인간이해라고만은 볼 수 없다. 그러한 권고와 강화의 핵심에 인간의 삶에 대한 종교적인 이해가 공통적으로 자리 잡고 있기 때문이다.

여기서 이들의 종교사상의 간과할 수 없는 중요한 공통점으로서 인간 개별자가 신적인 보편자와 인격적으로 소통할 수 있다는 사실을 받아들이고 있다는 사실에 주목해야 한다. 쇠렌의 경우 낱낱의 개별적인 실존자이며 단독자(den Enkelte)인 원죄아는 그리스도를 중재자로서 죄사함을 받으면서 성령을 통하여 영원불변한 보편자로서의 하느님과 교제할 수 있다. 수운의 경우 인간 개개인으로서의 무궁아는 자연과 생명의 입법자이며 주재자이자 보편적인 전체아로서의 한울님과 직접적으로 만날 수 있다.

그러한 만남은 쇠렌의 경우 깊은 통한과 뉘우침, 참회와 반성이 성령의 임재로 이어지는 기도와 이웃사랑의 실천으로 나아간다. 수운의 경우 개별자와 보편자와의 만남은 양자의 질적인 차이를 인정하지 않기 때문에 무궁아와 한울님이 혼연일체가 되는 신비적인 성격을 띠게 된다. 그리고 이러한 만남은 극도의 치열한 자기 명상과 수행의 과정인 수심정기의 수행 과정을 거쳐서 이웃의 사회 정치적이고 경제적인 제반 살림살이에 관한 실천적인 관심으로 나아가게 된다.

마지막으로 쇠렌과 수운의 인간에 대한 이해 모두를 다음과 같이 간략하게 비판할 수 있다. 쇠렌의 경우 원죄아로 이해되는 인간에게 진정한 신앙이란 반드시 인간의 고통과 함께 하는 것이어서 "하느님을 알면서 고통을 모르는 일은 불가능하다."[58] 쇠렌은 불행하다고 느끼는 것이, 불행한 것이 하느님이 당신을 사랑하신다는 증거라고 생각한다. 물론 이는 옳을지 모르지만 인간의 우울하고도 병적인 측면을 다소 지나치게 강조하고 있다고 이를 비판할 수도 있다.[59] 수운의 경우도 물론 당시 신분제 사회에서 부당하게 대접받는 사람들에 대한 연민과 고통을 발견할 수 있다. 그러나 기본적으로 인간을 무궁아로 이해하는 수운에게 쇠렌의 경우처럼 인간의 내면성에 맞닿는 자기 고백적인 고통의 주체는 결여되어 있다고 볼 수 있다. 때문에 수운의 신앙은 심리학적이고 심층적인 인간의 내면세계에 대한 성찰보다는 사회와 민족이라는 외부적이고 거시적인 사회학적 관계망으로 더욱 정향 지어졌다고 평가할 수 있다.

---

58) Frederick Sontag, *A Kierkegaard Handbook,* John Knox Press, 1979, p.140(To know God and not to suffer is impossible.을 의역한 것이다). Charles Le Blanc, 이창실 옮김, 『키에르케고르』, 동문선, 2004, 114-116쪽 참고(여기서 쇠렌은 고통(suffering)이나 파토스(pathos)가 인간과 절대자와의 관계를 단적으로 보여준다고 주장하는데, 이는 구약성경의 이사야서 57장 15절 말씀인 '하느님은 상한 마음에 거하신다'와 동일한 맥락이다).

59) Ibid., p.412.

5. 나오면서

　인간을 이해할 때 우리는 흔히 이성적인 동물이라는 말을 한다. 언어활동을 통하여 가장 잘 대변되는 이성은 데카르트의 코기토처럼 지·정·의를 포괄하는 전인적인 기능이라고 할 수 있다. 그런데 무한 경쟁시대인 오늘날 이성의 이런 전인적인 기능 가운데 유독 지적인 기능이 강조되면서 이와 보조를 맞추어야 할 정서적인 기능이 기형화(奇形化)되고 있다고 볼 수 있다. 말하자면 전인적이어야 할 감정이 말초 자극적인 감각이나 물질적이고 육감적인[60] 자극과 흥분 등으로 왜곡되고 있는 셈이다. 과연 무엇이 진정한 감정이고 느낌이어야 하는지에 관한 미학적인 논의가 활발한 한 가지 이유도 여기서 발견할 수 있다.

　쇠렌은 믿음과 신앙을 주제로 한 『공포와 전율』에서 가장 인간다운 감정, 인간만이 향유(享有) 가능한 감정을 종교적인 감정이요, 신앙의 열정이며 믿음이라고 주장한다. 신앙과 믿음의 감정에 의해서만이 인간은 대지에 두 발을 디딘 채로 인간의 한계에 대하여 겸허하게 성찰(省察)할 수 있으며, 인간과 닮았지만 결코 인간과 동일하다고 할 수 없는 절대자와 관계할 수 있기 때문이다. 쇠렌의 절대자인 하느님은 쉼 없이 인간의 삶의 희로애락을 어루만지는 회한과 통한과 긍휼(矜恤)의 모습으로서 등장한다. 하느님은 기도와 찬양을 통하여 인간과 전적으로 다른 당신의 능력을 흠모하는 사람들에게 성령으로 임재한다. 반면에 『동경대전』과 『용담유사』에 나타난 수운의 절대자인

---

60) 이성이 과거와 현재, 미래를 아우르는 전 시간적인 기능이라고 한다면 육감적이란 즉흥적이고 순간적인 감정이기 때문에 이성적인 것이라고 할 수 없다.

한울님은 부단한 수심정기의 수행을 통하여 인간이 닮아가고자 정진하는, 혹은 인간이 그 자신 안에서 발견해내고자 노력하는 대상으로서 등장한다.

여기서 이런 의문이 제기되지 않을 수가 없다. 성경의 구약에 등장하는 느헤미야가 예루살렘성전을 건축할 때 안팎으로 부닥친 숱한 장애물 앞에서 오로지 하느님만을 의지하면서 기도했던 이유는 하느님의 권능이 인간의 나약함과는 전적으로 다르기 때문이 아니었을까? 그렇다고 한다면 인간과 한울님과의 질적인 차이를 인정하지 않는 수운의 경우에도 과연 이럴 수 있을까 하는 의문이 제기된다. 이에 한울님의 전지전능한 초월성을 부인하지 않으면서도 한울님과 인간 간의 동질성을 주장하는 동학의 기본입장에 대하여 더욱 심도 깊은 종교학적 연구가 요구된다.

쇠렌의 기독교는 성육신의 역설을 믿으면 구원을 받을 수 있기 때문에 거지 나사로나 예수와 함께 못 박혔던 십자가의 우측 강도도 구원을 받을 수 있었다고 전해준다. 착한 일을 아무리 많이 하거나 몸과 마음의 단련과 수양을 열심히 한다고 해서 구원받을 수 있는 것은 아니라고 주장한다. 이와는 달리 원죄설을 받아들이지 않는 수운의 동학은 수심정기의 심신 수양과 마음공부(心學) 등에 의하여 한울님과 닮아가면서 한울님과의 혼연일체가 가능하다고 주장한다.

무심하게 흘러가는 세월의 뒷모습처럼, 낮과 밤이 갈마드는 무념무상의 자연의 이법처럼 우리네 인간은 어쩌면 한 가닥 바람처럼 이 땅위에서 잠시 살다 가고 마는 존재일는지도 모른다. 그러나 지금 이 순간 이렇게 살아있음을 가장 격앙(激昂)시키는 감정과 열정이 신앙이라고 하는 사실에 우리들은 주목해야만 하지 않을까? 쇠렌의 하느님을 통해서이건 수운의 한울님을 경유해서건 인간은 어쩔 수 없이 신앙과 믿음의 동물[61]이라는 사실을 고백하면서 졸고를 마친다.

---

61) 베르그송은 자신의 종교철학서인 『도덕과 종교의 두 원천』에서 인간을 종교적 동물(homo religious)로 규정한다.

참고문헌

Charles Le Blanc, 이창실 옮김, 『키에르케고르』, 동문선, 2004.

Frederick Sontag, *A Kierkegaard Handbook,* John Knox Press, 1979.

H. A. Johnson, 임춘갑 옮김, 『키르케고르 사상의 열쇠』, 다산글방, 2006.

Haward and Edna Hong(ed.), *S Ø ren Kierkegaard's Journals and Papers,* Bloomington, 993(X[3] A 734).

S Ø ren Aabye Kierkegaard, 임춘갑 역, 『공포와 전율/반복』, 다산글방, 2007.

_____, 『순간/ 현대의 비판』, 다산글방, 2007.

_____, 『그리스도교의 훈련』, 다산글방, 2005.

S Ø ren Aabye Kierkegaard, 임규정 옮김, 『불안의 개념』, 한길사, 2005.

_____, 『죽음에 이르는 병』, 한길사, 2007.

Walter Lourie, 임춘갑 옮김, 『키르케고르 평전』, 다산글방, 2007.

금장태, 『동서교섭과 근대 한국사상』, 성균관대학교 출판부, 1984.

김용해, 「그리스도교와 천도교의 신관 비교」, 『동학학보』 제6호, 동학학회, 2003.

김용휘, 『우리 학문으로서의 동학』, 책세상, 2007.

_____, 「시천주 사상의 변천을 통해 본 동학 연구」, 고려대학교 박사학위 논문, 2004.

김창영 편집, 『굿데이 성경』, 생명의말씀사, 2007.

변선환 아키브 동서 종교신학 연구소 편, 『동서 종교의 만남과 그 미래』, 모시는사람들, 2007.

성해영, 「수운 종교체험의 비교종교학적 고찰」, 『동학학보』 제18호, 동학학회, 2009.

신일철, 『동학사상의 이해』, 사회비평사, 1995.

윤석산, 『동경대전』, 동학사, 1998.

_____, 『용담유사 주해』, 동학사, 2000.

이돈화, 『신인철학』, 천도교중앙총부출판부, 1982.

_____, 「인내천요의」, 『동학사상자료집 Ⅲ』, 아세아문화사, 1979.

이승구, 「키에르케고어의 종교성 A와 슐라이어마허의 종교」, 『다시 읽는 키에르케고어』, 철학과 현실사, 2003.

조용일, 『동학 조화사상 연구』, 동성사, 1998.

차옥숭, 『한국인의 종교경험 – 천도교 · 대종교 – 』, 서광사, 2000.

최동희, 『서학에 대한 한국실학의 반응』, 고려대 민족문화연구소 출판부, 1988.

최동희·유병덕 공저, 『한국종교사상사-천도교 원불교 편-』, 연세대학교 출판부, 1999.

최제우, 『동경대전』.

_____, 『용담유사』.

표재명, 『키에르케고어 연구』, 지성의샘, 1995.

한국키에르케고어학회, 『다시 읽는 키에르케고어』, 철학과 현실사, 2003.

홍경실, 「동학의 종교학적 이해」, 『논쟁과 철학』(김성진·정인재 편), 고려대학교 출판부, 2007.

제2장 시간에 대한 이해를 중심으로 한 키에르케고어의 실존의 삼 단계설

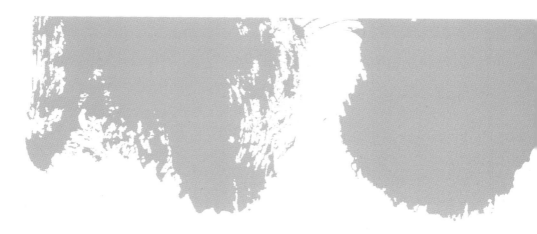

1. 들어가면서

시간이란 인간이 자기 자신을 의식하고 이해함으로써 자기 자신의 주체성을 파악하는 거울이라고 할 수 있다. 시간에 대한 인간의 의식, 곧 시간의식은 자아의식과 긴밀한 관계를 맺고 있어서 인간의 주체성을 이해하는 데 불가결한 요건이 아닐 수 없다.[1] 오늘날 포스트 모던한 또는 포스트 구조주의적인 철학 담론이 기본적으로 같음과 다름, 동일성과 차이나 동일자와 타자와의 새로운 관계를 문제시한다고 본다면, 그러한 문제의식을 접근하는 데 있어서도 시간에 대한 새로운 이해는 매우 유효하다. 시간에 대한 이해에 있어서 전통적인 동일성 철학은 영원이나 영원한 것, 영원성(la éternité)—종교적으로는 주로 내세와 관련되는 것으로서 이해되는—과 관련되는 아이온적(aeon)인 시간이해에 기초한다. 포스트 모던한 해체철학의 등장은 이른바 영원성이라는 시간이해로부터 지금 이곳에서 전개되는 삶과 생명의 시간인 크로노스(kronos)적 생성의 시간 이해로 그 철학적 사유의 중심축을 이동시켰다. 이는 말하자면 영원한 시간으로의 끊임없는 조회와 회부라고 하는 동일자의 월권과 횡포로부터, 크로노스적인 생성의 시간 속에서만이 전개될 수 있는 피와 살이 갖추어진 구체적이고도 다양한 모습으로서의 차이성을 지켜내려는 자유로운 철학적 사유의 발로라고 할 수 있다.

그러나 크로노스적인 삶과 생성의 시간은 생로병사의 과정 속에서 그 끝을 알 수 없는 되풀이를 계속하고 있으며 이에 과학자들은 시간

---

1) 장회익, 『우리말 철학사전 2』, 지식산업사, 2004, 63-64쪽 참고.

이 멈춘 곳이나 아니면 지구촌과는 전혀 다르게 작용하는 시간을 거론한다. 아이온적인 영원의 시간의 그 철학적 함의를 거부하는 해체철학자들도 있지만 그렇다고 해서 이들이 인간의 사유로써는 넘어설 수 없는 극한적인 시간 현상을 거부한다고 단언할 수만은 없을 것이다. 현대철학의 진입기에 등장한 현상학은 이에 아이온적인 외재성이나 초월의 문제를 크로노스적인 내재성이나 생성의 시간과 화해시키면서 현상학적인 의미를 발견한다.

시간에 대한 새로운 이해를 도모하면서 등장하는 후설과 베르그송, 하이데거 등의 현대철학은 아이온적인 영원과 동일성의 시간으로부터 크로노스적인 생성과 실존의 시간으로 철학의 관심과 문제의식을 전향(轉向)시켰다. 그런데 실존주의 사상의 아버지로서 칭송받고 있는 키에르케고어의 시간에 대한 이해에는 실존주의 사상가들의 시간에 대한 이해와 전통적인 동일성 철학의 그것이 공존하고 있다. 물론 주지하다시피 기독교사상가인 키에르케고어의 경우 아이온적인 시간이란 복음의 완성인 천국의 영원성이다.

이에 논자는 생성의 시간과 반대되는 것으로서 이해되는 아이온적인 시간이 반드시 천국이나 저세상, 혹은 내세적인 시간일 뿐이어서 삶의 시간과는 완전히 분리되어 있는 시간이기만 한 것인가라는 의문을 제기해보면서 본고를 시작해보고자 한다. 물론, 크로노스적인 생성과 변화의 시간이 단지 물리적이고 양화될 수 있는 시간이 아니어서 기억과 의미로 충만한 질적(質的)인 것이라는 주장은 현상학이나 베르그송의 지속철학을 통해서도 살펴볼 수 있다. 그러나 이들은 본고에서 다루고자 하는 키에르케고어의 경우처럼 아이온적인 시간과 크로노스적인 시간의 관계에 주목하는 것이 아니라 크로노스적인 시간 내부에서 이에 대한 새로운 이해를 도모하고 있다고 볼 수 있다.[2] 후설이나 베르그송의 철학을 통하여 죽음이나 내세의 시간, 영혼의 문제 등에 관하여 키에르케고어처럼 절실하게 사색을 한 경우를 발견하기 어렵기 때문이다

실타래가 풀려나가는 과정으로도 비유 가능한 시간의 흐름으로서의 삶이란 크로노스적인 시간만의 과정은 아닐 것이다. 기계적으로 반복하는 심장박동은 분명 물리적이고도 정량적인 시간 이해에 기초한다. 그러나 생로병사의 자연의 품을 벗어날 수 없는 인간이라고 할지언정 인간은 분명 자연인인 동시에 문화인으로서 살아간다. 문화인으로서 보내는 시간의 흐름이란 결코 크로노스적인 것으로만 이해될 수 없을 것이다.[3] 이런 시간에 대한 이해는 베르그송의 경우 '지속(la durée)'을 통하여, 현상학적이고 해석학적인 의미를 통하여, 아이온적인 영원성을 받아들이는 종교적인 이해를 통하여 발견될 수 있다.

이에 키에르케고어는 실존과 생성, 되어감의 시간 이해라는 실존주의의 그것을 기독교 복음이 전제하는 아이온적인 영원성의 시간 이해에 접목시키고 있다. 물론 실존주의 사상도 생성의 시간이 전제하는 크로노스적인 자연의 시간이, 그 결정적인 목표와 의미를 제시

---

2) 영원의 시간은 내세적인 것으로서 이해될 수도 있지만 시간을 이해하는 인간의 의식 세계 안에서는 크로노스적인 변화와 생성의 세계를 바라보는 철학적 사색에서의 변하지 않는 – 마치 영원의 시간 안에서처럼 그렇게 – 그 무엇에 대한 집요한 추구와 열정, 이른바 희랍신화에서의 에로스 신의 출생과 결부되어 이해되는 인간의 중간자적인 에로스적 본성의 대상으로서 이해될 수 있다. 말하자면 영원성에 대한 이해는 존재론적인 것과 인식론적인 것으로 이분해서 접근이 가능하다. 시간에 대한 현대 철학적 이해에 입각할 때 영원한 것이란 생성의 시간 안에 들어와 있는 그 어떤 것, 예를 들어서, 들뢰즈(G. Deleuze)가 이해하는 과거적 현존이라는 시간 체험 등으로 받아들여질 수 있으며 이 경우 동일성 철학의 발원지에 서 있는 플라톤의 이데아의 시간 이해는 곧바로 전복되어진다고 할 수 있다. 들뢰즈의 저서 『차이와 반복』을 살펴보면 이러한 시간 이해에 입각하여 플라토니즘에 대한 전복(顚覆)이 곳곳에서 시도되고 있음을 볼 수 있다.

3) 자연과학이 크로노스적인 시간 이해에 기초하는 반면에 인문과학은 이와는 다른 그것에 기초한다. 자연과학과 인문과학이 의거하는 시간에 대한 이해는 질적으로 상이한 것이다. 사회과학이란 이에 양자의 시간 이해를 동시에 필요로 하는 학문이라고 말할 수 있다.

할 수 없는 무의미와 부조리한 반복 과정일 수 있다는 사실에 주목한다. 그러나 그러한 시간의 의미와 목표, 나아가는 방향을 전적으로 철학적 자아에 의뢰하지 않고 기독교적인 믿음에 의거하여 이해하고 있는 것이 비기독교 실존주의 사상가들과 키에르케고어와의 차별성이다.

2. 세 가지 실존의 단계

여기서 크로노스적인 시간 이해를 아이온적인 시간 이해에 결부시키고자 하는 것을 철학적이고도 형이상학적인 사색이라고 해도 무난할 것 같다. 그래서 크로노스적인 생성의 시간 안에서의 물질적인 제반 환경과 그 적응으로서의 온갖 기계 물질문명과 관련되는 개별과학과는 달리, 종합과학이자 메타과학으로서의 철학의 학문적인 정체성은 다름 아닌 이와 같은 시간 이해로부터 모색이 가능하다고 볼 수 있을 것이다. 또 그럴 때만이 우리는 인간의 가치와 존엄성의 확고한 지반을 확보할 수 있을 것이다. 그리고 이러한 사색을 정말이지 몸서리쳐지도록 그 심정적인 극한으로까지 밀어붙인—정확하게 이야기하자면 대지진[4]이라는 이름으로 불리는 실존적 체험과 레기네와의 파혼 등의 실존적 체험으로 인한—한 명의 사상가로서, 실존주의 사상사에 그 아버지라는 영예로운 이름의 자리에 굳건하게 앉아 있는 저 키에르케고어라는 인물을 만나게 된다. 그는 시간의 흐름과 생성,

---

4) 표재명, 『키에르케고어 연구』, 지성의샘, 1995, 14쪽 참고(역자는 이를 큰 지진이라고 표현하고 있다).

그 되어감의 실존적 인간 이해에 의거하여 자신의 기독교 실존주의 사상을 전개한다. 다음과 같은 그의 대표적인 인간 이해를 먼저 살펴보면서 본문을 전개하기로 하자.

> "인간은 무한한 것과 유한한 것의, 시간적인 것과 영원한 것의, 자유와 필연의 종합이며 간단히 말해서 종합이다. 종합은 그 둘의 관계이며, 이렇게 보건대 인간은 아직 자기가 아니다."[5]

이곳에서 우리는 영원성과 시간성의 종합을 우리들의 모습으로서 이해할 때 그러한 경우에 결코 우리들 인간은 우리들의 일상적인 생활이 으레 그렇게 믿고 있는 것처럼 손쉽게 우리들 자신일 수가 없다고 하는 아리송한 키에르케고어의 이야기를 듣게 된다. 자, 왜 키에르케고어 그는 우리들 자신이 자기 자신(self)이 아니라고 했을까?[6] 키에르케고어의 인간 이해를 살펴볼 때 우리는 실존주의 철학의 기본적인 시간이해로부터 출발해야만 한다.

동일성 철학의 아이온적인 시간 이해에 기초한 존재 이해로부터ー고대와 중세 철학에서 그것은 이데아나 보편자 혹은 신과 절대자 등의 이름으로 이해된다ー크로노스적인 생성의 시간관에 기초한 존재 이해로의 전환을 우리는 근대로부터 전개되는 대강의 존재론 철학의 기본 구도라고 이야기할 수 있다.[7] 이는 말하자면 칸트가 못 박게 되는

---

5) S. Kierkegaard, 임규정 역, 『죽음에 이르는 병』, 한길사, 2007, 55쪽.

6) self를 우리말로 옮기는 문제는 생각처럼 간단한 문제가 아니라고 본다. 만일 사전식으로 자기라고 한다면 몸 기(己)자가 들어가서 이기적이거나 물질적, 육체적인 것을 부각시키게 되고 자아라고 옮기는 경우에는 나 아(我)자가 들어가면서 정신적인 면이 부각되기도 한다. 이 경우 자신이라는 번역어는 몸 신(身)자가 육체적·정신적인 것을 아우르고 있는 인간을 전체적으로 잘 드러내고 있다고 여겨지는데 옮김 말의 경우는 많은 사람들이 받아들이는 무난한 것이 바람직하기 때문에 여러분의 생각을 요청하기로 한다.

7) 이러한 전환의 인문학적인 배경으로는 르네상스기의 인간의 자기 발견과 경제 사회사적인 배경으로는 산업 혁명을 거치면서 대두되는 자본주의의 출현을 지적할 수가 있다. 자본주의 물질문명으로서는 크로노스적

크로노스적인 경험 세계 내에서의 학문의 가능성 확보라고 하는 문제의식으로 정리될 수 있으며, 이런 입장에 의하면 형이상학의 학문적 성립 가능성은 크로노스적인 현상의 세계 내에서는 불가능 판정을 받을 수밖에 없게 된다.

근대 서양철학에 있어서 인식론상의 혁명으로까지 불리는 이와 같은 칸트의 지적대로라고 한다면 형이상학과 긴밀하게 연결되어 있는 존재론 철학은, 그리고 존재론 철학과 관련되는 우리들 자신의 물음에 대한 이해는 영원의 시간으로서의 본체계와 관여하는 실천이성의 명법(Imperative)으로부터 가능할 수 있게 된다. 그러나 영원의 시간으로 본다면 ─ 유한한 인간이 과연 그럴 수 있을지는 의문이겠지만 ─ 지극히 미미한 것일 수도 있는 지금 이곳의 나라는 존재, 이른바 실존(existence)이라는 시간적 존재에 대한 이해를 우리가 살아 있는 이 생성의 시간 바로 이곳으로부터 확보할 수는 없느냐는 진지한 의문이 바로 칸트 이후의 철학자들에게 자연스럽게 제기된다. 그리하여 동일성 철학의 존재나 본질에 관한 철학적이고 신학적인 물음보다는 이러한 것들에 관여하는 크로노스적 존재로서의 실존이나 존재자에 대한 진지한 철학적 물음이 제기된다.

여기서 그러한 실존을 존재의 본래적인 존재의 모습으로서 받아들이게 될 때 하이데거나 키에르케고어 등의 실존주의 철학이 등장하고 받아들이지 않을 경우에 니체나 사르트르의 경우처럼 무신론적인 실존주의 사상이 대두된다고 할 수 있겠다. 이는 말하자면 여기서 열

시간이 당연히 아이온적인 시간보다 중요할 수밖에 없으며, 이제 아이온적인 시간과 관계되는 것들은 거침없이 자본주의의 가치 덕목들로서 세속화된다. 예를 들어서 근대의 대표적인 신관에 해당하는 이신론·자연신론(Deism)이나 독일 고전주의 관념론의 정점에 선 헤겔의 범신론(Pantheism) 등을 지적할 수 있다.

거한 사상가들이 시간에 대한 현대 철학적 이해라고 할 수 있는 현상학적인 실존주의를 피력함에도 불구하고, 하이데거나 키에르케고어의 경우 현상학의 '초월적 내재'의 문제를 유신론적으로 접근하는 반면에 후자인 니체나 사르트르의 경우에는 무신론적으로 이 문제에 접근한다는 이야기로 정리 가능하다. 그리고 위에서의 인용구를 통한 키에르케고어의 이야기, 즉 인간이 인간 자신이 아니라고 하는 이야기가 존재나 존재로서 있음(be)보다는 존재자로서 있어감/ 되어감(being)이라고 하는 생성의 시간 안에서의 실존이라는 존재로의 되어가는 그 과정에 주목하는 키에르케고어의 실존 이해의 실마리를 발견할 수 있게 된다.[8] 그러나 여기서 논의를 다시 시간에 대한 이해와 결부시키게 되면서 우리들은 다음과 같은 이야기를 귀담아듣게 된다. 즉 키에르케고어가 여러 개의 가명(假名)을 통하여 접근하고자 했던 문제의식, 스스로도 매우 어려운 물음이라고 토로(吐露)했던 불멸성(immortality)과 자아가 과연 어떻게 관계하는가 하는 물음에 대한 그의 이해이다.

키에르케고어는 어느 한 인간이 자아(a self)가 된다고 하는 말은 다름 아닌 그 자신의 불멸성과 영원성을 의미하는 것이라고 보았다. 따라서 자아와 불멸성이란 단어를 그는 동일한 의미로 사용했다고 한다. 키에르케고어는 인간이 어떻게 해서 자아가 되는가 하는 물음을, 인간 개개인의 불멸성은 과연 어떻게 이야기될 수 있는가라는 물음과 동일한 것으로서 이해했다고 한다.[9][10] 실존적인 자아에 대한 키

---

8) 원래 실존이란 탈존(脫存)으로서-EX SISTER- 본질이나 존재가 아니라, 그러한 것으로 되어가는 것, 보편적인 존재가 아닌 개별적인 존재자를 가리키고 있다.

9) S. Kierkegaard(trans. Mary Michelsen), *Kierkegaard's Way to the Truth*, Augsburg Publishing House, 1963, p.80 참고.

에르케고어의 이해가 신학적이고 기독교적인 그것과 직결되면서 이로써 완성된다는 점에는 이의가 있을 수 없지만, 철학적 논의의 장인 본고의 성격상 본 논의는 키에르케고어의 실존주의 사상에 초점을 맞추는 관계로 그의 신학적인 자아에 대한 이해는 실존의 세 번째 단계인 종교적 실존을 통하여 정리하고자 한다.

여기서 우리는 키에르케고어의 실존, 즉 자아로 되어간다고 하는 이야기의 의미를 불멸성이라는 시간 이해와 결부시켜서 이해하기 위하여 가능성(possibility)이라고 하는 단어에 주목해야 하는데, 이는 실존주의 사상을 이해하는 데 중요한 단어라고 하겠다. 실존이 되어감의 그 과정을 중요시한다면 이는 필연적으로 고정된 것이 아니라 가능적으로 열려진 것이기 때문이다. 만일 변화와 생성의 가능성이 열려져 있다고 한다면 이는 결코 영원한 시간 안에서일 수 없을 것이다. 영원성이란 변화의 가능성을 허용하지 않기에 늘 한결같이 자기 자신일 수 있는 본질이나 실체의 성질이다. 그런데 크로노스적인 생성의 시간 안에서 되어감의 가능성을 누릴 수 있는 실존의 모습을 키에르케고어는 아직도 자기 자신이 아니라고 말한다. 크로노스적인 시간 속에 살면서 운명적으로 아이온적인 시간과 관계할 수밖에 없는 인간은 어쩌면 영원히 자아일 수가 없다고 말한다. 과연 인간은 결코 자기 자신이 될 수 없는 것인가?

우리는 이런 물음을 제기하면서 키에르케고어가 소개하는 실존의 세 가지 단계로 넘어가고자 한다. 키에르케고어가 실존을 세 단계로

---

10) 본 논의는 키에르케고어의 실존주의 사상에 초점을 맞추는 철학적인 것이지만 실존적인 자아에 대한 키에르케고어의 이해가 마침내 신학적이고 기독교적인 그것으로 직결되면서 이로써 마무리되어가는 과정을 보여주게 될 것이다.

나누어서 이해한다고 해서 이 단계들이 정적(靜的)으로 나란히 이어
져 있는 세 개의 층이라고 오해해서는 안 될 것이다. 표재명은 이 세
단계들이 실존의 어떤 동적(動的)인 운동을 나타내는 것이라고 이해
하면서,[11] 삼단계설을 '신 앞에서 그리스도교적으로 실존하는 일을
그의 중심 과제로 하는 동적인 실존의 인간학'이라고 정의한다.[12]

1) 미적인 실존

미적(美的)이라는 단어인 (a)esthetic은 감성적(感性的)이라는 의미를
그 어원으로 한다. 감성적이란 일차적으로는 감각과 관련되는 것으로
서 이 세상의 시간 내에서만이 감각을 지닌 우리의 몸이 가능하듯이
크로노스적 시간과 직결되는 것이라고 할 수 있다. 그런데 미적인 실
존은 삶의 관심을 자기 자신에게 집중하면서 자기 주체성에 관하여
고민하는 시간의식이 결여되어 있다. 다만 그때그때의 기분에 지배되
어 있기 때문에, 미적인 실존에게는 각각의 순간들이 하나하나 단절
된 계기로서만 존재한다고 할 수 있다. 그도 이성적인 인간인지라 마
주하게 되는 순간을 반성에 의해 계속적인 것이 되게 한다고 해도,
이런 시간은 근본적으로 볼 때 '연장(延長)된 순간'에 불과하다고 할
수 있다. 미적으로 살아가는 사람은 시간 속에서 자신만의 현재를 지
닌다고 말할 수 없기 때문이다. 현재라는 시간에 그 고유한 성질로서
의 실재성을 부여하면서 나름대로의 의미를 부여하지 않기 때문에
그는 과거와 현재 그리고 미래라는 시간의 지속성(持續性) 가운데 살

---

11) 표재명, 『키에르케고어 연구』, 70쪽 참고.

12) 위의 책, 72쪽(앞으로 전개되는 실존의 삼단계설은 표재명의 정리에 전적으로 의거하게 됨을 미리 밝혀둔다).

고 있지 않다고 말할 수 있다.

> "심미적으로 제시하기 위해서는 항상 순간 속에 집중되는 것이 요
> 청되고, 이 집중의 농도가 짙으면 짙을수록 심미적인 효과는 그만
> 큼 커진다. 그러므로 오로지 이런 집중에 의해서만, 행복한 순간이,
> 형언할 수 없는 습관이, 무한한 의미를 갖는 순간이, 요컨대 순간
> 이 참된 가치를 획득한다."[13]

여기서는 순간을 멈추게 하는 계기가 없기 때문에 시간이란 끊임
없이 흘러가게 되고 흘러가는 각각의 순간들은 다른 순간과의 사이
에 아무런 의미도 갖지 못한 채로 소멸하게 되는 시간의 원자라고 볼
수 있다. 이에 미적인 실존을 간파하는 다음과 같은 명제가 가능하게
된다. "순간이야말로 일체이며 또한 그런 의미에서 거꾸로 무(無)이기
도 하다." 미적인 실존의 시간 이해로서의 이런 순간은 '시간 안에 몰
입한 탈자존재의 무시간성'이라고 할 수 있다.[14]

키에르케고어는 농부가 토질과 생산성을 향상하기 위하여 윤작(輪
作)을 하지만 사람들은 권태를 이기기 위하여 미적 실존을 추구한다
고 비판하면서, 토지 자체를 바꾸는 것이 아니라 진짜 윤작과 마찬가
지로 작물을 바꾸고 경작법을 바꿀 것을 제안한다.[15] "사람들은 시골
에서 사는 것이 권태로워지면 도시로 이사를 가고, 유럽이 지겨워지
면 미국으로 간다. 그런 식으로 계속하다가 사람들은 끝내는 감상적
인 희망에 사로잡혀 별(星)로 가는 무한한 여행길을 떠난다. 운동이
다르기는 하지만 역시 바깥을 지향하는 점에는 변함이 없다. 사람들

---

13) S. Kierkegaard, 임춘갑 역, 『이것이냐/ 저것이냐 제2부』, 다산글방, 2008, 260쪽.

14) 표재명, 『키에르케고어 연구』, 86쪽 정리.

15) S. Kierkegaard, 임춘갑 역, 『이것이냐/ 저것이냐 제1부』, 다산글방, 2008, 518쪽 참고.

은 질그릇으로 식사하는 것에 지치면 은그릇으로 식사를 하고, 은에 지치면 금으로 바꾸고, 트로이가 불타는 모습을 보기 위하여 로마의 반을 불태운다. 이 방법은 자기좌절(自己挫折)이고, 아무런 성과도 거두지 못하는 무한성이다. 도대체 네로는 그런 짓을 해서 무엇을 얻었는가? 아무것도 얻은 것이 없다. 오히려 다음과 같이 말한 안토니우스 황제가 현명하였다. 그대는 그대의 인생을 평가할 힘을 갖고 있으므로, 사물을 이전에 본 관점과는 다른 관점에서 보라."[16]

미적인 실존을 이해시키기 위하여 키에르케고어는 '자랑과 겸손'을 비교하고 있다. 자랑이란 계속성이 아니라 순간적인 응집성을 특성으로 하지만, 겸손이란 계속적인 것이기에 표현하기가 어렵다. "관찰자는 자랑을 단지 그 절정에 있어서 보는 것으로 만족하는 반면에, 겸손의 경우에 있어서는 사람들이 본래 시나 예술이 제공하지 못하는 것을 요구하고, 다시 말해서 겸손을 끊임없는 생성의 과정에서 보려고 한다. 왜냐하면 겸손에게는 그것이 항존하는 것이 본질적인 것이기 때문이다."[17]

자기에게 현재를 가지지 못하는 미적인 실존은 절망에 빠지게 되면서 그 한계에 부닥친다. 그리고 이런 한계 선상에 이르러 미적인 영역과 윤리적인 영역 사이에 놓인 아이러니(irony)가 등장한다. 이는 향락을 모토로 쾌락을 추구하던 미적 실존이 도리어 자기가 추구하고자 발버둥치는 것들의 노예 상태로 전락하게 되는 모습을 표현한다. 아이러니에 직면하여 마음속 깊은 곳으로부터 뉘우치게 되는 미적 실존은 감성적이고 직접적인 자신에 의하여 무시되었던 양심에

---

16) 위의 책, 517-518쪽.

17) S. Kierkegaard, 임춘갑 역, 『이것이냐/ 저것이냐 제2부』, 264쪽.

눈을 뜨면서 윤리적인 실존으로 넘어가게 된다.[18]

> "심미적으로 산다는 것은 어떤 것이며, 또 윤리적으로 산다는 것은
> 어떤 것일까? 어떤 인간 속에 깃든 심미적인 것은 어떤 것이며 윤
> 리적인 것은 어떤 것일까? 이에 대해서 나는 인간 속에 깃들어 있
> 는 심미적인 것은 그로 하여금 그것에 의해서 직접 그가 현재 있는
> 그대로 그를 있게끔 하는 것이고, 윤리적인 것은 그것에 의해서 그
> 가 되게끔 되어 있는 상태로 그를 되게 하는 것이라고 대답하겠다.
> 자신 속에 있는 심미적인 것 속에서 그것을 위해서 그것을 먹고,
> 그것을 위해서 사는 사람은 심미적으로 사는 사람이다."[19]

2) 윤리적인 실존

심미적인 것과 윤리적인 것은 서로 상반되는 것이 아니다. 물론 우
리는 윤리적인 것을 '절대적으로' 선택해야 하지만 그렇다고 해서 이
것이 심미적인 것을 절대적으로 배제하는 것을 의미하지는 않는다.
윤리적인 것을 절대적으로 선택하고 나서도 심미적인 것의 상대적인
가치는 그대로 용납되기 때문에 '절대적인 것에는 절대적인 태도로,
상대적인 것에는 상대적인 태도로' 임하면 그만이다.[20] 윤리적 실존
은 미적인 실존처럼 기분에 지배되지 않고 거꾸로 기분을 지배한다.
기분을 말살하지 않고 한순간 응시하면서 그러한 순간이 미적인 실
존처럼 절단된 원자적 순간이 아니라 계속되는 시간 가운데의 순간
이라는 의미를 발견한다. 그래서 현재의 순간을 중심으로 과거와 미
래라고 하는 시간의 지속성을 중시한다.[21] 윤리적 실존의 면모는 양

---

18) 표재명, 『키에르케고어 연구』, 86쪽 정리.

19) S. Kierkegaard, 임춘갑 역, 『이것이냐/ 저것이냐 제2부』, 346쪽.

20) 위의 책, 297쪽.

심을 가지고 동일한 것에 대한 지속과 반복성을 통하여 내면적으로 무한히 깊어가는 데서 드러난다.[22]

> "심미적인 선택이란 선택이라고는 할 수가 없다. 선택하는 행위는 본질적으로 윤리적인 것의 고유하고 절박한 표현이다. 보다 엄밀한 의미에서 이것이냐/ 저것이냐가 문제가 되고 있는 곳에서는 어디에 나 윤리적인 것이 내포되어 있다고 우리는 언제라도 확신할 수 있다. 유일하게 절대적인 이것이냐/ 저것이냐는 선과 악 사이에서 어느 한 쪽을 택하는 선택이지만, 이것 역시 절대적으로 윤리적이다."[23]

미적 실존과 윤리적 실존의 차이는 애욕(愛慾)과 결혼(結婚)을 비교해봄으로써 드러날 수 있다. 애욕이 순간적이라고 볼 수 있다면 결혼이란 지속적인 것이라고 할 수 있다. 직접성의 시간 안에 몰입해 있는 미적 실존에게 첫사랑이란 소멸하는 순간의 한 계기에 불과해서 개인의 내면에 아무런 변화도 일으키지 않는다. 결혼이란 미적인 실존에게는 아무런 의미를 지니지 않는다. 결혼하는 당사자들의 혼인 서약이 만일 시간 속에서 지속성을 지닐 수 없다면 결혼의 선택에 뒤따르는 의무와 책임이란 불가능하기 때문이다. 결혼이란 시간의 지속성을 가장 필요로 하는 인륜지대사이기 때문이다.[24] "로맨틱한 사랑은 순간에서 잘 표현될 수 있지만, 부부 사이의 사랑은 그럴 수가 없다. 왜냐하면 이상적인 남편은 그의 생애에 있어서 단 한 번 이상적인 남편인 그런 사람이 아니고, 매일 이상적인 남편인 그런 사람이기 때문이다."[25]

---

21) 표재명, 『키에르케고어 연구』, 87-88쪽 참고.

22) 위의 책, 89쪽.

23) S. Kierkegaard, 임춘갑 역, 『이것이냐/ 저것이냐 제2부』, 323쪽.

24) S. Kierkegaard, 임춘갑 역, 『이것이냐/ 저것이냐 제1부』, 526쪽 참고.

시간과의 관계에서 본 미적 실존과 윤리적 실존의 다름은 획득과 소유를 비교해 봄으로써 알 수 있다. 애욕은 언제나 대상을 자기의 외부에서 구하는 획득으로서 이때 자기의 내면성에 대한 진지한 반성이 결여된다. 획득에 몰두하는 자는 자기 자신의 현실성을 무시한 채로 획득의 순간만을 추구한다. 반면에 소유란 어떻게 계속해서 소유하느냐 하는 데 시간적인 이어짐과 소유자의 내면의 반성을 요구하게 된다. 따라서 획득이 아닌 소유로서의 결혼이란 늘 자기 자신과의 싸움이 요구되는 시련일 수 있다. 결혼 생활에 있어서의 사랑이란 단 한 번만의 것이 아니라 언제나 새롭게 있어야 하는 것이기 때문이다. 여기서 시간이란 한갓 계속해서 이어지는 흐름일 뿐만이 아니라, 근원적이고도 보편적인 것이 보존되어가는 진행인 동시에 아울러 이것이 증대되어가는 성장적인 흐름으로서의 시간이 되어야 한다.[26]

미적인 실존이 아이러니를 통하여 그 한계를 드러내면서 윤리적 실존으로 나아간다면 윤리적 실존은 후모르(Humor)를 통하여 종교적 실존으로 나아간다. 윤리적 실존의 한계는 성실하면 할수록, 양심에 따라서 살려고 하면 할수록 윤리적 실존이 스스로에게 지운 과제의 엄숙한 요청 앞에서 자신의 무력감을 통감한다는 것이다. 윤리적 실존은 완벽하게 양심대로 살아간다는 것이 현실적으로 볼 때 이상주의적인 가정이라는 사실을 깨닫는다. "유한자는 결국 무(無)일 수밖에 없으며 아무리 양심을 가지고 지속과 반성에 있어서 깊어간다 해도 소용이 없다. 바로 이러한 노력 자체에 사람은 후모르(Humor)를 보게 된다. 이 후모르에서 유한자가 가지는 역설을 인정하고 이 역설에 사

25) S. Kierkegaard, 임춘갑 역, 『이것이냐/ 저것이냐 제2부』, 264쪽.
26) 표재명, 『키에르케고어 연구』, 89쪽 참고.

는 것이 신앙이요, 신앙을 가지고 살 것을 결단하는 것이 종교적 실존이다."[27]

3) 종교적인 실존

윤리적인 것은 보편적이며 추상적으로는 법(法)으로서 나타난다. 법으로서 추상화한 경우에 사람들은 윤리적인 것을 자신의 외부에 가지게 되면서 이때 자기 자신을 선택하는 내면화는 무시된다. 이에 자기 자신을 선택한 윤리적 실존은 윤리적인 것을 자신의 외부가 아닌 내부에서 구하게 되면서 윤리적인 것과 내면성과의 일치를 도모하게 된다. 여기서 윤리적인 것을 보편적으로 내재하는 신(神)이나 영원(永遠)으로 생각하면서 종교성A가 등장하게 된다. 종교성A는 윤리적인 것과 그 본질에 있어서는 다르다고 할 수 없지만 내면성을 통하여 윤리-종교적 특성을 띠게 된다.[28]

> "죄책(罪責)의 의식과 죄의 의식 사이에는 단절이 있다. 사람은 초월자의 힘에 의하지 않고서는 죄의 의식에 다다를 수가 없다. 여기에 종교성 일반으로서의 종교성A와 그리스도교의 입장을 나타내는 종교성B와의 질적인 차이가 있다."[29]

종교성A가 윤리적인 행위의 주체와 질적으로 다른 초월적 능력을 거부하면서 윤리적인 보편성과 절연될 수 없다면, 이는 기독교 이외

---

27) 위의 책, 90-91쪽.
28) 위의 책, 91-92쪽 참고.
29) 위의 책, 96쪽.

의 종교에서 발견될 수 있는 종교성이다. 기독교의 종교성은 종교성A와 명료하게 구별되는 역설적인 것으로서 원죄라는 죄의식을 받아들이는 종교성B이다. 종교성B에 의하면 믿음이란 마음의 직접적인 충동이 아니라 이 세상의 역설이며,[30] 개별자가 보편적인 것보다도 높은 곳에 있다고 하는 역설이다.[31] "무한한 체념은 믿음에 앞서 있는 마지막 단계이다. 따라서 이 운동을 수행하지 못한 자는 모두 믿음을 가지고 있지 않다. 왜냐하면 무한한 체념 안에서만 비로소 나는 나 자신의 영원한 가치를 자각하기 때문이다."[32]

> "나의 의도는 아브라함의 이야기 속에 깃들어 있는 변증법적인 것을 몇 개의 문제로 나누는 형식으로 끄집어내어서, 믿음이라는 것이 얼마나 엄청난 역설인가를 알고자 하는 데 있다. 즉 살인마저도 하느님의 마음에 드는 신성한 행위로 만들 수 있다는 역설, 이삭을 아브라함에게 다시 돌려준다는 역설, 이 역설을 사유(思惟)는 파악할 수 없다. 믿음이란 사유가 끝나는 곳 바로 거기서부터 시작된다."[33]

키에르케고어는 구약전서 창세기 22장에 나오는 '이삭을 번제로 드리라 하시다'는 말씀을 통하여 '윤리적인 것의 목적론적 정지'를 종교성B인 기독교의 특성으로 이해한다.[34] 보편적인 것과 관계하는 윤리적인 것에 대하여 목적론적인 정지를 할 때 하느님과의 관계는 이제 개별적인 단독자(den Enkelte)로서만이 가능하게 된다. 키에르케고어는 진실한 인간 존재로서의 실존이 다름 아닌 하느님 앞에 홀로

---

30) 위의 책, 87쪽.

31) 위의 책, 101쪽.

32) S. Kierkegaard, 임춘갑 역, 『공포와 전율/반복』, 2007, 다산글방, 85쪽.

33) 위의 책, 99쪽.

34) 같은 곳.

서는 단독자라고 주장한다.[35] 키에르케고어는 당대의 사람들이 영원한 것을 지나치게 두려워하거나 이를 완전히 추상적인 것으로 생각한다고 보았다. 영원한 것은 푸른 산처럼 시간적인 것의 경계선으로서 아무리 정력적으로 시간을 보내는 사람도 이 경계선에 도달할 수는 없다. 이 시간적인 것의 경계선은 단독자에 의해서만이 찾아질 수 있는데 단독자는 바로 시간의 바깥에 서 있는 '국경 감시병'이다.[36] 자기를 갖는다는 것, 자기로 존재한다는 것은 인간에게 주어진 최고의 특권이며 무한한 특권이지만 이것은 또한 인간에 대한 영원성의 요구이기도 하다.[37] 아이온적인 영원성에 대한 요구로 인하여 인간은 비로소 인간일 수 있는 최고의 특권을 누릴 수 있다고 키에르케고어의 실존주의는 말한다. 영원한 것을 제대로 이해하지 못했거나 영원한 것을 완전히 구체적으로 이해하지 못하는 사람은 모두 내면성과 진지함을 결여한다.[38]

그런데 시간적인 것에 집착하여 영원한 것을 등한시할 때 인간 속에서 인간의 근본적인 구성요소인 영원한 것이 눈을 뜨게 되는데 이는 다름 아닌 불안(不安)이다. 만일 인간 안에 영원한 것이 깃들어 있지 않는다면 인간에게 불안이란 결코 있을 수 없는데, 키에르케고어의 『불안의 개념』은 인간이 영원한 것을 자각하게 되는 과정을 잘 묘사하고 있다.[39] 영원성 속에서는 모든 모순이 지양되므로 시간적인 것은 영원한 것에 의해서만이 충만하게 보존될 수 있다.[40] 영원성이

---

35) 표재명, 『키에르케고어 연구』, 지성의샘, 1995, 168쪽. 단독자에 관해서는 이 책의 1부, 8절을 참고.

36) S. Kierkegaard, 임규정 역, 『불안의 개념』, 한길사, 2005, 384-385참고.

37) S. Kierkegaard, 『죽음에 이르는 병』, 70쪽.

38) S. Kierkegaard, 『불안의 개념』, 383쪽 참고.

39) S. Kierkegaard, 『이것이냐/ 저것이냐 제2부』, 698-699쪽의 역자 해제 참고.

란 시간성과 마찬가지로 있거나 없거나의 어느 한쪽이 아니며 영원한 것은 인간이 갖게 되거나 터득할 수 있는 성질의 것이 아니다. 영원이란 오직 갖게 될 뿐인 것이어서 잃는다거나 터득되는 대상일 수 없기 때문이다.

믿음이 없다면 있으면서도 얻을 수 없고 믿음이 있다면 없으면서도 얻을 수 있는 영원성이라는 시간성의 수수께끼와도 같은 미스터리와 자기모순! 키에르케고어는 여기서 이런 자기모순이 우리들 인간의 내면적인 '영혼'을 통하여 발견된다고 말한다.[41] 영혼의 소유자는 영원하신 하느님 이외에는 있을 수 없으며, '영혼이란 시간적인 것과 영원한 것의 모순'이므로 신약전서의 누가복음 21장 19절의 말씀[42]을 인용하면서 인내함으로써 영혼을 얻는 것이야말로 하느님으로부터의 온갖 좋은 은사와 온전한 선물이라고 말한다.[43] "인내는 자기 영혼을 얻는 데 비로소 의미를 갖게 되며 인내하는 일 그 자체이고, 결말을 서두르는 성급함을 전제로 해서는 생각될 수 없는 것, '쉼 없는 활동 그 자체'이다."[44] 영혼이 자기 자신을 얻는 것은 잃어버림을 통해서이며 자기 자신을 얻는 것은 지식이나 앎에 의해서가 아니라 됨에 의해서이므로 '영혼이란 되는 것'이다.[45] 여기서 종교성B에서의 실존의 참 의미를 발견할 수 있다.

---

40) 위의 책, 389쪽.

41) S. Kierkegaard, 표재명 역, 『주신 이도 여호와시요 거두신 이도 여호와시오니』, 다산글방, 2010, 108-109쪽 정리.

42) '너희의 인내로 너희 영혼을 얻으리라'(『굿데이 성경』, 생명의말씀사, 2007).

43) S. Kierkegaard, 표재명 역, 『주신 이도 여호와시요 거두신 이도 여호와시오니』, 다산글방, 2010, 해제 198-199쪽 참고.

44) 위의 책, 해제 200쪽(인용구 내의 역자의 방점 처리는 생략했다).

45) 위의 책, 해제 201쪽 참고.

이런 영원성을 향한 인간만의 특권은 키에르케고어의 시간 이해의 중심 개념인 카이로스[46]라는 순간 개념에 의하여 완성된다. 단, 예수의 성육신이 역사 속의 일회적 사건인 반면에 키에르케고어의 실존의 시간성에 대한 이해는 되어감의 그 실존적인 과정을 강조하기 때문에 결코 완결될 수 없는 성격을 지닌다는 차이점에 주목할 수 있다. 그래서 키에르케고어는 참 그리스도인이 되는 것을 자신의 삶의 평생의 목표로 삼으면서도 그런 목표가 얼마나 실현되기 어려운가를 고백하곤 했던 것이다.[47]

여기서 문제는 아이온적인 시간과 크로노스적인 시간의 수직적인 만남인 질적 비약으로서의 성육신 예수와 크로노스적 시간을 살아가고 있는 우리 인간들과의 동시성이다. 이는 결국 시간성의 문제에 해당하는 것으로서 예수를 믿고 따르면서 마치 현존하는 예수와 같은 시간을 공유하는 듯한 동시성의 시간의식으로써 이해될 수 있다. "한 사람이라도 믿는 자가 있기 때문에, 저 예수의 동시대 사람들과 마찬가지로, 현존하는 예수와 동시에 있었어야만 하고 또 믿는 자로서 항상 동시대에 있어야만 한다. 이 동시성이 신앙의 전제인 것이다. 보다 엄밀히 말한다면 신앙 그 자체인 것이다"[48] 그런데 이러한 동시성은 예수와의 직접적인 동시성에 의한 것은 결코 아니다. 이는 신앙의 실견(實見/ Autopsie)에 의한 것이다. 신앙의 실견이란 복음서가 전해주는

---

46) Charles Le Blanc, *Kierkegaard*, Les Belles Lettres, 1998, 130쪽(여기서 카이로스는 키에르케고어의 순간 이해로서 소개되고 있으며, "시간 속으로의 영원의 삽입이자 끼워 넣기(insertion)이며 기적적이고 놀라운 계시"라고 소개되고 있다).

47) S. Kierkegaard, 임춘갑 역, 『그리스도교의 훈련』, 다산글방, 2005년, 416쪽 참고(역자는 여기서 키에르케고어가 그랬던 것처럼 '두려움과 떨림'이 없이는 그리스도인이 된다는 것은, 그리스도인으로서 산다는 것은 결코 생각조차 할 수 없으리만치 어려운 일이라고 고백한다).

48) 위의 책, 13-14쪽.

대로 그의 삶을 통하여 그의 동시대인들과 함께 하셨으며 후세의 우리들에게도 본질적으로 동시성을 이루어 함께 하시는 한, 구체적인 인격 예수와 전인적으로 만나는 것을 뜻한다. 참으로 키에르케고어에게 그리스도교란 예수 그리스도의 인격과 생애 자체였으며, 동시성이란 이 예수 그리스도에 직면하여 그를 전인격적으로 받아들인다는 것을 뜻하는 것이었다.[49)]

종교성B에 이르러 시간성과 영원성이 질적이고도 수직적인 비약적 만남이라는 순간(Kairos)에[50)] 의해 결합하는 관계를 보이게 된다. 여기서의 순간이란 '때의 참'으로서, 표재명은 이런 순간에 대한 믿음으로서의 신앙의 결단을 '시간 안에서 시간을 멈추는 영원(永遠)을 붙잡는 것'이라고 표현한다.[51)] "순간이 문제다. 이런 순간은 독특하다. 그것은 짧고, 잠시뿐이며, 빨리 지나가고, 다음 순간에 과거가 된다. 그러나 그 순간은 결정적이며, 영원한 것으로 채워져 있다. 이런 순간은 특별한 이름을 가지고 있어야 한다. 우리는 그것을 시간의 만기(滿期/ the fullness of time)라고 부르자."[52)] 카이로스는 비록 영원 자체는 아니지만 시간과 영원이 서로 맞닿아 있는 이의적(二義的)인 것이라는 데 비로소 기독교의 핵심적인 시간성의 개념이 정립된다. 이 시간성에 있어서 시간은 끊임없이 영원을 차단하며 영원은 끊임없이 시간 속으로 침투해간다. 그래서 현재와 과거, 미래의 시간이라는 구분이 그 의의를 지닐 수 있게 된다.[53)] 영원성이 시간성의 옷을 입고 성육

---

49) 표재명, 『키에르케고어 연구』, 113쪽 참고.

50) 신약전서, 갈라디아서 4:4, "때가 차매 하느님이 그 아들을 보내사 여자에게서 나게 하시고"(『굿데이 성경』, 생명의말씀사, 2007).

51) 표재명, 『키에르케고어 연구』, 104쪽.

52) S. Kierkegaard, 황필호 역, 『철학적 조각들』, 집문당, 1998, 97쪽.

신하신 예수 그리스도를 신앙으로 맞아들이는 순간을 키에르케고어는 영원으로 채워진 때의 참이라고 하였다.[54] 여기서 성육신이 카이로스의 단적인 예시라면, 성육신 예수와 동시성의 시간 체험을 하는 신앙인의 시간성 또한 카이로스로서 이해될 수도 있으며 이 경우 삼위일체 가운데 한 격인 성령의 임재 또한 카이로스라는 단어로써 이해할 수 있게 된다.

순간이란 미적 실존의 시간 이해에 의하면 토막토막 절단된 원자적 계기로서 과거도 미래도 없이 시간의 계속을 지니지 못하는 무반성적이고 무비판적인 무시간성이다. 그러나 윤리적 실존의 시간 이해에 의하면 순간이란 과거로부터 미래로 지속되는 시간 안의 순간이 되면서 윤리적인 보편성과 추상성을 가능하게 한다. 종교성A에서는 윤리-종교적인 것으로서 윤리적 실존의 그것과 별반 다르지 않던 순간은 이제 종교적 실존의 종교성B에 이르러 예수 그리스도로 인한 영원성의 원자로서 시간 안에 들어온 영원이라는 이의적인 의미를 획득한다.[55] 참된 종교성은 직접성의 거절이며 시간성의 거절이다. 그러나 참된 종교성은 시간성 안에서 카이로스라는 이름으로, 때의 참이라는 이름으로, 이를 믿는 종교성B의 실존으로서 이루어진다. 시간성 안에서 전적으로 시간성일 수 없는 영원성을 붙잡으려는 종교성B는 본질적으로 고뇌 자체라고 할 수 있으며 시간성 안에 온전히 있을 수 없는 상태임으로 해서 본질적으로 순교(殉敎)라고 할 수 있다.[56]

---

53) 표재명, 『키에르케고어 연구』, 100-101쪽 참고.

54) 위의 책, 113쪽.

55) 표재명, 『키에르케고어 연구』, 100-101쪽 참고.

56) 위의 책, 105쪽 참고.

3. 나오면서

시간에 대한 키에르케고어의 이해를 중심으로 지금까지 실존의 세 가지 모습을 살펴보았다. 시간이 크로노스적인 것과 아이온적인 것으로 이분되어 이해 가능한 것이지만, 외형상 분명하게 나누어질 수 있는 물질적인 구체성을 띨 수는 없는 것이 시간이라는 사실에는 이의(異議)가 있을 수 없다. 때문에 크로노스적인 자연적이고 수량화가 가능한 시간 이해에 입각한 미적 실존의 시간성, 일회성과 즉흥성을 띠는 미적 실존의 시간성이 이보다 더 지속적이고 보편적인 시간성에 기초하는 윤리적 실존이나 아이온적인 시간성에 직결되는 종교적 실존의 시간성과 완전히 절연(絶緣)된 것일 수는 없을 것이다.

키에르케고어 자신도 세 가지 상이한 시간 이해에 의거하는 실존의 모습들이 실존의 되어가는 과정에서는 부단한 선택의 기로 위에서 부침(浮沈)하는 것들이라고 말한다. 이 세 가지 실존의 모습이 의거하는 시간성은 따라서 서로 긴밀하게 연결되어 있다고 말할 수 있다. 예컨대 미적 실존의 시간성이 크로노스적인 것으로 이해 가능하다고 할지언정, 그 물리적인 시간의 단편을 통하여 아이온적인 시간성의 세계를 넘나드는 예술이 가능하다고 말할 수 있기 때문이다.57) 또한 예술의 보편적인 가치를 인정할 때 윤리적인 실존이 담보(擔保)하는 보편적 가치 또한 쉽사리 받아들일 수 있게 된다. 아울러 윤리적 실존이 전제하는 크로노스적인 시간의 지속성 또한 종교적 실존이 전제하는 아이온적인 시간성에 대한 이해에 필수적이라고 말할

---

57) 아이온적인 시간성은 존재론적인 것과 인식론적인 것으로 나누어 고찰될 수 있는데, 여기는 후자의 의미로서 관념적인 사유 세계의 내용 등으로 이해 가능하다.

수 있다. 아이온적인 것이 되풀이 될 수 있는 결정적 계기로서 크로노스적인 생성의 시간에 주목해야 하며, 생성과 되어감의 시간 안에서만이 아이온적인 시간성을 반복적으로 되찾을 수 있는 실존, 카이로스적인 실존 체험이 가능하기 때문이다.[58] 물론 키에르케고어 사상의 궁극적인 시간 이해는 종교성B에 맞닿아 있기 때문에 아이온적인 시간과 크로노스적인 시간이 '때의 참'인 '순간' 속에서 수직적이고도 비약적인 만남을 이루게 되는 저 예수의 성육신(Incarnation)을 통해 완결될 수 있다. 이렇게 세 가지 실존의 모습이 의거하는 시간성에 대한 이해가 뒷받침될 때만이 키에르케고어의 실존주의 사상은 온전히 이해될 수 있을 것이다.[59] "만약 그대가 심미적인 것과 윤리적인 것과 종교적인 것을 위대한 세 연합체라고 간주하는 지경에까지 도달할 수가 없다면, 또 만약 그대가 이런 각기 다른 모습의 통일체를 보존할 수 있는 방법을 모르고 있다면, 그때는 삶은 의미를 잃게 되고, 그때 우리는 모든 것에 관해서 '그렇게 하든가, 아니면 그렇게 하지 말라. 하여간에 그대는 뉘우칠 것이다'라고 말할 수 있다고 하는 그대의 전매특허격인 이론을 그대가 여전히 옳다고 주장하고 있는 사실을 시인할 수밖에 없다."[60]

마지막으로 다음과 같은 의문을 제기해보면서 본고를 마무리하고자 한다. 물리적이고도 기계적인 정량적 시간의 흐름으로서의 삶이 과연 우리네 인간들이 누리는 한정된 삶의 전부일 수 있을까? 키에르

---

58) S. Kierkegaard, 표재명 역, 『주신 이도 여호와시요 거두신 이도 여호와시오니』, 다산글방, 2010, 해제 부분인 198-202쪽에 전개된 되어감, 실존에 대한 역자의 해석 참고.

59) 키에르케고어 실존의 삼단계설을 시간 개념과의 관계를 통하여 연구한 표재명은, 이러한 삼단계설이 "어떻게 사람은 그리스도인이 되는가?"라는 기독교적인 실존적 인간의 탐구라고 정의한다(표재명, 『키에르케고어 연구』, 지성의샘, 1995, 106쪽 참고).

60) S. Kierkegaard, 임춘갑 역, 『이것이냐/ 저것이냐 제2부』, 다산글방, 2008년, 287쪽.

케고어의 기독교 실존주의 사상이 의거하는 시간에 대한 이해는 크로노스적인 시간 속에 아이온적인 시간이 함께 한다는 시간의 역설을 강조하고 있다. 그래서 실존적인 생성과 되어감의 시간이 파토스적인 선택과 의지적인 실천, 열정과 비약이 가능한 카이로스적 순간이라고 강조한다. 이제 이런 시간 이해에 의거한다면 우리들은 다음과 같은 말을 해도 될 것 같다. 삶이란 살아도 사는 게 전부인 그런 것은 결코 아닐 것이다. 태어나서 자라 어른이 되고 이래저래 살다 때가 되면 알 수 없는 곳으로 가야만 하는, 그렇게 무표정한 모습이 삶의 전부는 결코 아닐 것이다. 비록 크로노스적인 자연의 시간을 살아도 지금 이렇듯 보내고 있는 시간이 그 자신에게는 결코 삶의 시간의 전부일 수는 없는 그런 신앙인의 실존적인 모습을 여실히 보여준 위대한 기독교 실존주의 사상가의 한 사람으로서 키에르케고어는 영원히 기억될 것이다. 지금까지 시간의 문제를 중심으로 살펴본 키에르케고어의 실존주의 사상을 통하여 마음처럼 살아지지 않는 이 허허로운 시간성의 삶으로부터, 조금이라도 영원성으로부터의 위로와 위안을 얻을 수 있기를 희망하면서 졸고를 마친다.

참고문헌

김창영 편집, 『굿데이 성경』, 생명의말씀사, 2007.

장회익, 『우리말철학사전 2』, 지식산업사, 2004.

표재명, 『키에르케고어 연구』, 지성의샘, 1995.

한국키에르케고어학회, 『다시 읽는 키에르케고어』, 철학과 현실사, 2003.

Charles Le Blanc, *Kierkegaard*, Les Belles Lettres, 1998.

Gilles Deleuze, 김상환 역, 『차이와 반복』, 민음사, 2004.

H.A.Jonson, 임춘갑 역, 『키르케고르 사상의 열쇠』, 다산글방, 2005.

Jean-Marie Vaysse(directeur), *Kierkegaard/ Kairos,* Revue de la Faculté de Philosophie de l'Université de Toulouse-Le Mirail, 1997.

S. Kierkegaard, 표재명 역, 『철학적 단편』, 종로서적, 1979.

_____, 황필호 역, 『철학적 조각들』, 집문당, 1998.

_____, 임춘갑 역, 『그리스도교의 훈련』, 다산글방, 2005.

_____, 임춘갑 역, 『사랑의 역사』, 다산글방, 2005.

_____, 임규정 역, 『불안의 개념』, 한길사, 2005.

_____, 임춘갑 역, 『공포와 전율/ 반복』, 다산글방, 2007.

_____, 임규정 역, 『죽음에 이르는 병』, 한길사, 2007.

_____, 임춘갑 역, 『이것이냐/ 저것이냐 제1부』, 다산글방, 2008.

_____, 임춘갑 역, 『이것이냐/ 저것이냐 제2부』, 다산글방, 2008.

_____, 표재명 역, 『신앙의 기대』, 다산글방, 2009.

_____, 표재명 역, 『주신 이도 여호와시오 거두신 이도 여호와시오니』, 다산글방, 2010.

_____, 임춘갑 역, 『불안의 개념』, 도서출판 치우, 2011.

S. Kierkegaard(trans. Mary Michelsen), *Kierkegaard's Way to the Truth*, Augsburg Publishing House, 1963.

W. Lourie, 임춘갑 역, 『키르케고르 평전』, 다산글방, 2007.

* 사랑에 관한 에세이 – 『사랑의 역사』를 읽고서

키에르케고어는 『사랑의 역사(役事)』에서 이렇게 말했다. 사랑은 자애이며 내면성이고 영원성이라고. 사랑은 시간성에 맞닿아 있지 않고 영원성에 맞닿아 있어서 늘 그렇게 샘솟는 행위의 원천이라고. 사랑하라. 시간의 덧없음에 휘둘리지 말고 서로 사랑하라. 영원인 양 변함없는 표정으로, 시간의 흐름에 동요하지 않는 무표정함으로 사랑밖에는 더도 덜도 모를 순연한 내면성으로 서로를 사랑하라.

사랑해야 하는데, 사랑해야 한다고 하는데, 어떻게 사랑해야 하는지 그 방법을 찬찬히 일러 주지 않았던 그가 그러나 미워진다. 나! 내가 사랑해야 하는 사람들. 아니, 사랑해도 되도록 허락받은 사람들. 가족과 지인(知人)이라는 이름의 사랑하는 사람들, 사랑할 수 있는 사람들, 사랑해도 괜찮은 사람들.

그러나 내가 할 수 있는 일은 단지 아침상 준비와 설거지, 청소와 빨래 정도가 고작이다. 움직임이 없는 그 많은 시간들을 나는 어떻게 사랑해야 하는지 알 수가 없다. 가슴속 기도로 사랑하는 이들을 위한 마음만을 키워가야 하는 건지 알 수 없다. 키에르케고어가 힘주어 말하는 사랑의 행위를 과연 어떻게 일궈낼 수 있을지 나는 그저 묵묵부답으로 서재만을 지키며 연구할 뿐이다.

마음은 계속 사랑으로 커져만 가고 있는데 몸으로 드러낼 수 있는, 드러내야 할 사랑에는 너무도 많은 제약이 뒤따르고 있는 듯하다. 마치도 내 몸이 마음을 안아담기에는 부족한 듯이 그렇게……

제3장 키에르케고어와 베르그송의 사랑에 대한 이해 비교[1])

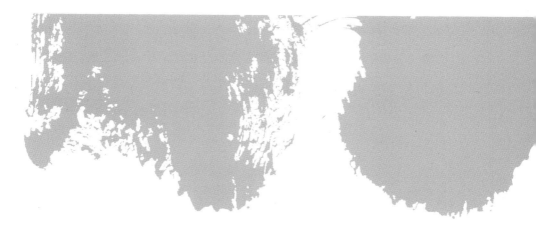

1. 들어가면서

우리는 삶이 문제 상황의 연속이라는 말을 곧잘 한다. 한 고비 한 고비를 넘기다 보면 또 다른 일을 맞게 되고 이를 해결하고자 고민하게 된다. 그런데 이런 문제 상황을 고민하면서 해결하기 위하여 인류와 함께 해 온 온갖 문화 형태 가운데 가장 근원적인 것으로 종교와 철학을 들 수 있다. 철학이 앎과 지식으로써 문제를 해결하고자 한다면 종교는 앎을 넘어서는 믿음과 의지로써 문제 상황을 해결하고자 한다는 점에서 이 둘은 선명하게 대비된다. 그럼에도 불구하고 종교와 철학은 서로를 완전히 무시할 수 있는 식으로 그렇게 독립적일 수는 없다. 종교의 곡물(grist of religion)은 철학의 방앗간(mill of philosophy)을 거쳐야만 하기 때문이며,[2] 철학이 결여된 종교는 독단이나 망상으로 치닫거나 종교가 결여된 철학은 삶의 궁극적인 문제에 무력할 수 있기 때문이다.

키에르케고어의 실존주의적인 기독교사상이나 베르그송의 직관철학을 이해하는 문제에 있어서도 이는 유효하다. 철학적 사변으로부터 물러날 것을 강변하면서 철학과 기독교의 불일치를 주장하는 키에르케고어임에도 불구하고 그는 헤겔철학에 대한 탁월한 비판가로서 질적 변증법이라는 비합리주의철학의 한 방법론을 창시했다. 생명과 지

---

[1] 논문의 제목에 등장하는 '사랑에 대한 이해'라는 구절에서 사랑이라는 단어에 접근하는 두 인물의 기본적인 입장이 다르다는 사실을 먼저 밝혀둘 필요가 있다. 키에르케고어는 기독교를 중심으로 한 신학적이고 교의학적인 입장에서 사랑을 논하고 베르그송은 종교 전반에 대한 종교철학적인 입장에서 사랑을 논한다. 그럼에도 불구하고 이 두 인물은 동적종교로서의 기독교의 핵심이 바로 사랑이라는 데 의견의 일치를 보이고 있다.

[2] Lucius Hopkins Miller, *Bergson and Religion*, Henri Holt and Company, 1916, pp.22-23 참고(앞으로 이 책은 BR로 표기).

속, 직관의 철학자인 베르그송의 경우에도 주어진 경험적 사실에 충실한 철학자의 면모를 유지하면서도 생애의 마지막 20여 년 이상의 시간을 종교에 대한 연구로 할애했다. 실존주의의 창시자인 키에르케고어와 프랑스 현대철학의 아버지인 베르그송, 이 두 인물의 위대한 사상 안에는 철학과 종교의 상관성이 잘 발효되어 있는 것이다.

이에 본고는 철학과 종교의 대화와 만남의 한 현장을 키에르케고어와 베르그송을 통하여 살펴보고자 한다. '사랑'이라는 단어를 중심으로 해서 기독교사상가로서의 키에르케고어가 과연 어떻게 이를 이해했는가 하는 문제와 베르그송이 자신의 직관철학을 종교철학으로 확장해 나가는 현장을 추적해보고자 한다. 이런 연구 과정을 통하여 이 두 인물이 사랑이라는 접점을 통하여 만날 수 있다는 사실을 구명해보고자 한다. 그 결과 베르그송의 사랑에 대한 종교철학적인 이해가 키에르케고어의 사랑에 대한 기독교적인 이해로 말미암아 좀 더 구체적이면서도 실천적인 내용을 더해가는 현장을 발견할 수 있을 것이다.[3]

2. 키에르케고어의 사랑에 대한 이해

키에르케고어의 사랑에 대한 이해를 살펴볼 수 있는 대표적인 저서는 『사랑의 역사』이다.[4] 1894년 9월에 출판된 이 책은 같은 해 3월

---

[3] 키에르케고어의 사랑에 대한 이해는 다음의 책을 중심으로 살펴보게 되는데, 앞으로 이 책은 WL로 표기한다. SØren Kierkegaard, *Works of Love*; 『사랑의 역사』, 임춘갑 옮김, 다산글방, 2005. 베르그송의 사랑에 대한 이해는 다음의 책을 중심으로 살펴보게 되는데, 앞으로 이 책은 MR로 표기한다. Henri Bergson, *Les deux sources de la morale et de la religion*, Oeuvres, PUF, 1970.

에 출판된 『들의 백합화와 하늘의 새』와 더불어 뛰어난 종교적 저술이자 선교서이며 강화집의 일종이라고 할 수 있다. 이 책은 신약성경에 나오는 사랑에 관한 구절을 인용하면서 키에르케고어 자신의 실존적인 체험을 바탕으로 기독교의 사랑의 복음과 진리를 독자들에게 이해시키고 있다.[5]

사랑에 대한 기독교의 이해는 하느님에 대한 믿음을 중심으로 전개된다. 사랑은 믿음의 진위를 가려주는 가장 중요한 시금석으로서 신약성경은 이를 다음과 같이 말한다. 하느님의 사랑을 의미하는 헬라어 '아가페'라는 단어는 성경에서 사용되기 전에는 그다지 쓰이지 않았다. 1세기의 이방인들은 형제간의 사랑을 '필레오'로 그리고 낭만적인 사랑이나 성적인 사랑을 '에로스'라는 단어로 표현했다. 필레오가 종종 아가페라는 단어와 동의어로 사용되었지만 아가페는 필레오보다 더 순결하고 고귀한 사랑으로서 그 유일한 원천이 하느님이시다. 가족이나 연인, 친구들이나 지인 간의 사랑은 자연적인 본성에서 비롯되지만 하느님으로부터 비롯되는 아가페는 인간적인 사랑과는 비할 데 없이 위대하다고 성경은 말한다. 인간의 죄를 대속하기 위해 독생자인 예수 그리스도를 십자가 보혈과 부활로 이르게 한 하느님의 희생적인 사랑이야말로 완전한 사랑의 증표라고 성경은 말한다.[6]

키에르케고어의 사랑에 대한 이해를 살펴보기 위해 먼저 요구되는

---

4) 책의 제목인 'Works of Love'를 다산글방에서 펴낸 키에르케고어 전집의 번역에 따라서 '사랑의 역사(役事)'로 표기한다. 여기서 '역사(役事)'란 토목이나 건축 등의 공사를 의미하는 한자어이지만, 하느님의 주재(主宰) 아래 행해지는 모든 일이 사랑의 역사임에 다름없다는 의미에서 택해진 번역어인 듯하다. 표재명은 이를 『키에르케고어의 단독자 개념』 167쪽에서 '사랑의 행위'로 옮긴 바 있다.

5) WL, 651쪽의 역자 후기를 참고.

6) 김창영 편찬, 『굿데이 성경』, 생명의말씀사, 2007, 신약전서 390쪽 영성칼럼 참고(앞으로 이 책은 성경으로 줄인다).
   성경에는 하느님으로 표기되어 있지만 키에르케고어 전문가들의 번역대로 하느님으로 통일해서 표기한다.

것은 인간에 대한 그의 이해이다. 그런데 독실한 기독교인인 키에르케고어의 인간 이해는 하느님에 대한 이해와 뗄 수 없는 것이다. "운명론자는 절망에 빠져 있고 또 신을 잃어버렸으며 자기를 잃어버렸거니와, 왜냐하면 신을 갖지 않은 자는 자기도 갖고 있지 않기 때문이다."[7] 인간에 대한 키에르케고어의 실존주의적인 이해가 기독교에 의해 완성된다는 것은 주지의 사실이다. 이에 인간에 대한 키에르케고어의 이해를 대변하는 다음의 글귀를 통하여 그것이 하느님에 대한 이해와 떼려야 뗄 수 없는 단서를 영원성(永遠性)으로 포착하고자 한다.

"인간은 정신이다. 그런데 정신은 무엇인가? 정신은 자기이다. 그러면 자기는 무엇인가? 자기는 자기 자신과 관계하는 관계이며 또는 그 관계 안에서 자기 자신과 관계하는 관계이다. 자기는 관계가 아니라 자기 자신과 관계하는 관계이다. 인간은 무한한 것과 유한한 것의, 시간적인 것과 영원한 것의, 자유와 필연의 종합이며 간단히 말해서 종합이다. 종합은 그 둘의 관계이며 이렇게 보건대 인간은 아직 자기가 아니다."[8] 여기서 키에르케고어는 시간적인 것과 영원한 것의 종합으로 인간을 이해하면서 영원한 것을 대변하는 신과 인간의 뗄 수 없는 관계를 인정하고 있다. 영원성을 고려하지 않는 사람과 사람 사이의 모든 관계는, 예컨대 사랑도 완전히 행복할 수 없고 또 그래서도 안 되며, 완전히 보장될 수 없는 것이라고 하는 이 세상 생활에 관한 슬픈 교훈을 결코 잊어서는 안 된다고 그는 힘주어 말한다.[9]

---

7) SØren Kierkegaard, *The Sickness Unto Death*; 임규정 옮김, 『죽음에 이르는 병』, 한길사, 2007, 101쪽.

8) SØren Kierkegaard, 같은 책, 55쪽.

9) WL, 229-230쪽 참고. 여기서 '슬픈 교훈'이란 키에르케고어 자신의 표현이다.

『불안의 개념』의 제4장은 영원성이나 무한성에 관하여 다음과 같이 말하고 있다. 영원한 것을 제대로 이해하지 못했거나 영원한 것을 완전히 구체적으로 이해하지 못한 사람은 모두 내면성, 즉 확신이나 진지함을 결여한다. 내면성이 부재할 때 정신은 유한해지기 때문에 내면성이란 영원성이거나 아니면 인간 안에 있는 영원한 것의 구성 요소이다.[10] "우리가 단 하나의 사상만을 생각하고 있을 경우에는 외부적인 대상을 가질 수가 없고 자기 심화를 지향하는 내면적인 방향을 취하게 되며, 따라서 자신의 내적인 상황을 발견하게 된다. 이런 발견은 우선 인간을 겸손하게 만든다." 이어서 키에르케고어는 "내면성으로 방향을 취하여 자신의 정신력을 정신력이 허용하는 한계에까지 긴장시키지 않는 사람은 아무것도 발견하지 못한다"[11]고 단언한다. 그리고 이런 내면성이 바로 사랑의 행위인 자애(慈愛)라고 단언한다.[12] 여기서 내면성이 영원성과 사랑에 맞닿아 있음을 보게 된다.

당시 유럽 사회의 수평화 문제를 고민하면서 하느님 앞에 선 단독자(den Enkelte)를 주창한 키에르케고어는 영원성을 상실해가는 동시대인들을 이렇게 비판한다. "오늘날 우리들은 현재의 순간을 가능한 한 최고의 것, 영원보다 월등한 것, 진리보다 월등한 것으로 만들려고 온갖 힘을 다하고 있다!"[13] 그는 시간성이 영원성을 완전히 망각해버려서 영원성 앞에서는 부나 명예 등이 있으나마나한 것이라는 사실을 망각하는 동시대인들을 슬픔으로 바라보았다.[14] "순간이 자신을

---

10) SØren Kierkegaard, *Begrebet Angest*; 임규정 옮김, 『불안의 개념』, 한길사, 2005, 382-383쪽 참고.

11) WL, 609쪽.

12) SØren Kierkegaard, 같은 책, 560쪽.

13) SØren Kierkegaard, 같은 책 619쪽.

14) SØren Kierkegaard, 같은 책, 543쪽 참고.

팽창시킴으로 해서 다망(多忙)이 늘어날 때, 다망이 영원한 의미에서는 한 지점에서 움직이지 않는 순간 안에서 부산을 떨고 다닐 때, 분주한 사람들이 씨를 뿌리고 거두어들이고 다시금 씨를 뿌리고 다시금 거두어들일 때~그때 그리스도교는 비유를 통하여 지상에서의 생활은 씨를 뿌리는 때이고, 영원은 거두어들이는 때라고 하는 전망을 창조해낸다."[15]

여기서 모든 것이 그것을 중심으로 회전하면서 반복하는 역설로서의 순간에 주목해야 한다. 순간이란 소크라테스적인 관점에 의하면 보이지도 구별되지도 않는 것으로 과거나 현재, 미래의 어디에도 존재하지 않을 것이다. 소크라테스로 돌아가지 않고 역설로서의 순간을 발견한다면 있는 듯 없는 듯 덧없이 유한하기만한 순간이 영원한 것으로 채워지게 된다. 이런 순간은 특별한 이름을 지녀야 하기에 시간의 만기(滿期 / the fullness of time)라고 불린다.[16]

신약의 갈라디아서 4장 4절에는 이런 순간을 다음과 같이 말씀하고 있다. "때가 차매 하느님이 그 아들을 보내사 여자에게서 나게 하시고." 키에르케고어는 이런 순간을 때의 참이라고 하는데, 이는 하느님이 사람이 되었다(incarnation)고 하는 예수 그리스도의 계시를 가리키며 참 하느님과 참 사람인 그리스도와의 동시성이라는 절대적 역설이다.[17]

여기서 기독교사상가로서의 키에르케고어의 시간에 대한 독특한 이해를 엿볼 수 있다. 그는 유한하고 한정된 삶의 즉각적인 순간에

---

15) SØren Kierkegaard, 같은 책, 424쪽. 여기서 인용문 가운데 중간의 긴 문장은 ~부호로 생략했다.

16) SØren Kierkegaard, *Philosophical Fragments*; 황필호 옮김, 『철학적 조각들』, 집문당, 1998, 97쪽, 160쪽 참고.

17) 표재명, 『키에르케고어 연구』, 지성의샘, 1995, 64쪽의 47번 주석 참고, 65쪽 참고.

대하여 끊임없이 경계하면서 다음과 같이 말을 한다. "슬프도다, 사상가들의 시대는 지나간 것 같다! 조용한 인내, 겸손히 복종하는 일편단심, 순간적인 영향에 대한 미련 없는 단념, 순간적인 것에 대한 무한한 거리의 유지, 하나의 사상에만 골몰하기 위해 필요한 자신의 사상과 자신의 하느님에게 헌신하는 사랑, 이런 것들은 사라진 것 같다."[18] 키에르케고어는 카이로스라는 순간이 확립되는 곳에 바로 역설이 존재한다고 한다. 이때의 순간은 자기 자신을 알고 있었던 인간이 바로 그런 인식의 주체인 자기 자신 때문에 곤혹에 빠지면서 자기인식 대신에 죄의식을 갖게 되는 그런 순간이다. 이런 순간은 영원한 것을 시간적이고 역사적인 것으로 만드는 것이며 역으로 역사적인 것을 영원한 것으로 만드는 역설로서, 키에르케고어는 참 하느님과 참 사랑인 그리스도와의 동시성을 절대적인 역설이라고 한다.[19]

무한한 영원성의 시간이 유한한 삶의 시간 속에 배태될 수 있다는 역설 앞에서 인간의 인식 능력인 오성은 분노하면서 좌절하게 된다. 진리인 신과 비진리인 인간과의 절대적 상이성으로서의 역설을 오성이 받아들이는 행복한 정열의 순간을 신앙이라고 부를 수 있는데 이는 순수한 기독교 개념이다. 키에르케고어는 생각이 생각 자체가 생각할 수 없는 것을 발견하려고 하는 것을 생각의 궁극적 역설(逆說)이라고 하면서[20] 신앙에 의한 비약을 역설(力說)한다. 그는 다음과 같이 증명이 아닌 비약으로써 하느님의 존재를 믿을 것을 주장한다. "내가 하느님의 존재를 증명하는 일로부터 손을 떼는 이 짧은 순간을, 그것

---

18) WL, 620쪽.

19) 표재명, 『키에르케고어 연구』, 64-65쪽 참고.

20) SØren Kierkegaard, 『철학적 조각들』, 133쪽.

이 아무리 짧다고 해도 고려해야 한다. 그것은 길어야 할 필요가 없다. 그것은 도약(leap)이니까. 이 순간이 정말 찰나라고 해도 우리는 이 지금(now)을 고려해야 한다."[21] 이렇게 증명이 아닌 비약과 의지적 결단으로써 하느님을 받아들이는 신앙인에게 가장 중요한 것 세 가지가 바로 사랑과 믿음과 소망인데, 성경은 이 가운데서 사랑이 으뜸이라고 말씀하고 있다. "그런즉 믿음, 소망, 사랑, 이 세 가지는 항상 있을 것인데 그 중의 제일은 사랑이라."[22]

키에르케고어는 사랑을 우리 자신이 지니고 다니는 것이라고 말한다. "사랑이란 우리 모두 속에서 어떤 사랑할 만한 것을 발견할 수 있을 만한 힘을 갖고 있어야 하는 것이고 그래서 우리 모두를 사랑할 수 있을 만큼 충분한 힘을 갖고 있어야만 한다."[23] 사랑이 강하면 강할수록 그 대상의 불완전함에도 불구하고 더 큰 이해심으로 대상을 사랑하게 된다고 말한다.[24] 그리고 이런 사랑이 과연 어디서 오는 것인지 성경을 참고하면서 그 원천에 관하여 다음과 같이 말한다. "호수 밑바닥에 샘 줄기가 없다면, 또 하느님께서 사랑이 아니시라면 어찌 작은 호수인들 존재할 수 있으며 또 인간의 사랑이란 것이 있을 수 있겠는가. 잔잔한 물도 깊은 샘에서 희미하게 시작되듯이 인간의 사랑도 하느님의 사랑 속에서 신비스럽게 시작된다."[25] 키에르케고어는 『사랑의 역사』의 여러 곳에서 하느님을 사랑이라고 하면서 사랑

---

21) Søren Kierkegaard, 같은 책, 140쪽. 앞 문장이 생략되어 인용문을 이해하기 어렵기 때문에 '하느님의 존재를 증명하는 일로부터'라는 구절을 '손을 떼는' 앞에 첨가했다.

22) 고린도전서, 13장 13절.

23) WL, 279쪽.

24) Søren Kierkegaard, 같은 책, 278쪽.

25) Søren Kierkegaard, 같은 책, 21쪽.

이신 하느님만이 창조자로서 당신의 피조물인 인간들에게 사랑을 심어줄 수 있다고 말한다.[26] 사람의 본성 깊숙이 사랑이 뿌리박혀 있어서 사랑이란 본질적으로 사람에게 속해 있는 것이라고 말한다.[27]

여기서 하느님을 사랑한다는 것은 곧 인간을 사랑하는 일이며 인간을 사랑하는 것은 하느님을 사랑하는 일이 된다.[28] '네 이웃을 네 몸과 같이 사랑하라'는 기독교의 사랑의 이념을 대변하는 말씀과 같이 키에르케고어에게 사랑이란 무엇보다도 사랑하라는 명령이며 의무였다.[29] "서로 사랑하는 것 이외에는 아무에게도 빚을 지지 말라"는 로마서 13장 8절의 말씀과 "사랑은 율법의 완성이다"는 로마서 13장 10절의 말씀처럼 사랑이란 명령이며 의무이자 구체적인 행위이다. "사랑하는 사람은 사랑을 줌으로 해서 무한히 무한한 빚을 지게 된다고 하는, 이것이 곧 사랑의 본질적인 특성이다."[30] 이런 사랑의 역설적인 특성은 사랑이 영원성으로부터 비롯되기 때문인데, "어쩌면 사랑은 이다지도 아름답고 거룩한 겸손을 동반자로 데리고 다니는 것일까!"라면서 키에르케고어는 사랑을 찬미하고 있다. 사랑은 자신의 행동을 공적으로 간주할 생각은 추호도 안 할 뿐만 아니라, 또 자신의 행동이 돌려받아야 할 빚으로 간주되는 것조차 부끄럽게 여긴다. 사랑은 오히려 자신이 주는 행동을 도저히 갚을 길이 없는 빚을 걸머진 것으로 간주한다. 그 이유는 사랑을 준다는 것이 계속해서 빚을 더 지게 된다는 것을 의미하기 때문이라며 키에르케고어는 성서적

26) SØren Kierkegaard, 같은 책, 374쪽, 453쪽 등 참고.

27) SØren Kierkegaard, 같은 책, 276쪽.

28) Øren Kierkegaard, 같은 책, 647쪽.

29) 표재명, 『키에르케고어의 단독자 개념』, 서광사, 1992, 132쪽.

30) WL, 310쪽.

의미에서의 진정한 사랑의 역설을 이해하고 있다.[31]

3. 베르그송의 사랑에 대한 이해

주지하다시피 베르그송은 생명철학자이자 지속과 직관철학자이다. 과학과의 제휴를 특징으로 하는 프랑스철학의 전통 속에서 베르그송의 철학 역시 예외일 수는 없어서 베르그송의 철학은 과학과의 긴밀한 대화와 학제 연구의 결실이었다고 평할 수 있다. 따라서 종교적인 의미의 사랑이라는 단어에 대한 이해가 베르그송의 철학 여정에 등장하는 것은 마지막 주저인 『도덕과 종교의 두 원천』(본문 내에서 MR로 표기)에 이르러서였다. 자신의 생명철학을 대변하는 저서인 『창조적 진화』(본문 내에서 EC로 표기)를 통하여 창조적 진화론이라는 하나의 세계관을 피력한 베르그송은 그러한 세계와 우주의 근원을 엘랑 비탈이라는 단어로서 명명한다. 그러나 인류의 진화 선상에서 등장하는 최초의 엘랑 비탈로서의 생명의 충동적인 추진력과 분출력(l'impulsion vital)에 대하여 그는 경험에 충실하는 철학자의 입장에서 다만 두 번 언급할 뿐이었다. "우리의 분석이 정확하다면 생명의 근원은 바로 의식이다. 아니면 초의식(supraconscience)이라는 편이 더 정확할는지도 모를 일이다."[32] 비랑과 라베송을 잇는 프랑스 유심론적 실재론자인 베르그송은 최초의 엘랑 비탈을 초의식이나 보편적인 생명 혹은 더 정확한 말을 찾을 수 없어서 대문자로 시작하는 의식(la Conscience)

---

31) SØren Kierkegaard, 같은 책, 310-311쪽 참고

32) Henri Bergson, *Evolution créatrice*, Oeuvres, PUF, 1970, 261쪽(앞으로 이 책은 EC로 줄인다).

이라고 말한다.[33)]

과학과 종교를 일치시키는 자연주의적 종교이론을 제시했던 화이
트헤드는 자신의 저서인 『형성 중의 종교Religion in the Making』를 통하
여 다음과 같이 주장한 바 있다. "과학은 하나의 우주론을 제안했다.
그리고 우주론과 세계관을 제시하는 것은 무엇이든지 하나의 종교를
제안하는 것이다."[34)] 화이트헤드의 이 말을 귀담아 들을 때 우리는
베르그송이 제시하는 창조적 진화론과 엘랑 비탈의 우주론 역시 하
나의 종교와 양립 가능하다는 것을 주장할 수 있다. 물론 사랑에 대
한 그의 이해가 계시종교인 기독교의 사랑의 신 이해를 공유한다는
점에서 보면, 화이트헤드의 경우처럼 베르그송이 과학과 종교를 일치
시키는 자연주의적인 종교이론만을 제시했다고 단언하는 것은 무리
일 것이다. 실제로 EC에 등장하는 많은 글귀는 창조적 진화론을 신
(神)에 대한 종교적인 성찰과 결부시키고 있다.

"사물이란 없는 것이며 있는 것은 행위뿐이다.~그곳으로부터 세
계들이 커다란 불꽃처럼 분출되는 하나의 중심에 관하여 언급하는
경우-이런 중심을 하나의 사물로서가 아니라 계속되는 분출과정으
로 간주한다는 조건 아래-이렇게 정의된 신(神)은 이미 완성된 것이
라고는 하나도 가진 것이 없고 다만 끊임없는 생명이며 행동이요, 자
유라고 할 수 있다. 따라서 창조란 그 어떤 신비가 아니라 우리가 자
유롭게 행동하기를 시작하면서 우리들 자신 속에서 체험하는 것이
다."[35)] 베르그송은 자신이 현상과 별개의 것으로서 분리된 절대적인

---

33) Henri Bergson, 같은 곳

34) Alfred North Whitehead, *Religion in the Making*, New American Library, 1974, p.136.

35) Henri Bergson, EC, 249쪽(여기서 ~ 기호는 인용할 때 원문을 일부 생략했다는 표시다).

실재(une réalité absolue)의 존재를 받아들이지 않으며, 오히려 우리가 지각하는 모든 것을 절대적인 실재라고 본다고 고백한 바 있다.[36]

이를 뒷받침하듯이 베르그송은 종교에 관한 20여 년간의 기나긴 연구 끝에 자신의 마지막 주저인 MR을 발표함으로써 최초이자 마지막으로 자신의 종교철학을 세간에 알리게 된다. 이로써 EC의 우주론이 제시했던 인간에 대한 이해가 종교와 과연 어떻게 관련될 수 있는가 하는 당시 사람들의 의구심은 MR을 통하여 해소될 수 있었다. 전자에서 의식이나 초의식적인 것으로 이해되었던 엘랑 비탈은 철학적인 논증이나 이론 대상이 아니라 종교적인 감정이나 신앙의 대상으로서 후자를 통해 이해된 것이다.[37] 그리고 여기서 이런 종교적인 감정이나 믿음은 종교적이고 신비적인 직관이라는 단어와 결부되면서 그런 직관의 대상으로서 사랑이 제기된 것이다.

이제 베르그송이 이해한 사랑에 대하여 구체적으로 살펴보기 전에 먼저 그의 종교에 대한 이해를 살펴보고자 한다. 도덕과 종교의 두 가지 원천에 관하여 논하는 MR은 EC에서의 인간에 대한 이해가 확대 적용되면서 등장하게 된 것이다. 엘랑 비탈(élan vital), 곧 생명의 약동이란 식물적인 마비와 본능과 지성이라는 세 가지의 요소를 동시에 지니면서 인류 역사를 통해 창조적으로 진화해왔다.[38] 이 세 가지 요소는 생명이 자기 자신 속에 품고 있던 깊고도 참다운 원인에 의해 부채꼴 모양의 방향으로 갈라지면서 진화해왔다.[39] 본능으로서

---

36) Henri Bergson, *Mélanges*, PUF, 1972, 1192쪽(앞으로 이 책은 ME로 줄인다).

37) BR, 5-8쪽 참고.

38) Henri Bergson, EC, 135쪽.

39) Henri Bergson, 같은 책, p.100.

지성의 주위에 둘러싸여 있지 않은 것이 없으니 지성으로서 본능의 흔적이 발견되지 않는 것 또한 없다. 본능과 지성은 이렇듯이 서로 뒤섞여 있어서 다만 그 비율에서 차이가 날뿐이며,[40] 진화의 선상에서 계속 완성되어 가는 것이지 결코 완성된 요소는 아니다. 그래서 엄격한 정의의 대상이 아니라 일종의 경향성일 뿐이다.[41] 여기서 고도의 의식화된 지성의 작업이 엘랑 비탈의 생명력으로부터 점점 멀어진다면, 이런 지성의 미비한 점을 보완하면서 지성 자체로부터 지성을 넘어설 수 있게 하는 직관이 요구된다. 직관은 말하자면 지성화가 된 본능으로서, 만일 지성이 없었다고 한다면 언제까지나 본능의 형태로 남아 있었을 그런 것이라고 베르그송은 말한다.[42]

『도덕과 종교의 두 원천』은 제목 그대로 도덕과 종교의 원천을 두 가지로 분석하고 있는데, 그 하나는 지성-이하의 정서이고 나머지 하나는 지성-이상의 정서이다. 지성-이하의 정서가 주로 지성적 표상에 의해 야기되는 인간의 심리현상이라고 한다면 이와는 달리 지성-이상의 정서는 지성적 표상을 야기할 수 있는 직관적인 정서이다. 영혼의 감정적 동요인 정서(émotion)는 표면적인 동요로서의 지성-이하의 정서와, 심연의 복받쳐 오름으로서의 지성-이상의 정서로 이분되어 이해 가능하다. 정서란 감정이 감각과 다른 것처럼 심리적 전위(transposition psychologique)로 환원될 수 있는 물리적인 자극으로서의 감각과는 다른 것이다.[43] 베르그송은 동서고금을 통해 등장해온 숱한 종교와 도덕 현상

---

40) Henri Bergson, 같은 책, p.136.

41) Henri Bergson, 같은 책, p.137.

42) Henri Bergson, 같은 책, 179쪽 참고.

43) Henri Bergson, 40-41쪽 참고. 베르그송은 여기서 감정, 정서, 감수성이라는 단어를 사실상 동일한 의미로 사용하면서 프랑스어 표기를 각각 sentiment, émotion, sensibilité로 하고 있다.

의 배후에 항상 이런 두 가지 정서가 그 원천으로서 작용해왔다고 주장한다. 그래서 전자를 원인으로 해서 정적인 도덕과 종교가 가능하며 후자를 근원으로 할 때 동적이고 역동적인 종교와 도덕이 가능하다고 주장한다.

그런데 동적인 종교를 가능하게 하는 지성-이상의 정서가 다름아닌 신비적 직관(l'intuition mystique)이다. 여기서 신비적이란 지성적인 개념적 표현을 넘어서기 때문에 언어의 그릇으로 담을 수 없다는 의미이다.[44] 시종일관 생명과 지속의 시간 아래서 모든 것을 조망하는 베르그송에게는 언어적 동물일 수밖에 없는 인간이 언어 표현 수단을 넘어서는 실재와 관계한다는 사실이 신비적인 것이다. 언어는 지성의 영사기적 표현 방식이며 공간적 사유 양식이기 때문에 시간적인 지속의 실재를 접촉할 수 없다는 것이 베르그송의 언어 이해이기 때문이다. 신비적인 경험은 그 자체로 볼 때 철학자들에게 완전한 확실성을 줄 수 없다는 사실을 인정해야 한다. 그러나 만일 인간이 초월적인 원리와 접촉 가능한 그 어떤 특권적인 경험을 인정할 수 있다면 이 경험은 그 어떤 경험보다도 강렬하게 인간을 사로잡을 수가 있다. 신비적 경험이란 모든 해석과 이론을 떠나 그 직접성(immédiateté)에서 취해질 수 있는 것이다. 이런 경험을 하는 사람들의 내면으로 썰물처럼 밀려들어오는 사랑과 환희와 황홀의 기쁨은, 자연스럽게 빠져나가는 밀물의 움직임처럼 다른 사람들에게로 역시 자연스럽게 흘러들어간다는 점에서 볼 때 이들은 분명 타인들에게 영향을 미치는 위대한 활동가들이라고 할 수 있다.[45]

---

44) William James, *The Varieties of Religious Experience*, A Touchstone Book, 1997, p.299. 제임스는 이를 ineffability 로 표현한다.

베르그송은 다음과 같이 반문하고 있다. "만일 모든 인류를 하나의 유일한 사랑, 나눌 수 없는 그런 사랑으로 감싸 안는 신비주의자들이 없었다고 한다면 어떻겠는가? 철학자들이 일상생활과 별로 일치하지 않는 원리, 즉 인류는 고귀한 본질을 공유한다는 원리를 과연 그렇게 확고히 세울 수가 있었겠는가?"[46) 인류에 대한 신비적인 사랑은 본능의 확장도 아니고 지성적인 관념에서 발생하는 것도 아니다. 감각에 속하는 것도 정신에 속하는 것도 아니지만 이 둘 모두에 속하는 것으로서, 결과적으로는 이 둘을 능가하는 것이다. 이런 사랑은 인간이 지닌 그 모든 요소들의 바로 근저에 분명히 자리하고 있다.[47) "베르그송의 신비주의는 풍부한 사실로부터 비롯되어서 사실의 지배를 받고 사실로 가득 채워진 것이다."[48)

『도덕과 종교의 두 원천』에 등장하는 신은 시종일관 인간과의 관계 내에서만 가능한 모습으로 이해된다. 베르그송은 신이 아무리 숭고할지언정 결코 불변적인 신성(神性)을 지닐 수가 없어서 끊임없이 새로운 속성으로 풍요로워지는 존재라고 본다.[49) 신의 존재가 실재적이라도 그것은 인간의 의지에 의존할 것이라고 주장한다.[50) 존재들은 서로 사랑하고 사랑받도록 운명지어진 존재로 불렸으며 창조적인 힘은 사랑에 의해 정의되어야 한다. 이 창조적인 힘 자체인 신과 구분된 존재들은 우주 안에서만 탄생할 수 있었다.[51) 신비주의자들

---

45) Henri Bergson, EC, pp.101-102 참고.

46) Henri Bergson, MR, pp.247-248.

47) 같은 곳.

48) BR, 82쪽.

49) Henri Bergson, MR, 198쪽.

50) Henri Bergson, 같은 책, pp.210-211.

51) Henri Bergson, 같은 책, 273쪽 참고.

은 한결같이 우리가 신을 필요로 하는 것처럼 신도 우리를 필요로 한다는 것을 증명하고 있다. 신이 우리를 사랑하기 위해서가 아니라면 왜 그는 우리를 필요로 하는 것일까? 신비적 직관에 의해 주어진 해답들은 존재자들이 서로 사랑하고 사랑받기로 운명 지어져 있는 존재로 창조되었다는 사실이다. 왜냐하면 신비적 직관에 의하면 창조적인 에너지는 사랑으로 정의되는 것이기 때문이다.[52] 신비주의자가 보기에 신의 본질은 바로 고귀한 사랑과 유사한 것이다.[53]

『도덕과 종교의 두 원천』의 제3장인 '동적인 종교'에서 베르그송은 신비주의의 유형을 정리하기 위하여 인류의 종교사를 살펴보고 있다. 그리스의 신비주의와 동양의 신비주의 그리고 마지막으로 기독교의 신비주의를 논하는데, 이 세 가지 가운데 기독교 신비주의자들에 의해서 비로소 완전한 신비주의가 개화했다고 주장한다.[54] 완전한 신비주의는 명상적이고 이성적인 신비주의가 아닌 행동하는 실천적 신비주의라고 할 수 있다. 이는 엘랑 비탈의 생명력이 지닌 성질과도 상통하는 것으로서, 위대한 기독교 신비주의자들에게 종교란 신의 사랑을 이웃에게 몸소 실천하는 것 그 이상도 이하도 아니라고 할 수 있다. 고린도전서 3장 9절의 말씀처럼[55] '신을 돕는 자(adjutores dei)'로서의 신비주의자에게 하느님은 현존하시고 기쁨은 무한히 충만한 것이다.[56] 하느님으로부터 샘솟는 영원히 메마르지 않는 사랑은 쉼없이 이웃을 향하여 이 순간에도 흘러넘친다.

---

52) Henri Bergson, 같은 책, 270쪽.

53) Henri Bergson, 같은 책, 268쪽.

54) Henri Bergson, 같은 책, 240쪽.

55) "우리는 하느님의 동역자들이요, 너희는 하느님의 밭이요 하느님의 집이니라."

56) Henri Bergson, MR, 244쪽.

4. 베르그송의 신관과 기독교의 사랑의 하느님

여기서 베르그송이 이해하는 신의 모습과 기독교의 신이 과연 어떤 이해의 접점을 공유할 수 있을까 하는 의문이 자연스럽게 제시될 수 있다.『창조적 진화』의 발표 이후로 로마 가톨릭계 내부의 철학자들은 베르그송의 창조적 진화론을 불경시(不敬視)한 바 있지만, 기독교 교리에 좀 더 완화적이고 덜 근본주의적인 일부에서는『창조적 진화』의 내용이 비록 전부는 아닐지언정 부분적으로는 기독교의 인격적인 유일신관과 양립할 수 있다는 입장을 밝히곤 했다.[57] 물론『창조적 진화』에서 엘랑 비탈이 주는 강한 인상은 일견 생물학적이고 비인격적인 것으로서 보일 수 있기 때문에 범신론의 대상인 것처럼 여겨질 수도 있다. 그러나 엘랑 비탈의 근원적이고도 원초적인 모습은 분명 인간의 정신과 맞닿아 있다고『창조적 진화』에서 베르그송은 분명하게 주장한다. 이는 베르그송의 철학이 멘 드 비랑(Maine de Biran)을 효시로 해서 라베송을 경유하여 베르그송에게서 완성되는 유심론적 실재론 계열이라는 사실을 환기한다면 이해가 될 수 있다. 그래서『창조적 진화』로부터『도덕과 종교의 두 원천』으로 이어지는 절대자의 모습은 인격적인 유일신관의 대상이기에 부족함이 없다고 할 수 있다. 이는『도덕과 종교의 두 원천』을 통하여 분명하게 제시되는 계시(révélation)적인 종교 경험의 대상으로서의 신의 모습으로 입증 가능하다.[58]

베르그송은 인류의 동·서양의 방대한 종교사적 지식을 동원하여 이러한 사실을 입증하고 있다. 특히 기독교의 등장은 유대교에서 금

---

57) BR, 137쪽 참고.
58) 홍경실, 「베르그송의 종교철학과 남겨진 과제」,『철학과 현상학 연구』제37집, 2008, 149쪽 참고.

기시한 신의 구체적인 형상화가 예수의 수육(incarnation)이라는 계시적인 종교경험으로 가능해졌다는 사실에 주목한다. 초기 기독교의 사도들과 제자들은 신비적인 직관을 통해 신과의 인격적인 만남을 하곤 했다. 특히 삼위일체 교리는 기독교인들의 성령 체험을 중요시하면서 신비적인 직관이 종교인으로서의 일상적인 삶 속에서 경험 가능하다는 사실을 잘 보여준다. "신이 우리들의 내면보다 더 우리에게 가깝다. 신은 쉼 없이 우리가 신에 가까운 것보다 더욱 우리에게 가깝다"는 라베송의 말처럼 베르그송은 의식에 의한 신과의 직접적인 직관을 인정한다.[59]

여기서 신비주의와 신비주의자에 대한 베르그송의 이해를 살펴 본후에 엘랑 비탈과 신비주의의 사랑의 신관에 관하여 어떤 신학적 이해를 도모할 수 있는지 살펴보기로 한다.

베르그송은 신비주의(mysticism)를 종교의 본질로 보면서, 지성적으로 응고되고 도그마화된 종교에 생명을 불어넣음으로 해서 이를 다시금 불타오르게 하는 것이 바로 신비주의라고 본다.[60] 순수한 신비주의는 그 본성상 희귀한 것으로서 보통 희석된 형태로 발견된다.[61] 완전한 신비주의는 바로 행동이며 창조요 사랑이다.[62] 인류에 대한 신비적인 사랑의 방향은 생명의 창조적인 약진 방향과 일치하며 이러한 생명의 약진 자체가 신비주의적인 사랑이다.[63] 신비주의자들(mystics)은 자기 자신의 내면의 삶을 직접적으로 명료하게 직시할 수

---

59) Henri Bergson, ME, 391쪽.

60) Henri Bergson, MR, 251-252쪽 참고.

61) Henri Bergson, 같은 책, 225쪽.

62) Henri Bergson, 같은 책, 238쪽.

63) Henri Bergson, 같은 책, 249쪽.

있는 비전을 지닌 사람으로서 자신의 기저와 그 근본을 꿰뚫고 들어
가 성찰하면서 마침내 스스로를 넘어서는 사람이다. 여기서 종교적인
믿음이란 그를 넘어서는 초월에 관여하는 것이라고 하는 켄트웰 스
미스의 이야기가 확인될 수 있다.[64] "위대한 신비주의자는 물질성으
로 인하여 인간 종에게 부여된 한계를 뛰어넘음으로써 신적인 행위
를 계속해서 연장하는 개인일 것이다."[65]

『창조적 진화』의 발표 이후 여기서 제시된 엘랑 비탈의 신의 모습
이 생물학적인 사실의 집약이기 때문에 종교적인 믿음의 대상일 수
없다는 주장이 제기되곤 했다. 특히 코르비에르(Charles Corbière)는 다
음과 같이 말했다고 한다. "베르그송은 의식과 자유를 신에게 귀속시
키지만 단지 모호한 방식으로 그렇게 할 뿐이다. 생명만이 분명하고
신은 우주 에너지의 중심 그 이상의 존재는 아니다. 신은 여기서 전
적으로 내재적이며 베르그송의 신 개념은 범신론으로 이른다."[66] 코
르비에르는 실증주의자들, 무신론자들과 불가지론자들에 대항하는
입장이 베르그송의 사상이라고 인정하지만, 베르그송의 진화론적 일
원론이 결국은 인격적인 신에 대한 믿음을 파괴하는 것이라고 주장
한다. 베르그송의 종교사상은 일원론이 아니고 다원론이라고 평가하
는 것이 옳은 것이라고 말한다.[67]

그러나 베르그송의 철학에 대한 당대의 탁월한 해석자이자 변호가
인 르 로이(Le Roy)는 베르그송이 생각한 신의 모습이 분명 인격적인

64) Wilfred Cantwell Smith, *The Meaning and End of Religion*; 길희성 역, 『종교의 의미와 목적』, 분도출판사,
1997, 244쪽 참고.

65) Henri Bergson, MR, 233쪽.

66) Charles Corbière, "Le Dieu de M. Bergson", Revue de théologie, 1910.

67) BR, 106쪽.

유신론의 모습이라고 반론을 제기한다. 이런 주장은 1913년에 기독교 철학 잡지에 실린 베르그송의 다음과 같은 글을 인용하면서 이루어졌다. "신은 자유롭고 창조하는 분으로서 그의 창조적인 노력은 생명의 방향으로 계속되어서 종의 진화와 인격의 구성이 진행되고 있다."[68] 이신론(Deism)이나 범신론이 신이 존재한다고 할 때 이는 단순히 논리적이고 비인격적인 신이 세계 내에 존재한다는 입장이다. 유신론자로서의 베르그송이 신이 존재한다고 할 때 이는 살아 있는 신(a living God)이 세계에 내재하면서 인간의 신앙과 교제하는 인격적인 신이라는 의미이다. 그렇기 때문에 신과 인간이 교제하는 만남으로서의 신비적인 종교 경험이 가능할 수 있게 된다. 이런 베르그송의 신(Dieu) 이해는 훗날 『도덕과 종교의 두 원천』을 통하여 내재적이면서도 초월적인 인격신의 모습으로서, 사랑의 신이라는 모습으로서 발표된다.

『창조적 진화』의 발표 후 베르그송이 제시하는 신의 모습이 불경스러우며 받아들이기에 거북한 대상이라는 비판이 기독교인들 사이에서 제기되었다. 무엇보다도 하느님의 일회적인 창조 사역과 모순되는, 완성되어가는 과정 안에 놓인 신의 모습이 곧 그것이었다. 신이 창조적인 진화 과정 중에 놓여 있다는 베르그송의 견해는 곧 전지전능하고 완전무결한 기독교의 하느님에 대한 이해와 양립할 수 없기 때문이다. "만일 신이 자란다면(grows) 어떻게 우리가 있는 그대로의 신의 모습에 관하여 말할 수 있겠는가? 신이 우리들처럼 성장하는 존재라면 우리의 믿음의 일관성이 어떻게 유지될 수 있을까?"[69] 그런데 우리의 논의가 주로 의존하는 밀러(Miller)의 주장은 베르그송의 창조

---

68) Henri Bergson, MR, 108쪽.

69) Henri Bergson, 같은 책, 119쪽.

적인 진화론이 종교와 양립 가능하며 특히 기독교 신앙과도 양립될 수 있다는 것이었다.[70] 1932년 『도덕과 종교의 두 원천』이 발표되기 훨씬 오래 전인 1916년의 이런 밀러의 주장을 입증하기라도 하듯이 —물론 베르그송도 자신의 신에 관한 견해를 나름대로 잡지 등의 글을 통해 발표하곤 했다—『도덕과 종교의 두 원천』을 통하여 베르그송은 기독교 신비주의를 완전한 신비주의로, 동적인 종교의 정수로서 포착하게 된 것이다.

5. 남겨진 문제

『창조적 진화』에서 자연주의적 종교이론을 제시하는 베르그송이 『도덕과 종교의 두 원천』에서 동적인 종교의 전형으로 이해한 기독교 신비주의는 결코 자연주의적인 종교이해의 산물이 아니다. 전형적인 계시종교이자 유일신관을 표방하는 기독교 신비주의와 베르그송이 이해한 동적 종교의가 사랑이라는 단어와 그 의미에서 접점을 발견할 수 있다고 할지언정, 베르그송이 이해한 현상적으로 드러난 사랑과 기독교 신비주의의 현상을 넘어서는 초월적인 것으로서의 말씀이나 사랑에 대한 이해가 근본적으로 일치한다고는 할 수 없을 것이다. 물론 동적인 종교의 믿음의 대상으로서의 사랑의 신이 의식적이고 인격적인 절대자의 속성을 배제할 수 없는 엘랑 비탈의 실재와 같다고 베르그송은 주장하고 있지만, 그가 동적인 종교의 전형으로서 제시한

---

70) Henri Bergson, 같은 책, 137쪽.

기독교 신비주의의 신앙의 대상으로서의 하느님은 분명 계시종교의 신앙의 대상인 것이다. 여기서 베르그송의 세계관인 창조적 진화론 속에는 자연주의적인 것과 계시적인 것이 공존하고 있다는 사실에 주목해야 하며, 이 두 가지 이론상 상이한 것들 간의 조화는 베르그송의 종교철학이 안고 있는 문제라고 할 수 있다.

이와는 달리 당대의 형식화된 기독교인이기를 거부했던 키에르케고어는 시종일관 무로부터의 세계 창조와 수육의 계시를 굳게 믿는 기독교 사상가였다. 이 두 인물인 베르그송과 키에르케고어가 지닌 세계관과 진리관의 기본적인 상이성을 고려할 때, 삶 속에서 드러나는 사랑의 구체적인 행위를 이해하는 양자의 견해가 전적으로 일치한다는 주장은 무리일 것이다. 키에르케고어의 경우 사랑이란 구약의 율법을 완성하는 의무이자 하느님과 예수 그리스도에 대한 신앙심의 발로이며 핵심이다. 반면에 베르그송의 경우 사랑이란 키에르케고어처럼 영원의 시간과 진리관을 거부하는 창조적 진화론자의 입장에서 시종일관 세계 내에 현상하는 것이다.

지금까지 키에르케고어와 베르그송의 사랑에 대한 이해를 간략하게 비교해보았다. 일견 출발부터 결코 일치할 수 없을 것 같은 두 인물의 사상은 그러나 세계와 인간을 근본적으로 이해할 수 있는 실마리를 사랑을 통하여 제시하고 있다는 데 공통점을 보이고 있다. 사랑이 이해나 인식의 차원을 통해서는 근원적으로 접근될 수 없는 실천의 대상이라고 한다면, 인류 역사를 통하여 인간에게 가장 강력한 행위와 실천의 원동력을 제공해 온 종교를 떠나서 사랑을 이해하는 일은 무의미한 일일 것이다.

그럼에도 불구하고 사랑이 일상적인 삶의 영역을 떠나서는 공허할 수 있기 때문에 생활 속에서 특정 종교와 무관하게 실천되는 사랑을 과연 어떻게 이해할 수 있을까 하는 물음이 마지막으로 제기된다. 키에르케고어의 주장처럼 기독교를 벗어난 사랑은 진정한 사랑일 수가 없는 것인가? 베르그송의 주장처럼 창조적이고 자발적인 생명의 근원이 과연 사랑일 수 있는 것일까? 혹여 진정한 사랑이란 단지 언어의 유희일 뿐이어서 우리 인간은 그저 몸소 실천하는 그 무엇을 사랑이라는 이름으로 믿는 것이 아닐까? 이는 살아가는 동안 두고두고 숙제로 남겨두어야 할 물음인 것 같다.

참고문헌

SØren Kierkegaard, *Works of Love*, 임춘갑 옮김, 『사랑의 역사』, 다산글방, 2005.
_____, *Philosophical Fragments*, 황필호 옮김, 『철학적 조각들』, 집문당, 1998.
_____, *Begrebet Angest*, 임규정 옮김, 『불안의 개념』, 한길사, 2005.
_____, *The Sickness Unto Death*, 임규정 옮김, 『죽음에 이르는 병』, 한길사, 2007.
Henri Bergson, *Les deux sources de la morale et de la religion*, Oeuvres, PUF, 1970.
_____, *Evolution créatrice*, Oeuvres, PUF, 1970.
_____, *Mélanges*, PUF, 1972.
Alfred North Whitehead, *Religion in the Making*, New American Library, 1974.
Charles Le Blanc, *Kierkrgaard*, Les Belles Lettres, 1998.
Frederick Sontag, *A Kierkegaard Handbook*, John Knox Press, 1979.
Lucius Hopkins Miller, *Bergson and Religion*, Henri Holt and Company, 1916.
Wilfred Cantwell Smith, *The Meaning and End of Religion*, 길희성 옮김, 『종교의 의미와 목적』, 분도출판사, 1997.
William James, *The Varieties of Religious Experience*, A Touchstone Book, 1997.
김창영 편찬, 『굿데이 성경』, 생명의말씀사, 2007.
표재명, 『키에르케고어 연구』, 지성의샘, 1995.
_____, 『키에르케고어의 단독자 개념』, 서광사, 1992.
홍경실, 「베르그송의 종교철학과 남겨진 과제」, 『철학과 현상학연구』 제37집, 2008.

제4장 키에르케고어와
　　　레비나스의 주체성 비교

-우리 시대의 새로운 인간 이해를 위하여-

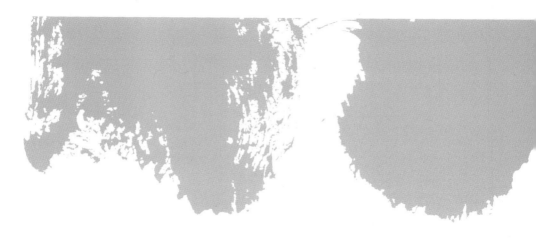

1. 내재성과 외재성의 문제

데카르트의 코기토로부터 시작되는 서양 근대철학의 주체 이해는 칸트의 선험적 통각과 헤겔의 절대정신에 이르면서 내재성으로서의 인간의 반성적 자아를 아르키메데스적인 확고한 철학적 토대로서 정착시킨다. 모더니즘 철학의 인간중심주의의 특성인 내재성의 철학은 인간이 아닌 그 무엇, 이른바 자연이나 타자 초월자 등의 그 외재성을 문제시하게 될 때면 으레 반성적 자아에로 복귀하고야 마는 동일성철학을 표방한다. 예를 들어서 가장 대표적인 외재성으로서의 절대자에 관한 근대철학의 이신론이란 외재성의 내재화인 셈이며, 근대 자연과학에 의한 철학의 영역 축소와 그 왜소화의 진행도 철학이 스스로 감행한 과격한 내재성의 추구에 뒤따르는 자업자득이었다. 서양철학이 그 출발부터 내재성과 외재성의 대립구도를 보이고 있음은 플라톤과 아리스토텔레스로 대표되는 이원론과 일원론적인 사유 방식의 오래된 전통이다. 전자가 피타고라스의 신비주의의 영향으로 외재성에로의 통로를 열어놓았다고 한다면 후자는 그러한 통로를 제일철학, 즉 존재신학의 이름으로 막아놓은 결과 근대 내재성의 철학에 그 출발을 제공한다. 신중심의 외재성에 관한 철학 곧 신학이 중세를 주도했다면 르네상스와 데카르트의 영향으로 인간중심주의의 내재성 철학이 근대를 지배하게 된다. 칸트의 등장으로 내재성 철학의 월권행위가 안티노미로서 충분히 경계되어진 바 있지만, 낭만주의의 인간 내면성에 관한 과도한 신격화는 헤겔의 이성신학에 이르러 급기야 내재적 반성의 주체를 외재적인 초월자로서의 신과 동일시하는 사건이 등장한다. 근대철학으로부터 현대철학의 이행의 발단으로 주목되는 후설 현상학은 여기서 외재성과 초월성을 내재성에로 환원시키는 모더니즘의 동일성철학과는 달리 '내재적－초월(Immanenze-Transzendenz)'에 의한 내재성과 외재성의 만남을 시도했다는 점에서 주목된다. 물론 유아주의라는 비판으로부터 자유로울 수가 없지만 현상학의 문제의식은 근대적인 반성철학으로부터 탈근대적인 모든 전반성적이고도 선술어적인 삶의 세계의 그 의미를 되찾는 데 결정적인 영향을 준다.

　여기서 다음과 같은 물음을 던지면서 본고의 논의를 시작하고자 한다. 철학이 그 본성상 내재성을 특징으로 한다면 이때 외재성은 과연 내재성과 어떤 관계 선상에서 이해될 수 있는가? 내재성 중심의 동일성철학이 전체주의의 폭력으로서 비판받고 있는 오늘날 외재성을 내재성에로 환원시키는 전철을 밟지 않으면서 외재성과 내재성을 조화시킬 수 있는 길은 없는가? 포스트모더니즘의 경우처럼 외재성과 내재성을 해체시키는 텍스트중심주의로부터 자유롭게 21세기를 준비할 수 있는 새로운 인간의 주체성 이해는 과연 어떻게 모색될 수 있는가?[1] 본고는 이러한 문제의식 아래 키에르케고어와 레비나스의 주체성에 관한 이해를 비교함으로써 모더니즘의 주체성철학과 포스트모더니즘의 해체철학을 넘어설 수 있는 새로운 인간 이해를 시도해보고자 한다. 이는 키에르케고어와 레비나스가 동일성철학에 맞서는 차이의 철학자라는 사실과 내재성의 철학의 특징인 이성신학에 반대하는 계시신학의 입장을 공유한다는 사실에 대한 규명을 통하여 접근될 것이다. 이러한 두 가지 사실을 이들의 만남의 계기로 포착해

---

[1] 이런 물음은 기본적으로 내재성의 추구로서의 철학과 외재성의 추구로서의 종교와의 상관성에 관련되는 종교철학적 물음에 해당된다. 키에르케고어와 레비나스는 서양 전통철학의 지배적 흐름에 대한 철저한 비판과 종교를 통한 철학의 키아즘적 사유확장을 시도한 대표적인 종교철학자라고 볼 수 있다.

서 키에르케고어의 주체성을 이해하는 2절은 헤겔과의 비교를 통하여, 그리고 레비나스의 주체성을 이해하는 3절은 주로 현상학과의 비교를 통하여 진행될 것이다. 4절에서 이 두 인물의 감성적인 주체성 이해를 신과 이웃 사랑이라는 종교 윤리적인 모습으로 정리한 후에 결론인 5절에서 우리는 이 시대의 새로운 인간 이해의 지평을 발견하게 될 것이다.

2. 키에르케고어의 주체성 이해

19세기 덴마크의 기독교사상가 쇠렌 키에르케고어의 주체성 이해는 모더니즘의 동일성철학의 그 절정을 장식한 헤겔 변증법과의 대립으로부터 등장한다. 키에르케고어가 헤겔의 변증법을 넘어서는 새로운 이해를 시도하면서도 이런 시도가 헤겔주의(Hégélianisme)와 반－헤겔주의(anti-Hégélianisme)의 공존 속에서 이루어졌음에 주목해야 한다.2) 헤겔의 변증법이 양적인 것과는 달리 키에르케고어의 그것은 질적이고 실존적인 변증법이라는 사실은 잘 알려진 바이지만 키에르케고어의 변증법 개념은 헤겔로부터 물려받은 것이다. 이는 인간의 사유활동이 언제나 직접성에 대한 부정으로서의 반성적인 것이라는 전제다. 헤겔의 경우 반성의 과정은 부정에 의한 매개로서 가능하지만 그러나 키에르케고어의 경우 반성의 과정은 직접성의 부정으로서의 매개가 아닌 믿음과 신앙으로서 가능하다는 차이가 있다. 키에르케고어는

---

2) Jean Wahl, *Etudes Kierkegaardiennes*, Vrin, 1974, p.92 참고(앞으로 이 책은 EK로 줄인다).

믿음이 간접적인 그 어떤 것이기 때문에 반성적인 사유활동이라고 보는데, 여기서 반성과 변증법을 긴밀하게 서로 연결시키는 태도는 키에르케고어와 헤겔에게서 공유되고 있다. "나는 결코 직접성을 성취해본 적이 없다. 나는 반성에 의해 출발했으며 나는 처음부터 끝까지 반성이다. 내게는 모든 것이 변증법적이다."[3]

그러나 키에르케고어는 개념과 존재가 일치한다고 보면서 표현과 그 대상 간의 낭만적인 일치를 가정한 헤겔에 반대한다. 헤겔이 내재성과 외재성 사이에 인정한 동일성에 대해서도 그는 단호하게 반대한다. 그가 이해한 삶과 세계는 비밀이 있고 사적인(privé) 곳이어서 헤겔의 공적인 세계(l'univers public de Hegel)처럼 객관적이고도 합리적인 수평화의 양적인 잣대로는 결코 범접(犯接)할 수 없는 이른바 실존의 장이다. 이런 쇠렌의 실존사상은 대지진의 체험을 통하여, 비밀스러운 무언의 고통 속에서 시름시름 살아가던 아버지의 모습을 곁에서 지켜보면서 몸소 체득한 실존적 경험의 산물이었다. 쇠렌은 헤겔철학이 근본적으로 내재성에 근거해서 반성적인 사유활동의 자기동일적인 '있음'에로 회귀한다고 비판한다. 이 경우 존재나 개념, 있음(有)이 아닌 되어가는 것으로서의 실존, 가능성으로서 아직 없는 것이기 때문에 불안할 뿐인 그래서 개념적으로 대상화 될 수 없는 불안의 심연(深淵)이 간과된다. 이에 헤겔의 유가 아닌 무에서 비롯되는 존재론적인 불안에 사로잡히면서 쇠렌은 자신의 철학의 중심점을 발견한다. 헤겔의 양적인 변증법이 이룩한 체계로서의 내재성의 철학은

---

3) 같은 책. 140쪽. S. Kierkegaard(ed. and trans. Reidar Thomte & Albert B. Anderson), *The Concept of Anxiety*, Princeton Univ. Press, 1980. 키에르케고어는 이 책의 140-144쪽에서 반성적 의식과 자아를 긴밀하게 연결시키고 있다(앞으로 이 책은 CA로 줄인다).

결국 실존변증법의 그 질적인 변화와 이행의 운동 앞에서 지극히 무력할 뿐이라고 쇠렌은 주장한다.[4]

자, 그렇다고 한다면 쇠렌은 외재성만을 중시하는 신학자의 모습으로서만 이해되어야 하는가? 이런 물음 앞에서 우리는 그의 사상의 실존철학사적인 위치를 환기해야만 하며, 이미 1절에서 제시한 바 있는 내재성과 외재성의 문제와 관련된 그의 주체성 이해가 양의성을 띤다고 하는 사실에 주목해야만 한다. 그리고 쇠렌이 이해하는 주체의 양의적인 모습을 살피기에 앞서서 다음과 같은 그의 인간 이해를 먼저 귀담아 들어보아야 한다. "자아가 존재하는 그런 모든 순간은 되어감의 과정(a process of becoming)이다. 왜냐하면 가능성 가운데 놓여있는 자아는 현실적으로 존재하는 모습대로 그렇게 존재하는 것이 아니기 때문이다. 자아는 단지 실존을 이루어 나가야만 하는 그런 존재인 것이다. 그렇기 때문에 자아가 자기 자신이 되지 않는 한은 그 자신이라고 할 수가 없으며, 아직 그 자신이 되지 못하고 다만 되고자 하는 과정 가운데 놓여있기 때문에 그 자신이 될 수가 없다는 사실 때문에 바로 절망하는 것이다."[5] 아리송해 보이는 이 글은 다음과 같은 쇠렌 자신의 일기를 이해할 수 있는 중요한 단서가 된다. "그 어떤 순간에 이미 그렇게 되어있는 상태를 매순간 그렇게 되어 있고 싶다고 그가 바라는 것은 불안과 욕망과 동경 때문입니다……."[6] 그리

---

4) CA, 3장 참고

5) S. Kierkegaard(ed. and trans. Howard V. Hong & Edna H. Hong), *The Sickness unto Death*, princeton Univ. Press, 1980, p.30(앞으로 이 책은 SD로 줄인다).

6) 표재명, 『키에르케고어 연구』, 지성의생, 1995, 285쪽. 이 책의 제2부 2장은 '수요일의 편지'로서 쇠렌이 레기네와 주고받은 편지글이 담겨있는데 그 가운데 등장하는 한 글귀이다. 쇠렌의 실존 이해, 특히 되어감과 생성 변화에 관해서라면 『철학적 단편』의 113쪽 '생성'에 관한 절을 참고하라(S. Kierkegaard, 표재명 옮김, *Philosophical Fragments*, 종로서적, 1979. 앞으로 이 책은 PH로 줄인다).

고 우리는 키에르케고어의 주체 이해가 불안이나 좌절 욕망 등의 감성(pathos)에 긴밀하게 맞닿아 있음을 본다.[7] 그런데 실존의 세 가지 단계를 통한 아이러니와 휴모르(Humor)의 본래 모습인 불안과 좌절, 절망 등의 파토스로 인하여 죄의식이 깊어지면서 주체성은 이제 비진리가 된다. 주체성이 진리가 아니라고 하는 인식과 함께 죄의식이 더욱 깊어지면서 종교성B인 이른바 그리스도교에 도달하게 된다. 신의 그 거룩하심과 무한한 사랑 앞에서 내심 전율하면서 스스로가 비진리인 죄인이라고 뉘우치면서 이제 쇠렌의 실존적 주체성은, 스스로의 실존을 진리라고 장담하던 실존적 자아는 신학적 자아라는 또 하나의 종교적 자아에로의 그 질적 비약을 이루게 된다. 이는 어찌 보면 하느님이 주는 믿음으로만 가능한, 주체성이랄 것도 없는 것이기에 결코 모더니즘의 주체성 이해와는 다른 것이다.[8] 『불안의 개념』을 통하여 쇠렌은 주체를 공감적이며 반감적인 양의적인 관계성 속에서 이해한다.[9] 이는 미래로 향하는 자유의 가능성과 죄와 허물로 인한 불안과 절망이라는 양의성인데, 전자가 실존철학의 아버지로서의 쇠렌의 영향과 관계된다면 후자는 전자의 실존적 자아를 비약적으로 완성(?)시키는 신학적 자아이며 하느님 앞에 선 자아이자 '참된 나'이다.[10]

『죽음에 이르는 병』을 통해 자아를 관계로 보는 쇠렌은 자아를 그 자신에게로 관계시키는 반성적인 사유활동으로서의 정신을─헤겔의

---

7) Charles Le Blanc, *Kierkegaard*,Les Belles Lettres, 1998. 저자는 이 책의 116쪽에서 키에르케고어의 자아를 le pathos로 이해한다.

8) 고광필, 「주체적 사상가와 자아 논리」, 『다시 읽는 키에르케고어』(한국키에르케고어학회 엮음), 철학과 현실사, 2003, 237-257쪽 참고. 신학적 자아라는 키에르케고어 주체성의 양의적인 이해는 4장에서 레비나스의 감성에 계시되는 수동적인 자아 이해와 연결되어 비교되는 접점이다.

9) CA, pp.103-105 참고.

10) SD, p.79 참고. 표재명은 『키에르케고어 연구』 29쪽과 238쪽에서 이를 '참 사람'이나 '참 그리스도인'이라고 표현한다.

영향—자아라고도 본다. 또 자아는 관계가 아니고 바로 자아를 자아에게로 관계시키는 의지적인 활동성으로서의 관계성이라고도 이해한다. 그리고 뒤이어서 유한과 무한, 시간적인 것과 영원한 것, 자유와 필연의 종합이 바로 인간이며 이때의 종합이란 양의적인 것 간의 관계이기 때문에 이런 식으로 이해한다면 인간은 아직 자아는 아니라고도 말한다.[11] 이런 아리송한 쇠렌의 주체성 이해는 헤겔처럼 반성적인 의식과 긴밀하게 연결되면서도 헤겔의 이해처럼 자기 동일성을 결코 지닐 수 없는 자아 이해를 드러낸다. 우리는 여기서 동일성철학과는 다른 시간 이해에 의거하고 있는 쇠렌의 차이의 철학자로서의 면모를 살펴보자. 위에서 이야기한 바 있듯이 유한과 무한, 3차원적인 물리적 자연의 시간과 이로써는 이해될 수 없는 영원의 시간이 어떻게 종합을 이룰 수가 있는가? 간단히 이야기해서, 헤겔의 변증법이 양적인 시간관에 기초하는 반면 키에르케고어의 그것은 질적인 시간관에 기초하기 때문에 비약의 시간으로서의 '순간'이 가능한 것이다. 순간이란 곧 과거와 현재, 미래라는 도식대로 양화되어진 물리적 자연의 시간 속에 들어온 이질적인 시간, 그래서 시간이랄 수도 없는 영원의 시간이다.[12] 여기서도 순간은 시간과 영원이 서로 접촉하는 양의성이며 이런 양의성과 더불어 비로소 시간성(Zeitlichkeit)이 정립된다고 그는 말한다.[13]

현대철학이 동일성철학에 맞서서 차이의 철학을 전개하고 있음을 볼 때 그 관건은 시간의 그 질적인 차이성의 의미를 확보하는 일이며,

---

11) 같은 책, 13쪽 참고.

12) CA, p.88. 쇠렌은 여기서 순간을 시간의 원자가 아니라고도 말한다.

13) 같은 책, p.89.

후설 현상학이나 베르그송의 지속은 실존철학자들의 시간 이해와 직결되는 중요한 발견이다. 그런데 키에르케고어의 순간의 시간 이해는 이들의 그것보다도 더 앞서는 것으로서 차이의 철학의 그 선구자적인 모습을 보여준다.[14] 쇠렌은 그리스적인 파토스가 기억과 상기에 집중되는 반면에 자신의 정열은 순간에 집중된다고 말한다.[15] 순간이 없다면 인간은 다시 소크라테스적인 내재성의 시간, 기억과 상기의 시간에로 되돌아가게 된다고 말한다.[16] 만일 현상학적인 시간 이해를 내재성과 외재성과의 만남으로서의 질적인 시간으로 이해한다면 쇠렌은 분명 현상학적인 시간 이해를 지니고 있으면서도 기억이라는 내재성의 사유활동을 넘어서는 순간을 제시하는 점에서 분명 현상학적인 시간 이해를 극복한다고 본다. 이러한 발견은 레비나스의 '기억할 수 없는/기억을 넘어서는(immémorial)' 시간 이해와 공유되는 것이다. 쇠렌과 레비나스는 공히 현상학의 질적인 차이의 시간관을 공유하면서도 이를 넘어서는 시간 이해를 통하여 주체성에 관한 감성적 이해를 결국 종교철학적으로 마무리 짓는다. 그러나 주체성을 비교하는 일이 본고의 주된 논지이기 때문에 이들의 시간 이해를 간략하게 지적할 수밖에 없음이 유감이다. 이제 4절의 논의를 위한 마지막 작업으로서 쇠렌이 헤겔의 이성신학에 어떻게 맞서는가를 살펴보기로 하자. 계시신학과 관련되는 주체성 이해를 통해 우리는 감성적인 주체성을 비교하는 4절의 논의로 무난하게 나아갈 수 있을 것이다.

---

14) PH, 30쪽과 170쪽 참고. 순간은 '때의 참', '만기', '카이로스Kairos' 등으로 이해되는데 이는 오성의 한계를 넘어서는 위기와 역설의 시간이면서도 역사적인 순간 안에서 구체화되는 영원의 의미이다. 이는 신약의 갈라디아서 4장 4절과 마가복음의 1장 15절 등을 통하여 '하느님의 경륜이 꽉 찬' 그런 시간으로서 이해된다.

15) PH, p.35.

16) 같은 책, p.80.

자기 동일적인 자아에 관계하는 신은 결코 자아와는 차별적인 외재성을 지닌 이른바 절대적인 외재성으로서의 무한성과 초월성을 지닌 그런 계시신학의 신일 수는 없다. 이성신학의 신은 신적인 그 절대적 차이성이 내재성에 의해 훼손되기 때문에 기도와 감사와 위안과 평화를 줄 수 없다. 계시신학의 신의 그 절대적 차이성은 이성신학을 보이는 동일성철학이 아닌 차이의 철학에 의해 접근 가능하며, 이는 결국 오성적이고 논리적인 사유가 아닌 몸으로서 살아가는 동안 감성을 경유하면서 실존적으로 계시된다. 이에 쇠렌의 주체성 이해가 감성적일 수밖에 없는 이유를 발견하게 된다. 물론 본장의 서두에서 질적 변증법을 이야기하면서 쇠렌의 주체성이 근본적으로 반성적인 간접성을 특징으로 한다고 지적한 바 있다. 그러나 쇠렌의 변증법적인 반성의 행위는 헤겔처럼 오성적이고 더 나아가 이성적인 것이 아니라 감성적이고도 실존적인 것이다. 이른바 오성적인 반성의 그 극한에서 오성으로서는 불가능한 반성의 한계에 부닥치면서 등장하는 역설적인 것이다. "역설은 오성적인 사고의 열정이다"고 말하면서 쇠렌은 오성이 스스로 사고할 수 없는 어떤 것을 발견하고자 하는 것이 최고의 역설이라고 본다.[17] 여기서 알 수 없는 것을 끝까지 알고자 부대낄 때의 모습이 다름 아닌 감성적인 열정이기 때문에 쇠렌이 이해한 자아의 변증법적인 반성 행위는 결코 헤겔적인 모습이 아닌 감성적인 주체성의 모습인 것이다. 여기서 그 유명한 쇠렌의 실존사상의 모토인 "주체성은 무한한 정열이며 곧 진리이다"가 등장한다. 인간이 몸을 지니고 살 수밖에 없듯이 진리란 삶을 통하여, 몸을 통

---

17) 표재명, 『키에르케고어 연구』, 52쪽.

하여 그것을 위해 실천적으로 살아가는 그런 것으로서, 쇠렌의 기독교사상의 궁극적인 진리는 물론 성서의 말씀이다. 헤겔이 전체성으로서의 체계를 진리라고 주장하는 데 정면으로 반대하는 쇠렌은 감성적인 주체성이 진리이며 이는 곧 무한한 정열이라고 본 것이다.

프랑스에서 최초로 체계적으로 키에르케고어를 소개한 장 발(Jean Wahl)은 이런 쇠렌의 감성적 주체성의 모습을 다음과 같이 탁월하게 이해한다. 실존하는 정신은 이중적인 의미에서 대립적인 것에로 그 형체를 바꾸는, 예를 들어 희망과 절망, 신앙과 의혹, 확실성과 불확실성 등의 온갖 대립적인 것들 간의 상호 전환을 비추는 거울(le miroir)과도 같다. 살아가면서 겪게 되는 모든 일들이란 바로 이런 거울에 그 모습을 비추면서 끊임없이 방향을 바꾸거나 다시금 제자리로 되돌아온다. 이 경우 헤겔처럼 대립물들의 지양에 의한 통일이란 불가능하다. 쇠렌의 질적 변증법의 역할은 그 애매모호함으로 인하여 우리의 감성을 일깨우는 일일 것이다. 변증법으로부터 감성적인 것을 분리시킨 것이 19세기의 오류여서, 헤겔은 자신의 변증법으로부터 열정과 파토스의 그 질적인 운동을 양화시킴으로써 변증법의 진정한 의미를 왜곡시켰다.[18] 여기서 우리는 반헤겔주의적인 후기 구조주의나 포스트모더니즘의 인간과 진리 이해의 단면을 쇠렌을 통하여 발견할 수 있다. 진리가 만일 주체성에 관련되는 정열과도 같은 것이라면 결코 헤겔의 이해처럼 절대적인 것일 수는 없을 것이다. 그러나 우리의 논지는 모더니즘과 포스트모더니즘의 주체 이해를 모두 넘어서고자 하는 것이다. 쇠렌이 이해한 주체성의 양의적인 모습은 여기서 이미 지

---

18) EK, pp.143-46 참고.

적한 바 있듯이 신학적인 자아로 향하여 그 질적인 비약을 하게 된다. 쇠렌의 감성적인 주체성의 모습은 해체철학의 주체성 이해처럼 감성적이고도 무의식적인 것이기 때문에 주체를 해체시키는 입장과는 달리, 감성적인 것이기 때문에 믿음과 신앙이라는 종교적인 주체 이해에로 나아간다고 할 수 있다. 이는 4절에서 레비나스의 감성적 주체 이해, 모더니즘의 주체성 이해로는 불가능하기 때문에 주체랄 것도 없는 그런 주체 이해와의 비교를 위한 결정적 접점을 제공한다.

실존적 주체성의 감성적 진리는 부득불 절대적 진리가 아닌 포스트 모던적인 상대적 진리로 귀결된다. 이에 감성적 주체성의 또 다른 양의적인 모습으로서의 신학적 자아가 등장한다. 신학적 자아에 의하여 비로소 쇠렌의 감성적 주체성은 절대적인 진리와 관계를 맺을 수 있는 가능성을 확보한다. 물론 여기서의 진리는 사유의 대상으로서의 철학적 진리가 아닌 종교적인 믿음의 대상임에 분명하다. 주관적인 자아의 외부로 향하는 객관적인 것에 대한 시선이 아우구스티누스(St. Augustinus)적인 반성처럼 내부로 향하면서 쇠렌의 실존적 자아의 자기 주체성은 가능하다.[19] 그런데 바로 이 지점에서—극(極)과 극은 서로 통한다고 했던가?—객관적인 외부로 향하던 시선이 주관적인 내부로 옮아가는 바로 이 지점에서 주관적인 자아를 벗어날 수 있는 가능성이 열린다는 사실은 그 얼마나 역설적인가? 신에게로 향하는 키에르케고어의 신학적 자아는 실존적 자아의 질적인 비약에 의한 그 양의적인 모습으로서 가능했기 때문이다.[20] 하늘을 향하여 한 점 부

---

19) 표재명, 『키에르케고어 연구』, 50쪽 참고.

20) J. Derrida, *L'écriture et la différence*, Editions du Seuil, 1967, p.162. 이곳에서 레비나스는 쇠렌의 실존철학을 과격한 자아중심주의라고 비판한다. 그러나 데리다는 이런 과격한 자아중심주의가 자기를 벗어나는 질적인 상이성으로서의 신과의 비약적 만남의 가능성을 보장할 수 있었다고 역설적으로 쇠렌을 독해한다(앞으

끄러움 없이 자신의 실존적 가능성을 실현하고자 열심히 살아가는 실존의 모습! 그러나 '진인사대천명(盡人事待天命)'이라는 겸허한 삶의 자세가 일깨워주듯이 실존적인 주체성으로도 어쩔 수 없는 파스칼(B. Pascal)적인 고뇌와 키에르케고어적인 절망 앞에 서서 인간은 또 다른 자아에로 나아가야만 하지 않을는지! 키에르케고어의 실존적 주체성과 신학적 자아라는 주체성의 양의적 모습은 파스칼의 두 가지 정신이라는 종교 철학사적인 전통의 흐름에서 등장하는 근원적인 인간 이해라고 평가된다.

3. 레비나스의 주체성 이해

20세기 프랑스의 유대교 사상가인 엠마누엘 레비나스의 주체성 이해는 후설 현상학과의 대비를 통해 가능하다. 후설 현상학은 모더니즘의 동일성 철학으로부터 포스트모더니즘적인 다원주의의 차이의 철학에로 이행하는 데 그 가교로서 이해된다. 후설 현상학의 관건이 되는 '내재적─초월'이란 사유의 활동과 관계되는 내재(Immanenz)가 사유의 대상과 관계되는 초월성(Transzendenz)에 맞닿아 있다는, 그래서 외재적 초월성이 아닌 내재적─초월을 주장한다. 후설은 전기사상을 통해 선험적 자아에 의해 구성되는 정적인 것으로서 내재적─초월을 이해하다가 후기 발생적 현상학에 이르면 특히 시간을 경유해서 역동적으로 진행되는 신체의 지각경험을 중심으로 내재적─초월을 이해한

로 이 책은 ED로 줄인다).

다. 그리고 이때 구성(Konstitution)-칸트적인 의미의 구성(Konstruktion)
과 구분되는-의 문제는 자아의 능동적 행위가 아닌, 자아의 의식활
동을 벗어나 있는 외재적인 것인 이른바 선험적 질료 곁으로 다가서
는 수동적 의미를 지닌다.[21] 그런데 이런 구성과 내재적-초월의 의
미 변화는 후설 현상학의 방법론을 변형시키면서 선험적 자아의 구
성으로부터 신체라는 감성적 주체로 나아가면서 탈현상학적인 구조
주의 계열의 차이의 철학과의 친화성을 드러낸다. 이른바 구조주의의
주체 이해가 내재와 외재의 영역을 넘어서는 제3의 구조라는 개념을
제기한다면, 이런 구조 개념의 결정성이 폐기되면서 후기 구조주의는
등장한다. 내재와 외재를 넘어서는 상위개념으로서의 구조가 폐기되
면서 내재성과 외재성의 관계는 이른바 들뢰즈의 주름과 입벌림(la
béance)이나 데리다의 차연 그리고 푸코의 후기사상을 통한 윤리적인
자아의 모습 등으로 접근된다. 레비나스의 자아와 주체성 이해는 이
들 후기구조주의 사상가들 가운데 등장한다.

　내재성과 초월성의 철학을 모두 거부하면서 이 둘 사이에 타자와
의 관계를 위치시키는 레비나스는 타자와의 관계가 형이상학 자체라
고 말한다.[22] 타자와의 대면적(face à face) 관계로서의 이런 형이상학
은 윤리학이며 윤리학으로서의 제일철학은 존재신학적인 제일철학
으로서의 아리스토텔레스의 존재론적인 서양철학의 전통으로부터
일탈한다.[23] 레비나스는 윤리학을 "무한이 유한과의 관계 속에서 스

---

21) 한전숙, 『현상학의 이해』, 민음사, 1984, 300쪽, 311-39쪽 참고. 후설 현상학의 전·후기 자아 이해를 통해
　　우리는 모더니즘의 동일성철학으로부터 포스트모더니즘의 차이의 철학에로 나아갈 수 있는 그 과도기적
　　인 모습을 포착할 수 있다.

22) Emmanuel Levinas, *Totalité et Infini*, Martinus Nijhoff, 1961, p.44(앞으로 이 책은 TI로 줄인다).

23) Emmanuel Levinas, *Ethique et Infini*, Fayard, 1982, p.7, p.77(앞으로 이 책은 EI로 줄인다).

스로를 부인하거나 자신과 모순되지 않는 그런 역설이 드러나는 장(le champ)"[24]이라고 말하고 이론과 실천의 대립을 해소시킬 수 있는 왕도(王道)는 형이상학의 초월성에 근거한 윤리학이라고 이해한다.[25] 진정한 의미의 형이상학이란 '존재에 관한 이론적 탐구를 넘어서는 존재보다 더욱 선한 것'에 대한 탐구이며, 이런 플라톤적인 의미의 선함이 구현될 수 있는 자아와 타자의 윤리적인 관계에 그는 주목한다.[26] 외재성의 철학은 지금 이곳의 현상학적인 삶의 의미로서 충만한 시간을 외면하면서 초월적인 신비주의적 신학으로 향한다. 내재성 중심의 철학은 삶의 다양한 감성적 의미를 자아의 구성 문제에로 끊임없이 회부시키면서 그 질적 차이성을 억압하는 전체주의적인 폭력을 휘두른다. 후설의 후기현상학이 비록 차이의 철학에로의 가교로서 이해될 수 있지만 레비나스는 후설 현상학의 자아중심주의를 내재성 중심의 동일성철학이라고 비판한다.

'외재성에 관한 시론'이라는 부제로 1961년에 발표된 『전체성과 무한』에서 레비나스는 다음과 같이 말한다. "존재는 외재성이다. 이 말은 주관적인 것의 오류와 착각을 고발하려는 것뿐이거나 단지 객관적인 형식만을 주장하려는 것도 아니다. 이런 생각은 결국 외재성을 파기시킬 것인데, 왜냐하면 이때 주체성 자체는 외재성 속으로 흡수될 것이기 때문이다. 외재성이란 그렇게 되면 아무것도 의미할 수가 없게 될 것이어서, 외재성이 외재성을 불러들이는 행위를 정당화하는 이런 내재성 자체를 잠식해버릴 것이기 때문이다."[27] 외재성이란 내

---

24) Emmanuel Levinas, *Autrement qu'être ou au-delà de l'essence*, Martinus Nijhoff, p.232(앞으로 이 책은 AQE로 줄인다).

25) TI, p.15 참고.

26) EI, p.71 참고.

재성을, 동일성철학의 역사를 통하여 주체성으로 이해되어오던 내재성을 잠식하거나 흡수해버리는 그런 것은 결코 아니다. 외재성이란 내재성을 불러들이는 행위를 정당화하는 것이 다름 아닌 내재성이기 때문에, 내재성과는 부분과 전체의 관계를 지니는 것으로서 이해될 수가 없다.[28] 레비나스는 이곳에서 주체성을 현상학적으로 이해하면서도 현상학의 내재적—초월을 넘어서는 새로운 외재성 이해를 제기한다. 즉 그의 외재성이나 초월성과 무한성에 대한 이해는 일차적으로 현상학을 경유하여 내재성철학으로부터 벗어날 수 있는 단서를 찾으면서도 최종적으로는 새로운 외재성 이해로 나아가는 것이다. 내재성과 외재성은 부분과 전체의 관계에 놓인 것일 수가 없기 때문에 동일성철학의 전체성 이해는 이제 무한에로 나아가야만 한다는 것이 이 책의 제목인 『전체성과 무한』이 시사하는 바이다.

타인의 얼굴의 어쩔 수 없음! 나의 의식에로 명료하게 그 초점이 잡히지 않는 이른바 초월성이나 외재성의 작열하는 폭발(l'éclat de l'extériorité ou de la transcendance)![29] 레비나스는 외재성을 무한이라는 관념으로서 표현한다. 이는 항상 인간의 사유를 넘쳐흐르는(déborde) 것으로서, 인간이 스스로 발견하는 것과 그것에 관하여 어떤 생각을 지니게 되는 그런 것과의 구분이 행해지기 이전의 인간의 정신과도 같은 것이다. 그런데 이런 사유를 넘어서는 무한과의 관계를 가능케 하는 것은 탁월한 경험(l'expérience par excellence)이다.[30] 그는 경험적 사유활동에

---

27) TI, p.322.
28) 같은 곳.
29) 같은 책, pp.9-10.
30) 같은 책, p.10.

기초해 보편타당한 객관적 술어들로서 경험을 이해하려는 철학과는 달리 '탁월한 경험'을 제시한다. 이는 철학적 사유를 넘어서서 그 내재성에로 환원될 수 없는 전혀 상이한 질적 차이성을 가능케 하는 새로운 경험 이해를 말한다.

자, 이제 얼굴의 현상학으로 불리는 레비나스의 새로운 현상학의 경험 이해를 통해 나와 남, 자아와 타자, 무한과 신에로 맞닿아 있는 그의 주체성 이해를 자세히 살펴보기로 하자. 레비나스는 주체와 객체의 관계를 가장 근원적인 현상이라고 본다.[31] 그러나 이런 관계는 동일성철학의 이해처럼 주체성이나 자아의 의식적이고도 반성적인 사유활동에 의해 접근될 수 없다. 후설의 발생적 현상학에서의 자아 이해를 계승하는 하이데거에 더 접근하면서도 하이데거의 존재신학을 넘어서는 레비나스는 자아를 기본적으로 세계 안에 위치시키는 상호주관성의 입장에서 이해한다. 이때 하이데거처럼 자아에 대한 감성적 이해가 공유되지만, 그러나 하이데거의 존재론은 타자와의 관계를 존재 일반과의 관계에로 종속시키는 익명적 중립성을 특징으로 하기 때문에 억압과 폭력을 자행한다고 레비나스는 이를 비판한다.[32] 그는 자아 중심의 동일성철학으로부터 타자 중심의 윤리학에로, 윤리—종교적인 형이상학에로 나아간다. 이때 자아와 타자는 저 동일성철학의 주체와 객체의 이분법적인 구도가 이해하듯이 그렇게 분리된 것일 수 없다. 이미 현상학의 발생적 지각 경험에 관한 이해와 베르그송의 직관 이해를 선취하고 있는 레비나스에게 자아와 타자의 관계는 주객 이분법의 구도를 넘어서는 제3의 그 무엇을 요청했으니,

---

31) E. Levinas, *Théorie de l'intuition dans la phénoménologie de Husserl*, J. Vrin, 1994, p.71.
32) TI, p.38.

그는 이를 자아도 아니면서 타자도 아닌, 주체도 아니면서 객체도 아닌 이른바 자기(soi)라는 단어로 명명한다.[33] 주체는 후설의 표상적 지향성의 경우처럼 주제화되거나 이론적으로 접근될 수 없다. 주체는 육체를 지니기에 앞서서 이미 육체로서 자기에 기거하는 향유적 지향성이다. 주체는 존재로서의 외재성을 마치 주인이 손님을 맞이하듯이 그렇게 맞이하면서 이를 향유하기 때문에 주체의 장을 통하여 외재성의 진리는 비로소 생기한다. 향유적 지향성은 후설적인 노에마와 노에시스의 논리적 또는 인과성의 관계를 거부한다.[34] 존재의 진리인 외재성과의 만남은 동일성철학의 자아가 아닌 자기를 통해 가능하다

　　레비나스는 이에 자아의 지상권을 폐위시키면서 타자와의 관계를 더 중시한다.[35] 여기서 내재성과 외재성은 자기를 통해 존재를 공유하는 셈인데 물론 이런 공유는 부분과 전체의 관계일 수 없다. 내재성이 외재성을 향해 그 장을 열어젖힐 때 이미 그 안에서 외재성과의 만남이 가능하다는 의미에서 외재성의 공유로 이해된다.[36] "현상학은 철학의 방법이지만 빛을 밝혀서 은폐된 것을 드러내는 이해로서의 현상학은 존재의 궁극적 사건을 달성하지는 않는다. 동일자와 타자의 관계는 동일자에 의한 타자의 인식이나 타자의 동일자로의 계시로 이르는 것이 아니어서, 이미 탈은폐(dévoilement)와는 근본적으로 다른 것이다."[37] 레비나스는 '수아'를 느끼는 행위를 통해 접근하는

---

33) 자기(soi)란 자아(moi)보다도 몸적 /신체적/ 감성적인 주체성이 반영되는 용어다. 본문에서는 한글과의 문맥상 마찰을 피하기 위해 간혹 솨/수아로 표기되기도 한다.

34) TI, p.328.

35) EI, p.42.

36) TI, p.334.

데, 이는 이성이 사물의 그 표면이나 겉의 공허한 형식을 문제시하는 반면에 감성은 사물의 그 충만한 내용과의 체험이나 만남이라고 보기 때문이다.[38] 수아는 이성적 사고로 불안해하면서 동요하기도 하지만 느끼는 일(sentir)을 통해 자아와 타자의 경직된 이분법을 극복하면서 이른바 동일성철학의 전체성으로부터 무한성과 초월에로의 만남을 시도한다.[39] "자기는 Subjectum이다. 자기는 모든 것을 책임지면서 우주의 무게 아래에 놓여 있다."[40] "자기는 이기주의와 이타주의를 넘어서는 종교성을 지닌다."[41] 자기가 무한과 초월에로 맞닿아 있다면 또한 자아가 아닌 타자로서의 외재성과도 맞닿아 있을 수밖에 없다. 이제 주체와 객체의 관계는 주인으로서의 주체가 손님으로서의 객체를 맞이하면서 반기는 환대(la hospitalité)로서 이해되면서, 『존재와 다르게 또는 본질을 넘어서』를 통하여 이런 관계는 타자를-위한-자아(l'un-pour-l'autre)를 중심으로 하는 윤리-종교적 형이상학으로서 아름답게 개화한다.[42]

레비나스는 이미 『전체성과 무한』을 통해 자아의 정체성을 자기

---

37) 같은 책, p.13.

38) 논자는 레비나스의 향유적 지향성이 후설로부터 메를로-퐁티나 베르그송적인 프랑스 철학의 전통에로 선회하는 그 현장을 목격할 수 있었다.

39) TI, pp.142-143 참고.

40) AQE, p.183. 길희성 외 지음, 『전통, 근대, 탈근대의 철학적 조명』, 철학과 현실사, 1999, 제2장 '주체의 자리' 참고. 강영안 은 이곳에서 Subjectum이 그 어원인 그리스어 hypokeimenon의 역어이며, 모더니즘의 주체 이해처럼 자아와 인간을 특별하게 지칭하는 말은 아니었다고 한다. 근대철학에 와서 처음으로 이 말은 그 의미를 발견했다고 한다(M. Heidegger, *Sein und Zeit*참고).

41) AQE, p.186.

42) E. Husserl(tr. par M. B. de Launay etc.), *Méditations cartésiennes*, P.U.F., 1995, p.142 참고. '타자를-위한-자아'라는 표현은 후설 현상학의 영향 아래 이해된다. 후설은 타자의 인식이 동시에 자아 자신에 대한 인식이 되는 그런 현상학적인 시간성과 정신 현상을 근원적인 짝짓기(Paarung)라는 표현으로 이해한다. 그러나 후설의 표상적인 지향성과는 달리 감성적이고 향유적인 것으로서 지향성을 이해하는 것이 레비나스의 상이한 태도다. 메를로-퐁티와 레비나스의 후설 현상학에 대한 프랑스철학적 전개는 심도 깊은 연구를 요하는 논의다.

자신과 동일하다는 사실에서 찾지 않고, 내재성과 외재성이 마치 요철의 볼록면과 오목면과도 같이 서로를 향해 휘어지는 상태(cette courbure)를 통해 이해한 바 있다.[43] 이제 동일자와 타자의 관계도 타자가 의식에 현상하기 이전부터 벌써 타자와 관계하기 때문에 주체성이란 이때 동일자－안의－타자인 셈이다.[44] 동일자란 곧 타자를 통하여 구조화되어서 드러나면서 이때 타자란 곧 동일자가 그 안에 구조화되어진 주체성이 된다.[45] 이는 앞에서 지적한 자기라는 새로운 주체성 이해와 맞물려서 이해된다. 사실 동일자와 타자나 주체와 객체, 나와 남이라는 동일성철학의 이분법은 '남을－위한－나'라는 윤리현상의 근원적인 주체를 이해할 수가 없다. 레비나스의 새로운 주체성 이해는 이제 동일성철학의 나라는 반성적 자아의 버거운 짐을 벗어던지면서 타인을 향하여 열려진 윤리적 자아로 향한다. "철학적 사고의 출발은 나의 이웃인 타자로부터, 타자와의 관계로부터이며 사유와 의식 그리고 정의와 철학은 바로 나의 이웃인 타자로부터 가능하다."[46] 그리고 이런 윤리적인 자아의 모습을 레비나스는 감성적인 주체성으로서 이해한다. 『전체성과 무한』을 통해 이미 주체를 새롭게 이해하기 시작한 레비나스는 이보다 13년 뒤인 1974년에 발표한 『존재와 다르게 또는 본질을 넘어서』를 통해서 결정적으로 포스트모던한 시대의 주체 이해의 그 좌표를 제시한다. 주체는 모더니즘의 이해처럼 자발적인 의지의 능동적 주체일 수 없다. 왜냐하면 위에서 밝힌 것처럼

---

43) TI, pp.321-323.

44) AQE, p.46.

45) 같은 책, 47쪽.

46) 같은 책, 204쪽.

인간의 의식이란 얼굴과 얼굴을 마주하는 대면적인 관계를 통하여 나의 의식이랄 것도 그렇다고 타인의 그것이랄 것도 없는 그 어떤 제3의 것(tiers)으로서 나타나기 때문이다.[47] 상식적으로 나의 의식이라고 믿는 것과는 달리 '수아'의 의식, 그래서 내가-나라고 불리는 내가-남을 위해 다가가는 무한한 책임성을 일깨워주는 의식![48] 이제 주체는 타인에 대한 책임성으로서 이해되기 때문에 능동적으로 모든 의사결정권을 지니는 자발성(l'initiative)을 넘어서는 곳에서 서서히 생기한다고 레비나스는 표현한다.[49] 물론 이런 주체 이해를 결정적으로 부추긴 것은 십자가에 못 박힌 예수의 죽음이다. 타자가 그의 상흔으로 인하여 동일자에게 영향을 주면서 그의 정신 상태를 사로잡아 장악하고 지배하게 되는 역설! 이때 타자의 명령은 동일자 안에 있는 타자가 나를 시험하듯이 행사하는 그런 극도의 긴장감과도 같은 계율이며 명령이다. 거부하거나 외면할 길 없는 계율 앞에서 지극히 수동적일 수밖에 없는, 왜냐하면 능동적으로 이를 거부할 수 있는 결정권이 없기 때문에 자유랄 수도 없는 그런 수동성! '남을-위한-나'는 이제 '남의-볼모가-된-나'(l'un-otage-de-l'autre)에로 이른다.[50] 레비나스는 이를 성서적 의미의 사랑이라고 말한다.

　나와 남은 공시적이 아닌 통시적으로 이해할 때 서로 구분되는 두 가지의 독립된 관계항일 수 없다.[51] 레비나스는 이를 시성화(temporalisation)라고 표현하는데 이는 후설의 지향성과는 상이한 주체와 객체의 관계에

---

47) 같은 책, 249쪽.
48) 같은 책, 252쪽.
49) 같은 책, 218쪽.
50) 같은 책, 220-221쪽.
51) 같은 책, 136쪽.

대한 이해이다. 시성화란 객체로서의 외재성을 향하여 참고 기다리는 인고(忍苦)의 시간의 그 되어가는 작용을 말한다. 여기서 레비나스철학의 중요한 관건인 말하기(le Dire)가 말하여진 것(le Dit)에 대하여 그 우위성을 띠면서 등장한다.[52] 나와 남이 얼굴을 마주하는 그 가까움(la proximité)을 통하여 다른 무엇에로도 환원될 수 없는 질적인 차이성이 현현(l'épiphanie)된다. 이를 레비나스는 선함(la bonté)이나 비-무관심성(non-indifférence)이라고 부르면서, 인간이 인간인 바의 인간성은 비-무관심성이라는 신성한 종교적 의미로서의 감성과 영성으로 인하여 가능하다고 주장한다.[53] 이는 동일성철학이 차이에 무관심하기 때문에 냉담과 무관심(indifférence)을 중시했다면 이를 반대하는 입장에서 접두사 non을 붙여서 만든 레비나스의 신조어이다. 이는 차이의 철학자로서의 레비나스의 입장을 대변해주면서, 동일성철학의 중심으로부터 소외당하는 주변인, 여성, 제3세계, 과부, 고아, 빈민층 등의 온갖 소외계층을 향하는 레비나스의 종교적 인류애를 엿볼 수 있는 단어다. 이제 주체는 볼모로서 그리고 주체성은 자기 동일성이나 자기 보존성(conatus essendi) 등의 존재의 본질과는 거리가 먼 무한한 책임성과 헌신으로서의 대속(substitution)으로 이해된다.[54] "나(je)라고 불리는 것은 전혀 없다. 왜냐 하면 나는 나를 부르는 사람에 의하여 나이기 때문이다."[55] 이는 주체랄 것도 없는 익명적 있음(il y a)인데 레비나스는 여기서 비로소 무한과 초월의 외재성이 현현한다고 보면

---

52) 같은 책, 11쪽과 63쪽 참고.

53) 같은 책, 258쪽. 영성(la spiritualité)은 233쪽과 154쪽에 등장한다.

54) 같은 책, 282쪽.

55) 같은 책, 95쪽.

서 이를 일레이떼(l'illéité/ il absolu)라고 부른다.[56]

　모더니즘의 주체성이 폐기되면서 일레이떼가 현현하는 가능성은 얼굴과 얼굴을 마주하는 말하기를 통해서다. 말하기란 타자를 환대하면서 그와 내가 공유하는−공유할 수밖에 없는−무한한 의미를 나누는 만남이다.[57] 물론 이러한 만남은 이성적이거나 논리적일 수 없는 감성적 특성을 띨 수밖에 없다. 그리고 전통철학의 인식론적 이해는 이런 감성에 육박해오는 직접성으로 인하여 상처받을 수 있음(la vulnérabilité)을 이해할 수 없기에 그 상처를 외면하면서 무감각하다.[58] 여기서 레비나스의 감성적인 주체는 환대, 인질, 볼모, 대속, 말하기, 가까움, 상처받을 수 있음, 주체랄 것도 없는 수동성 등으로서 다양하게 이해된다. 이때 무엇보다도 중요한 것은 나와 남의 만남을 통하여 현현하는 그 외재성의 무한함과 맞닿아 있다는 감성적인 주체 이해다. 이제 지금까지의 일견 황당한−탈이성적인 '말하기'이기 때문에−레비나스의 감성적인 주체성을 정리해보자. 나의 몸이 나의 것이라는 정체성과 동일성이 가능하려면 전통철학의 견해처럼 나의 자아나 선험적 이성 등의 정신 현상 때문이 아니다. 그것은 내 안의 타자로서, 내 안에 맞닿아 있는 남으로서의 자기(soi)가 있어야지만 가능하다. 자아가 아닌 자기는 남을−위한−나로서의 사랑과 희생 대속과 볼모를 가능케 하는 감수성의 장본인이다. 이는 지각을 통한 인식행위나 주제화로는 이해될 수 없는 감성적인 것이기 때문에, 키에르케고어의 역설처럼 오성의 영역을 넘어서는 것일 수밖에 없다.[59]

---

56) EI, p.102.

57) AQE, pp.80-81.

58) 같은 책, 104쪽.

4. 키에르케고어와 레비나스의 감성적 주체성 – 신과 이웃 사랑

　비교란 이해를 전제로 하는 해석학적 작업이기 때문에 완전한 동일성과 완전한 차이성은 여기서 불가능하다. 키에르케고어와 레비나스의 주체성 이해를 비교하는 작업은 상당 부분 유사성을 드러내지만 그러나 미묘하고도 섬세한 차이성 또한 발견된다. 우리는 1절에서 제기한 내재성과 외재성의 문제를 중심으로 이 문제를 접근하고자 한다. 키에르케고어와 레비나스는 모더니즘의 동일성철학이 보여주는 내재성의 철학에 공통적으로 반대한다. 인간 이해의 중심축을 감성으로 옮기는 이들은 쇠렌이 실존적인 자유와 가능성에 결부된 감성 이해를 보이는 반면에 자유라고 할 수 없는 더할 나위 없는 수동성에 결부된 감성 이해를 레비나스가 보인다는 점에서 양자는 차이점을 드러낸다. 여기서 쇠렌의 사상의 모더니즘적 지반과 레비나스사상의 포스트모던한 후기구조주의적 지반이 발견된다. 그러나 이들의 감성 이해가 결국 동일성철학의 전체주의적인 폭력을 결정적으로 극복 가능한 그 관건으로 작용하면서 내재성과 외재성 간의 만남이 시도된다는 데서 이 두 사람은 공통적인 입장을 드러낸다. 그런데 여기서도 이런 만남의 모습은 이들의 사상적 지반이 다른 것처럼 상이한 양상을 보인다. 쇠렌이 무교회주의자로서 인간과 신과의 직접적이면서도 비약적인 수직의 만남을 주장한다면 레비나스는 이웃이나 헐벗은 사람들에 의하여 중재되는 신과의 수평적 만남을 주장한다.[60] "수

---

59) 같은 책, 110-111쪽 참고.

60) E. Levinas, *Hors Sujet*, Fata Morgana, 1987, p.5.

평적인 차원이 없다면 수직적인 차원도 없다"는, 마치 쇠렌을 비판하기라도 하는 듯한 레비나스 자신의 이 말은 쇠렌이 분명 천상의 하느님을 주장한다는 사실을 주목한다면 양자의 결정적인 대립점에 해당한다. 이러한 레비나스의 입장을 '종교에 대한 윤리적 판단 정지'일 뿐이라는 웨스트팔(M. Westphal)의 비판이 여기서 제기된다. 또한 데리다도 레비나스의 사상 속에는 무신론과 유신론이 공존한다고 비판하면서 이 둘 간의 사상적 거리를 자신의 해체를 통해 중재하고자 시도한다.[61] 해체신학의 기수인 테일러(M. C. Taylor)는 키에르케고어를 철학적인 포스트모더니즘의 창시자로서 새롭게 조명하면서 이로부터 데리다를 수용하는 자신의 해체신학을 주장한다.[62]

그러나 여기서 쇠렌이 이해한 인간과 신과의 만남이 외재성과 내재성의 문제를 중심으로 레비나스와 비교할 때 결코 상이한 것만은 아니라는 사실의 결정적인 단서를 다음과 같은 쇠렌 자신의 이야기를 통하여 발견할 수 있다. "사고와 존재는 영원히 결코 만나지 않는다. 서로를 앞서거나 뒤서거나 한다."[63] 이는 쇠렌이 내재성의 철학자만도 아니며 외재성의 신학자만도 아니라는 사실을 단적으로 보여

---

61) Jeffrey Bloechl ed., *The face of the Other and the trace of God*, Fordham Univ. Press, 2000(앞으로 이 책은 FT로 줄인다). 이 책의 제12장에는 John D. Caputo의 논문인 "Adieu-sans Dieu; Derrida and Levinas"가 실렸다. 이는 레비나스의 제자인 데리다가 스승의 죽음을 애도하면서 1997년에 펴낸 저서 『안녕, 레비나스』를 참고한 표현이다. 293쪽에 등장하는 레비나스 자신의 이야기인 "No vertical dimension without a horizontal dimension"은 『성서를 넘어서』라는 저서에서 등장한다. 이 논문에서 저자인 카푸토는 데리다처럼 레비나스의 윤리학을 '종교 없는 종교'라고 평가한다.

62) 배국원, 『현대종교철학의 이해』, 동연, 2000, 297쪽 주 43번 참고. 포스트모더니즘의 사상적 선구자로서의 키에르케고어의 면모를 이해하기 위해서는 다음의 저서를 참고 바람.
　① Mark C. Taylor, *Journeys to Selfhood: Hegel & Kierkegaard*, Univ. of California Press, 1980.
　② S. Walsh, *"Kierkegaard and Postmodernism"*, philosophy of Religion, 29, 1991.
　③ J. D. Caputo, *Radical Hermeneutics: Repitition, Deconstruction and the Hermeneutic Project*, Indiana Univ. Press, 1987.
　④ Merold Westphal & M. J. Matustik, *Kierkegaard in Post/Modernity*, Indiana Univ. Press, 1995.

63) EK, p.146.

준다. 이런 사실은 레비나스의 경우에도 해당한다. 레비나스는 자신의 제일철학으로서의 윤리학을 외재성과 내재성의 사이에 위치시키고 있음을 분명하게 강조한다.[64] 그러한 만남은 쇠렌의 경우 수직적인 질적 비약의 종교체험으로서, 레비나스의 경우 타자의 대면적인 얼굴을 통한 무한함의 현현(l'épiphanie)으로서 이해된다. 쇠렌이 종교체험의 영역에서의 수직적인 신과의 만남을 이야기한다면 레비나스는 이런 쇠렌의 신을 공적인 장으로 수평화시켜서 대면적 관계를 통한 현현으로 이해하는 것이다.[65] 이러한 만남이 쇠렌에게는 분명 신앙에 의한 계시적 성격으로서 이해되지만 레비나스의 경우 이러한 판단은 분명 조심스럽다. 이점에서 레비나스는 무신앙과 맞닿아 있다는 비판을 허용하게 된다. 그러나 이 두 사람이 이야기하는 신이 성서의 신이라는 사실에는 의심의 여지가 없다. 또한 이러한 만남의 현장에서의 인간 주체성의 그 수동성을 주장한다는 점은 양자가 공통적이다. 그러나 이는 신학적인 주장이 아닌 지극히 철학적인 문제의식인 동일성철학의 내재성과 외재성에 대한 이해를 비판하면서 이를 극복하고자 하는 종교철학적인 문제의식이 도달한 인간 이해의 산물이다. 레비나스는 실존적이고 종교적인 삶의 태도를 통해서 영적인 것의 수수께끼(l'énigme)와 애매함을 드러내 보여주고자 했으며, 이를 위하여 키에르케고어의 사상에 의뢰했다는 평가가 있다.[66]

마지막으로 이 두 사람이 주목하는 신적인 그 외재성과의 만남의

---

64) TI, p.44.

65) EI, p.72 참고.

66) *Revue philosophieque de Louvain*, tome 100, Fevrier-Mai, 2002, pp.30-31. 이 잡지는 레비나스의 사상을 특집으로 다루었는데, 두 번째로 실린 콜레트(J. Colette)의 논문인 "키에르케고어와 레비나스"에서 논자는 이러한 사실을 지적한다(앞으로 이 잡지는 Revue로 줄인다).

현장으로서의 이웃 사랑에 관하여 이야기해보자. 웨스트팔은 키에르케고어와 레비나스의 결정적인 사상적 친화성을 '성서의 신과 이웃 사랑'이라고 지적한다. 비록 쇠렌이 신약에 전적으로 기초할지언정 사랑의 명령이 유대교에서 처음으로 등장한다는 사실을 잘 알고 있었다고 그는 말한다.[67] 유대교의 신인 야훼(Yahweh)가 공동체 윤리로서의 사랑과 복종을 강조했다면 기독교의 신인 예수(Christ)는 그런 공동체 윤리가 개인화되어가는 과정에서 상대적으로 이웃 사랑을 더 강조했던 셈이다. 쇠렌의 주체성 이해가 절망과 죄의식을 통한 불행하고도 음울한 의식이라는 평가가 있지만[68] 신과의 수직적인 만남을 계기로 수평적인 이웃 사랑에로 나아가게 되는 '단독자den Enkelte)' 사상에 의해 완성된다는 사실은 상대적으로 덜 주목된 듯하다.[69] 레비나스는 신이 우리를 사랑한 그만큼 우리가 사랑을 실천하기에 부족하기 때문에, 사랑에 관한한 늘 '무한한 빚(la dette infinie)'을 말했다고 한다.[70] 예수가 생명을 담보로 하는 절대적인 사랑을 보인 데 대해 키에르케고어가 단독자의 사랑의 실천을 강조하듯이 레비나스가 인간을 사랑의 채무자로서 이해하는 것은, 성서와 맞닿아 있는 이들의 주체성 이해로부터 귀결되는 공통적인 인간 이해이다. 그러나 레비나스가 스스로 비판한 바 있듯이 쇠렌의 경우 과격한 자아중심주의의 그 내재성이 신과의 만남을 가능케 할 수 있었다면, 레비나스의 경우

---

67) FT, p.213. S. Kierkegaard, *Works of Love*(trans. H. V. Hong and E. H. Hong), princeton Univ. Press, 1995, p.249 (웨스트팔이 자신의 이런 주장의 논거로서 참고함).

68) Revue, p.12.

69) 『키에르케고어 연구』, 이 책의 8장에서 저자는 단독자의 신과 이웃 사랑이 동시적인 것이라는 사실을 강조하는데, 이는 부버(M. Buber)의 키에르케고어 비판을 이겨낼 수 있는 탁월한 이해이다. 표재명, 『키에르케고어의 단독자 개념』, 서광사, 1992, 127쪽의 주 6번과 7번을 보면, 쇠렌은 일기 유고를 통하여 하느님에 대한 사랑과 이웃사랑의 관계를 '동시에 열리는 두 개의 문'과 같다고 비유한다.

70) Revue, p.24.

그럴 필요도 없이ー후기구조주의의 사상은 그럴 수도 없는 자아와 주체성 이해를 보인다ー가능한 신과의 만남은 분명 상이한 성격을 띤다. 이를 웨스트팔은 쇠렌의 신이 우리를 유혹하는 매력적인 신인 반면에 레비나스의 신은 분명 매혹적이지는 않다고 비교한다.[71] 쇠렌의 이해처럼 신에게로 이끌릴 수밖에 없는 매력을 상실한 레비나스의 신! 해체철학을 넘어서고자 하는 레비나스의 윤리적인 자아 이해를 통하여 어쩌면 상실할 수도 있을 이런 신과의 만남을 통한 황홀한 매혹을 우리는 키에르케고어를 통하여 발견할 수 있다.

5. 모더니즘의 주체와 포스트모더니즘의 해체를 넘어서

우리 시대는 모더니즘의 주체 이해처럼 전체성의 폭력에 노출된 동일성철학의 그 폐쇄적인 주체를 넘어설 수 있는 가능성 하나와 포스트모더니즘의 주체 이해처럼 감성을 경유하면서도 그 본연의 인간성에 대한 해체적 탈형이상학에로의 위험을 비껴갈 수 있는 그런 가능성 두 가지를 모색하고 있다. 본고는 21세기에 요청되는 이러한 새로운 인간이해의 가능성을 키에르케고어와 레비나스의 윤리ー종교적인 형이상학을 통하여 발견하고자 했다. 인식론적이고 존재론적인 형이상학이 서양철학의 형이상학의 역사를 주도했다면 이에 키에르케고어의 종교적인 형이상학이나 레비나스의 제일철학으로서의 윤리학적인 형이상학을 아우르는 윤리ー종교적인 형이상학이야말로

---

71) FT, 이 책의 200-223쪽에 실린 제9장에는 웨스트팔(M. Westphal)의 논문인 '레비나스와 키에르케고어의 사랑의 명령과 신성한 초월'이 등장한다. 인용은 217-218쪽을 참고.

해체철학의 시대를 넘어설 수 있는 소중한 혜안을 제공한다. 철학의 경직성(la dureté)은 종교처럼 삶의 위안을 줄 수 없다면서 '지혜의 사랑'으로서의 전통적인 서양철학의 모습을 사랑을 섬기는(au service de) '사랑의 지혜'로서 바꾸고자 하는 레비나스의 사상과, 헤겔의 체계 속에서는 인간의 설 자리가 없다면서 믿음과 사랑을 통한 윤리적인 삶의 모습을 중요하게 생각했던 키에르케고어 사상의 공통점은 아무리 강조해도 지나칠 수가 없다.72) 이들은 하버마스처럼 모더니즘을 미완의 계획으로 보면서 계몽적 이성의 수정과 보완을 통한 이성 자체의 회복을 기도하는 합리주의적 태도와는 거리가 멀다. 그렇다고 해서 이들이 다양성의 문화논리인 포스트모더니즘의 감성주의에 전적으로 동의하는 것도 아니다. 언어에 의해 구조화되는 무의식적인 감성적 경험에 주목하는 탈주체적 해체사상가는 결코 아니다. 감성적인 자아의 자기 정체성을 모색하는 데 그 준거점을 찾지 못하면서 형이상학이 상실된 우리 시대에 키에르케고어와 레비나스는 모더니즘과 포스트모더니즘을 함께 넘어설 수 있는 그 확고한 가능성을 제공한다. 혹자는 무의식적인 감성을 통해 인간에 대한 근본적인 이해를 도모하는 포스트모더니즘의 문화 속에는 종교적인 절대자나 신이 들어설 자리가 없다고 진단한다. 종교란 다양한 문화 현상 가운데 단지 하나일 뿐이어서 인간의 삶의 그 구심점으로서의 전통적인 역할을 상실했다고도 진단한다. 그러나 이에 대한 강한 비판의 목소리 또한 무시할 수 없다. 모더니즘의 이성적인 주체로부터의 탈피로 인한 이성신학과 존재신학의 폐기야말로, 즉 포스트모더니즘의 분위기야말로 머리가 아닌

---

72) AQE의 253쪽과 EI의 10장 그리고 CA의 5장을 참고.

심정적으로 만나는 신앙의 경험을 더욱 활성화시킬 수 있기 때문이다.[73]

종교다원주의의 문화가 전개되는 오늘날 물질문명이 고성능의 하드웨어를 만드는 데 성공했다면 이제 그것을 움직일 소프트웨어로서의 세계윤리(Weltethos)를 계발하는 일이 요청된다. 이에 키에르케고어와 레비나스의 감성적인 인간의 주체성 이해에 힘입은 새로운 윤리학의 창출이 가능하다. 이미 오래전에 칸트는 형이상학의 그 학문으로서의 성립 가능성을 실천이성의 명법(Imperative)에 의한 윤리적인 요청으로서 이해한 바 있다. 그러나 칸트는 인간의 심정으로부터 (du coeur) 타인에 대한 윤리 도덕적인 무한한 사랑의 감정이 어떻게 가능할 수 있는가 하는 물음 앞에서는 무력하다. 이에 레비나스와 키에르케고어는 인간의 심정 한가운데서 샘솟는 신과 이웃 사랑의 그 초월적인 신성함을 일러준다. 따라서 칸트의 윤리학이 자연적이고도 인간적인 윤리학인 반면에 이 둘의 그것은 새로운 윤리학으로서 주목되며,[74] 여기서 또한 토대주의로부터 벗어나는 탁월한 사고는 바로 종교적인 사고라는 주장을 경청하게 된다.[75] 키에르케고어와 레비나스에 의한 철학의 자기 비판작업을 통한 종교사상과의 키아즘적 사유확장으로서의 윤리－종교적인 새로운 형이상학의 창출이야말로 철학과 종교의 영역을 학제적으로 이어주는 중요한 문제의식이라고 본다. 이는 종교가 지닌 그 윤리적이라는 가장 인간의 삶과 밀착된 가치와 의미를 통하여 해체철학의 시대를 극복 가능한 하나의 대안 (代案)으로서 손색이 없다고 보면서 졸고를 마친다.

---

73) 신국원, 포스트모더니즘, IVP, 1999, 235-261쪽. 이 책의 결론인 '포스트모던의 위기와 기회 사이에서'를 참고.

74) Revue, 21쪽 참고.

75) FT, ⅹⅴ쪽 참고.

참고문헌

한국키에르케고어학회, 『다시 읽는 키에르케고어』, 철학과 현실사, 2003.

표재명, 『키에르케고어 연구』, 지성의샘, 1995.

_____, 『키에르케고어의 단독자개념』, 서광사, 1992.

길희성 외, 『전통, 근대, 탈근대의 철학적조명』, 철학과 현실사, 1999.

한전숙, 『현상학의 이해』, 민음사, 1984.

배국원, 『현대 종교철학의 이해』, 동연, 2000.

신국원, 『포스트모더니즘』, IVP, 1999.

김연숙, 『타자윤리학』, 2001, 인간사랑.

Charles Le Blanc, Kierkegaard, Les Belles Lettres, 1998.

E. Levinas, Totalité et Infini, Nijhoff, 1961.

_____, Ethique et Infini, Fayard, 1982.

_____, Autrement qu'être ou au-dela de l'essence, Nijhoff, 1974.

_____, Théorie de l'invitation dans la phénoménologie de Husserl, J. Vrin, 1994.

_____, Hors Sujet, Fata Morgana, 1987.

_____, De Dieu qui vient à l'idée, Paris, 1982.

J. Bloechl(ed), The Face of the Other and the Trace of God, Fordham Univ. Press, 2000.

J. Wahl, Etudes Kierkegaardiennes, J. Vrin, 1974.

S. Kierkegaard, The Concept of Anxiety, Princeton Univ. Press, 1980.

_____, The Sickness unto Death, Princeton Univ. Press, 1980.

_____, Concluding Unscientific Postscript to Philosophical Fragments, Princeton Univ. Press, 1992.

_____, Works of Love, Princeton Univ. Press, 1995.

_____, Philosophical Fragments, 표재명 역, 종로서적, 1979.

_____, Revue philosophique de Louvain, tome 100, Fevrier-Mai, Editions de superieur de philosophie, 2002.

제5장 동학의 종교학적 이해

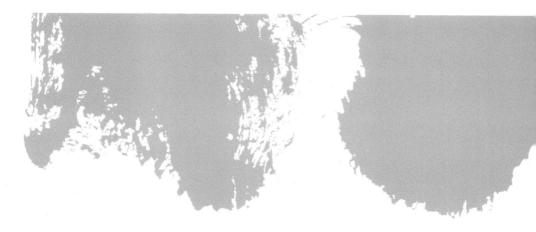

1. 동·서양의 만남과 종교문화

동양과 서양은 비록 서로 이질성을 지녔을지언정 떨어질 수 없을 만큼 깊이 관련되어 있다. 우리 시대의 경우처럼 전 지구촌적인 문화의 교류 앞에 노출되어 있는 경우 특히 서양과 동양의 만남이야말로 불가항력(不可抗力)적인 문화 현상이다. 특정한 문화와 이와는 다른 문화와의 만남에는 물론 이해의 한계가 있겠지만, 그 본래의 모습을 살펴보면 서로 접근하면서 조화할 수 있는 폭 넓은 문화의 기저(基底)를 발견할 수 있다. 비록 긴장과 갈등이 만남의 초기에는 불가피할지언정, 그러한 갈등 과정은 조화로운 공존과 상생(上生)을 목표로 지양되어나가야 할 것이다.[1]

오늘날까지 진행되어온 지구상의 생명체의 등장은 비록 그 균형이 흔들리고 있기는 하지만 환경으로서의 자연과의 공존의 역사인 셈이다. 그 헤아릴 수 없는 오랜 시간의 지속 가운데 인류가 등장했으며 인류의 생활양식의 변화상은 이제 가히 가공할만한 가속도로 진행 중이라고 하겠다. 최초의 인류의 사고방식이 자연을 주술적 토템(totem)과 애니미즘의 대상으로 신성(神聖)시 했다면, 상대적으로 그러한 자연을 지배와 정복의 대상으로서 개량화(改量化) 하면서 물질문명의 이기에 탐닉해 온 것이 근대 서양의 역사였다고 볼 수 있다.

기독교의 자연관으로부터 르네상스와 계몽주의를 거치면서 미개(未開)와 개화(開化)라는 진화론적인 서양의 자연관은 근현대시기에 이르기까지 동·서양의 자연 이해의 두드러진 차이점을 드러내는 데

---

1) 금장태, 『동서 교섭과 근대 한국사상』, 성균관대학교 출판부, 1984, 3쪽 참고.

결정적으로 기여했다. 서양이 주도해 온 근대화란 자연으로부터 인간과 교감(交感) 가능한 신성함을 박탈시키면서, 자연을 주로 물질적인 대상으로서만 왜곡시켜 온 반자연화(反自然化)를 의미할 수도 있다. 적어도 이 점에서 서양의 문화는 동양의 문화보다는 상대적으로 더욱 자연으로부터 멀리 떠나와 있다고 말할 수 있다.

그러나 오늘날 서양은 근현대시기를 지나오면서 단순한 물질적 대상으로만 여겼던 자연이 사실은 그저 묵묵부답(黙黙不答)의 타율적인 무기물이 아니라는 사실을 깨달을 수 있게 되었다.[2] 생명의 가능성이 배제된, 아니면 적어도 생명과의 교감이 배제된 그런 물질로서의 자연이 아닌 생명과의 상호 공감과 감응이 가능한 자연, 그래서 우리 인간들처럼 앓아누울 수도 있는 생명체가 곧 자연이라는 사실을 깨닫게 된 것이다. 인간에게 일방적으로 수용적인 태도만을 보이는 무기물이 아니라, 인간과의 쌍방적이고도 상호적인 관계성에 목말라하는 유기체가 곧 자연이라는 사실이 발견된 것이다. 이는 마치 말기 암환자가 되고 나서야 자신의 몸이 단순한 물질 덩어리가 아닌 정교한 유기체로서의 생명체임을 깨닫게 되는 상황에 비유할 수도 있겠다.

사실 동양에서의 자연 이해는 서구 근대화의 영향을 받기 이전에는 대개 유기적인 생명체로서의 자연에 대한 이해를 보였다. 아니, 종교적인 심성에 의한다면 이는 지금도 여전히 유효한 자연 이해이다. 바로 이런 동·서양의 자연 이해를 근간으로 해서 우리는 동·서양 종교 사상의 결정적인 상이성을 발견할 수 있다. 이른바 창조적인 유

---

2) 이런 깨달음의 가시적인 원인으로서 생태계의 교란으로 인한 환경의 파괴를 주로 들 수 있겠다. 그러나 서양 사상가들 가운데도 서양의 물질문명의 폐단을 충분히 반성하면서 이를 교정하고자 경각심을 일깨운 사람들이 많았다. 현대 유럽철학의 경우, 하이데거의 기술문명 비판은 물론 생명철학자인 앙리 베르그송(1859-1941)도 그 대표적인 사상가 가운데 하나이다.

일신을 믿는 유대교와 기독교, 이슬람교에서의 자연 이해가 서양을 대표한다면, 범신론적인 유기체 사상에 의한 조물주의 조화와 그 주재 자로서의 순환적 섭리를 믿는 동양의 자연 이해는 분명 다르다고 하겠다. 물론 근대 서양의 경우에도 범신론적인 사상은 많이 등장했지만, 이는 어디까지나 동양의 범신론의 경우처럼 종교적인 것이라기보다는 철학적이고 이론적인 것이어서 무신론에로 이를 수 있는 것이었다.[3]

근대 서양철학자들의 범신론적인 이신론(Deism)의 경우를 그 대표적인 예로서 들 수 있는데, 이는 절대자의 보편적인 속성을 세속적인 개별자들 가운데 내재화시키게 되면서 근대 자연과학의 발달상에 걸맞은 세계관을 제공하게 된다. 20세기에 접어들면서 본격적으로 진행되고 있는 불교사상과 서양사상과의 만남이 종교적인 측면에 못지않게 형이상학적인 철학 체계에 치중하는 것도 이런 맥락에서 이해될 수 있다.[4] 즉 서양의 전통적인 종교 이해에 의한다면 불교는 종교로서 받아들여지기에 분명 어려운 점이 있기 때문이다. 우리는 여기서 다음과 같은 말을 주목할 수 있다. "하여간에 동양사상은 기독교의 영향을 받지 않은 상태에서 보다 더 범신론적이며 또 만유내재신론적인 요소를 내포하고 있다고 생각되어진다."[5] 만유내재신론을 서양의 현대적 범신론으로서 규정하는 저자는, 기독교적인 유일신론적 창조신을 현대의 종교다원주의 문화로부터 사수(死守)하고자 분투하고

---

3) 신(神)에 취(醉)한 사상가인 스피노자와 단자론을 주장한 라이프니츠를 예로 들 수 있다.

4) 현대 서양사상의 불교 수용은 어쩌면 하나의 종교로서보다는 삶의 근원적인 의미를 해결해줄 수 있는 이론 장치로서인지도 모른다. 불교가 하나의 종교인지 아닌지는 지금까지도 논란이 되고 있기 때문이다.

5) 박영지, 『서양의 신관, 동양의 신관, 창조신관 – 범신론적 사유구조와 창조신론적 사유구조의 비교연구』, 성광문화사, 2003, 128쪽. 이 저서의 51쪽에서 저자는 범재신론을 최초로 명명한 사람은 Klause(1781~1832)로서, 클라우세는 헤겔의 범신론을 결국 범재신론으로 이해했다고 한다. 그렇다고 한다면 과정신학의 신관인 범재신관의 그 원형이 헤겔의 범신론이라고 하는 사실이 여기서 발견될 수 있다.

있다. 여기서 만유내재신관은 불교에 관하여 자주 언급되는 범재신론(panentheism)에 대한 다른 번역어에 해당한다.

동양과 서양의 만남에서 고려해야 할 결정적인 관건으로서 우리는 시간의 문제를 거론할 수 있다. 무릇 문화의 핵(劾)이 종교이듯이, 기독교 등에 의해 주도된 서양문화의 시간관은 일직선적인 상향선으로서 이해 가능하다. 비록 종교개혁이 진행되어왔지만 이는 근본적으로 서양종교와 문화의 시간관의 테두리 내에서였으며, 탈종교적인 계몽주의와 진화론의 시간관도 기본적으로는 일직선적이고 발전적인 상향선으로서 이해된다. 동양의 경우, 서양과 대별되는 자연 이해는 종교와 결부되어 서양과는 달리 순환론적인 시간 이해를 보인다. 이는 인간의 자연적인 본성이 생로병사의 주기성을 갖는 것과 마찬가지로, 자연도 일정한 순환 주기를 지닌다고 하는 사고방식이다. 동·서양 종교문화의 만남에는 이렇듯 그 결정적인 장애물로서 시간에 관한 상이한 이해가 자리 잡고 있다고 볼 수 있다.[6]

인류는 삶을 살아가면서 맞부딪치게 되는 숱한 문제 상황들을 해결하기 위하여 많은 방법을 고안해왔는데, 그 대표적인 해답체계로서 철학과 종교를 들 수 있다. 철학의 지배적인 역사가 역설과 모순을 지양(止揚)하는 합리적 이론체계라고 한다면, 삶과 죽음이라는 궁극적인 문제 상황에 처하게 될 때는 합리적으로 알 수 없는 대상을 합리적인 앎의 토대로서 받아들이는 역설로서의 종교가 철학보다 더 유

---

6) 김경재, 「동학과 그리스도교와의 만남」, 『문화신학』, 대한기독교서회, 1998, 310쪽 참고.
　본고가 궁극적으로 과정신학의 범재신관을 통한 동학과 기독교의 만남의 활성화를 지향한다면, 이런 시간관의 기본적인 상이성은 충분히 주목되어야 하며, 이에 관한 심도 깊은 연구 또한 요구된다.

효할 수 있다. 물론 비합리적이고도 역설적인 해답 체계는 비단 종교만이 아니라 철학에서도 발견될 수 있다. 사실 철학의 역사는, 명료한 논증적 지식을 추구하는 지배적인 흐름이 있는 반면에, 다른 한편으로는 지극히 인간적인 행위일 수밖에 없는 인위적 해답체계를 반성하는 겸허한 흐름이 늘 공존해왔다. 오늘날 포스트모더니즘이라고 하는 서구 지성계의 담론은 역설과 모순이나 반대의 일치 등의 사유구조를 중요한 철학적 쟁점으로 부각시키고 있는데, 이는 모더니즘의 이성 중심주의에 대한 반성으로서 이해된다.

이와는 달리 철학 자체가 특히 근대 서양철학의 경우처럼 이론체계로서가 아닌 수행체계로서 받아들여진 동양의 경우, 철학이란 삶의 근본적인 문제 상황을 해결해주는 근본적인 가르침(敎)이었다. 오늘날 모더니즘의 서양철학이 자기반성에 진입하면서 포스트모더니즘에 이르러 온갖 비합리적인 사유를 수용하기 이전부터, 합리적인 철학적 사유와 종교적인 비합리적 사유가 공존하는 역사가 곧 동양의 종교이자 철학이었다고 볼 수 있다. 동양의 제반 종교들은 다양한 삶의 차이의 현상들에 주목하면서 구체적인 삶에로의 밀착성을 중시한다는 점에서 포스트모더니즘을 위한 그 모델을 제공하고 있다고 볼 수 있다. 예컨대 불교의 경우처럼 단지 종교 현상으로서가 아닌 하나의 탁월한 형이상학으로서, 생로병사 등의 한계상황과 역설로서 점철된 삶의 근원적 물음에 대한 유효한 해답체계로서 말이다.

오늘날 종교다원주의 문화를 거론하고 있는데, 사실 이는 동·서양 문화와 문명 간의 만남이 그 본격적인 궤도에 진입하고 있기 때문에 가능한 문화 현상이다. 동양과 서양의 만남은 고대 문명에서부터 꾸준히 있어 온 일이지만 이는 대부분 지엽적인 것이었다. 산업혁명을 거쳐 자본주의의 시장 경제에 먼저 눈을 뜬 서양이 서세동점적인 식민지 개척의 길에 나섰으니 이때 첨병(尖兵) 역할을 한 것이 기독교 선교사들이었다고 볼 수 있다. 지구 끝까지 복음을 전파하려는 선교 사들의 순교정신은, 동양에 기독교는 물론 새로운 자본주의 기술과 기계 문명을 함께 이식시킬 수 있는 정신적 풍토를 배양시켰다.

물론 오리엔탈리즘이라는 서구 중심의 편협된 시각으로 자행된 문명 대 야만 식의 이분법적 인권 유린이 전 지구촌적으로 자행된 것이 주지의 사실이다. 그러나 이는 21세기의 문화 다원주의시대를 열기 위한 진통과정이었다고 할 수도 있다. 상대적으로 약소민족의 문화가 강대국의 무력과 자본의 힘 앞에 노출될 수밖에 없었겠지만. 어쨌거나 토인비의 지적처럼 동·서양의 만남이 그 궤도에 진입한 사실이야말로 20세기 지구촌의 문명사를 장식하는 최대의 사건임이 분명하다. 토인비는 그러한 만남의 주선을 선 것이 대표적인 기성종교인 기독교와 불교라고 말한다.

동·서양의 만남은 서구 자본주의의 물질문명을 통하여 유린된 인간성과는 대조적으로 종교문화를 통하여 그 성숙하고도 진지한 의미에서의 인격적 만남이 가능하며, 이에 기독교로 대변되던 서양문명과 문화는 동양의 다양한 종교 문화와의 만남을 통하여, 무릇 기독교라는 하나의 종교만을 아는 것이 진정한 신앙인의 자세가 아니라고 하는 반성을 하게 되었다. 즉, "한 종교만 아는 사람은 아무 종교도 모른다"(He who knows one, knows none)[7]는 종교학의 아버지 막스 뮐러(Friedrich Max Müller: 1823∼1900)의 비교종교학적인 반성이 곧 그것이

---

7) 오강남, 『세계종교둘러보기』, 현암사, 2003, 22쪽. 배국원, 『현대종교철학의 이해』, 동연, 2000, 214쪽.

다. 오늘날 동·서양의 만남을 준비 가능한 인문학적 사유의 방법론으로서 주목받고 있는 해석학의 절대 원리인 타자와 남에 대한 이해를 통하여 비로소 자아와 나에 대한 진정한 이해가 가능하다는 것이 곧 그것이다. 타자에 대한 이해는 자아와 타자, 예컨대 동양과 서양의 그 다름과 차이상이 절대 절명의 보편타당한 객관성을 지닐 수 없고 다만 해석학적인 이해와 기술(記述)의 대상일 뿐일 때 가능한 작업이다.

우리는 문화를 인간의 삶에 대한 총체적인 모습이라고 성글게 정의할 수 있다. 그런데 특정 문화 현상에 대한 철학적 이해와 접근을 가리켜서 문화철학이라고 말하면서도 철학문화라는 말은 사용하지 않는다. 반면에 특정한 문화 현상의 지배적인 분위기를 우리는 종교문화라고 규정한다. 그 이유는 종교가 철학보다 더 인류의 역사에 실천적이고 교화적인 영향력을 행사해왔기 때문이다. 물론 철학의 경우도 사변적인 이론철학이 아닌 실천적 도덕철학이 가능하며, 실제로 동양에서의 종교 이해는 이점에서 철학과 동연적일 수 있다. 적어도 동아시아 3개국인 한국과 일본 그리고 중국에서 통용되는 종교라는 한자어는 삶에 근본이 되는 귀한 가르침이나 교화와 덕화, 즉 그러한 가르침이 생활 속에서 실천적인 자세로서 수용되어지는 의미를 지니기 때문이다. 영어의 religion이 창조주와 피조물 간의 질적인 차이성에 기초하는 이원적 관계를 통해서 정의된다면, 적어도 한자어 종교의 의미는 그런 신과 인간 사이의 분리된 이원적 관계를 전제하지 않는다. 극동아시아에서의 신에 대한 이해는 서양처럼 창조주로서의 신을 받아들이지 않는다. 창조주로서의 신을 받아들임은 무로부터의 창조를 인정하는 태도인데, 극동아시아에서 신이 가능하다면 이는 창조주가 아닌 조물주로서 혹은 입법적 주재자의 성격으로서이다.[8]

여기서 신과 인간과의 관계성을 무신론과 유신론으로 대별 가능하다면, 동양의 경우 불교의 무신론적인 자력종교라는 측면과 서양의 경우 기독교의 유신론적인 타력종교를 들 수 있다. 후자가 신과 인간 사이의 그 절대적인 질적 차이성을 인정한다면 전자는 그러한 질적 차이성을 거부한다는 점에서 양자는 자력종교와 타력종교로서 구분된다. 그런데 무신론이 삶에 대한 허무주의와 염세주의로 빠질 수 있다고 한다면 이와는 달리 유신론은 대부분 낙관주의로 귀결될 수 있다. 반기독교적이고 무신론적인 니체의 니힐리즘이 비록 초인사상으로 극복된다고 할지언정, 이는 엄연히 영웅주의나 엘리트주의적인 예외적 소수에 의한 극복이었다. 무신론은 유신론의 경우처럼 신이 있다는 사실 하나만으로 삶의 한계상황을 극복할 수 있다고 믿기에는 너무도 부정적인 삶의 태도이다.

신과의 관계를 외면하는 무신론적이고도 인간중심주의적인 이데올로기는 인간의 그 궁극적인 형이상학적 존엄성의 확보에 실패할 위험성을 안고 있다. 서구 문명이 근대 이후 무신론적인 유물론의 행보를 내디딘 결과 오늘날 인류의 미래를 암담하게 만들었다고 볼 수 있는 것이다. 신과의 관계, 그 안에서 가능한 인간중심주의는 결국 영웅주의나 귀족주의적인 폐쇄성을 벗어나서 인간존중주의나 생태학적인 공생과 상생주의를 가능케 할 수 있다. 우리 시대에 문화에 대한 종교적 성찰이 절실하게 요청되고 있는 이유가 바로 여기에 있다.

신과의 관계를 외면하거나 거부하지 않는 사상은 그것이 이신론이나 범신론, 아니면 범재신론이거나 간에 인간의 삶의 그 유한한 한계

---

8) 오강남, 위의 책, 132-33쪽 참고.

상황 앞에서 겸허한 자기반성과 성찰이 가능하다. 그 결과 시대를 관통하면서 확보 가능한, 그래서 특정 시대에만 한정시켜서는 결코 확보될 수 없는 형이상학적인 인간의 존엄성과 가치에 대하여 긍정적일 수밖에 없다. 물론 인류의 역사는 무신론사상으로부터도 많은 앙가주망적 실천과 인류애를 보여주어 왔다. 사르트르의 경우도 그렇고 공산주의적 마르크시즘의 경우에도 그렇다.

그러나 이는 인류 역사상 지속적으로 유지되어온, 그래서 삶의 일상생활을 통하여 자자손손 그 확고한 뿌리를 내려오고 있는 종교문화의 경우에서처럼 그렇게 영속적인 것이라고 볼 수 없다. 무릇 종교현상만큼 강하게 해당 사회의 구성원들을 중심으로 하는 혈연과 지연 등의 대면적 인간 경험에 관계하는 문화현상은 드물다고 하겠다. 이념과 이데올로기는 시대의 변화와 함께 그 옷을 갈아입어도, 종교적인 삶의 문화는 특정 시대마다 강조하는 종교 법규나 의례 등이 부분적으로 변화의 소지를 안고 있을지언정, 인류의 역사와 함께 끊임없이 그 명맥을 이어오고 있기 때문이다.

본고는 근대 말 우리 민족의 민중종교의 본령으로서 등장한 동학(東學)을 신과 인간의 관계를 중심으로 살펴보고자 한다.[9] 이런 작업은 신과 인간을 분리시켜서 무신론이니 유신론이니 하는 이항 대립적인 사유 구조로서는 진행될 수 없다. 동학의 종교성을 이해하고자 한다면 신이나 인간에 관한 실체론적인 접근이 아닌 관계론적인 접근이 유효할 것이다. 인간이 서양적인 의미의 신과의 관계를 벗어나

---

9) 동학의 창시자인 수운 최제우의 사상인 원시동학만을 다루기로 한다.

서 자력으로 구원을 이룰 수 있다고 보는 자력종교의 측면과, 인간이 신과의 관계맺음 안에서 신의 도움으로서만이 구원을 이룰 수 있다고 보는 타력종교의 측면이 동학의 종교성에는 엄연히 공존하고 있다.

외견상 모순적인 듯한 이런 양면성은 동학의 경우 신의 섭리와 보살핌을 강조하는 반면에, 다른 한편으로는 수심정기의 마음공부(心學)를 강조하는 태도로서 드러난다. 종교가 만일 지친 삶에 위안과 평온 그리고 안식을 줄 수 있는 것이라고 한다면, 그것은 동·서양의 종교를 막론하고 인간적인 한계를 넘어서는 절대적인 그 무엇과의 관계를 외면하거나 이를 벗어날 수는 결코 없을 것이다.

2. 신과 인간의 관계를 중심으로 하는 동학 이해

신과 인간의 관계를 중심으로 수운의 사상을 해석하는 일에는 먼저 수운의 신과 인간에 대한 각각의 이해가 전제될 것이다. 그러나 수운은 자신의 신관(神觀)을 구체적으로 규정짓는 실체론적인 접근을 피하고 있다. 그래서 수운의 신관은 유·불·선 삼교의 혼합이나, 유·불·선 삼교와 기독교와의 혼합종교라는 이해로서 접근되기도 하고 있다. 당시 서학의 영향을 밝힐 수 없는 시대상 아래서 수운은 유·불·선 삼교를 때로는 비판하면서 또 때로는 수용하기도 하면서 비판적인 창조적 변혁 과정을 수행한다. 물론 이때 서학에 대한 태도도 일면적인 거부와 반박의 태도만은 아니었다고 본다.[10]

---

10) 신일철은 『동학사상의 이해』(사회비평사, 1995)의 제5장 1절의 제목을 '유·불·선 서학이 주제화된 신앙고백'이라고 정한다. 동학의 신관이 서학의 전래로부터 영향을 받았다고 보면서, 이 저서의 128쪽에서 동

이 땅에 16세기 말엽부터 소개되기 시작한 서학은 17세기와 18세기를 지나면서 실학파 사상가들에게 비판적인 거부와 창조적인 수용이라는 측면에서 영향을 주게 된다.[11] 19세기 벽두부터 황사영의 백서 사건을 계기로 해서 발발된 신유사옥과 1866년의 병인양요 등 조선조 사회의 내우외환과 더불어 천주교의 교세는 확대일로에 있었다.[12] 이미 정조 10년(1786)에 천주교를 사학(邪學)이라 하여 국법으로 금할 정도로 천주교는 널리 퍼졌으며, 국가 경제가 파탄 지경에 이르고 민심이 소란스럽던 '민란의 시대'인 철종 때에 와서는 천주교 신자가 급증해서 철종 12년(1861)에는 18,035명의 신도가 있었다고 한다.[13]

이런 와중에서 1860년 경신년 4월 5일의 동학 창도는 수운 당시의 동남아 삼국의 종교사상인 유·불·선 노장사상 등에 대한 이해와 천주교에 대한 이해를 비판적으로 성찰하면서, 이에 대한 한국적 수용과 변용의 결과라는 의의를 지닌다. 이른바 19세기 중반 무렵 조선 왕조 사회 내에서의 동양과 서양 종교문화 간의 만남 가운데서 가장 토착적이고도 근원적인 한국사상의 뿌리로서 오늘날 주목받고 있는 선(禪)사상의 지반 위에 개화한 민족종교가 곧 동학이다.[14] 따라서 동·서양의 제반 종교문화가 혼합된 단순한 혼합종교로서 동학을 규정하는

학을 반서학(半西學)이라고 규정한다. 최정만은 『비교종교학』(이레서원, 2002) 27쪽에서 동학을 혼합종교로서 규정한다. 김해연은 『동서 종교문화 교류사』(성지출판사, 2003)의 233쪽에서 동학을 절충주의라고 명명한 윤성범의 예를 제시한다. 김한식은 「동학과 서학이 만난 사상적 맥」(『동학학보』 제6호, 모시는사람들, 2003)이라는 논문을 통하여 위와 같은 입장을 보인다.

11) 최동희, 『서학에 대한 한국실학의 반응』, 1988, 고려대학교 민족문화연구소 출판부, 머리말 참고. 이 책의 머리말은 서학을 넓은 의미로는 서양문화 전반에 대한 총칭으로서, 가장 좁은 의미로는 서양 종교인 천주교로서 정의한다. 이 경우 서학과 서교는 동일한 용어인데, 때로는 서도(西道)로서 쓰이기도 했다.

12) 금장태, 『동서교섭과 근대 한국사상』, 성균관대 출판부, 1984, 241-244쪽 참고

13) 신일철, 『동학사상의 이해』, 사회비평사, 1995, 128쪽.

14) 국내 학계에서 이런 주장은 김상일과 노태구에 의하여 주도되고 있다. 본고는 선사상에 대한 이해가 학문적 논증의 대상이기 어렵다는 판단 아래 선사상에 대한 언급을 피하기로 한다.

태도는 동학에 대한 올바른 이해가 아니라고 본다. 동・서양 제반 종교문화가 동학 창도에 있어서 그 해석학적인 지평의 역할을 제공할 수는 있었을지언정, 그러한 지평이 수운에 의하여 창조적으로 변용되어 동학이 창도되었다는 사실과는 필요충분적인 인과관계가 없기 때문이다.

그런데 여기서 다음과 같은 물음이 제기될 수 있다. 과연 어떻게 해서 동・서양의 대표적인 종교문화가 동학이라는 이름으로 만날 수 있었을까? 종교사상 가운데 가장 핵심이 되는 신관의 경우만 거론해도 서학・천주교의 경우는 유일신적이고 인격적인 창조신관을 믿지만, 동양의 제반 종교의 경우 이는 결코 받아들이기 어려운 신관이기 때문이다. 그러나 동학의 경우 물론 부분적인 비판과 거부는 인정하지만 탁월하게도 서학의 신관의 일면모를 보이고 있으며, 동양 종교의 면모도 당연히 보이고 있다.[15]

동학이 지닌 일견 양립 불가능해 보이는 이런 심오한 신관에 관한 이해는, 인격성과 비인격성의 공존/ 유일신과 범신론의 공존/ 초월신과 내재신의 공존/ 자력신과 타력신의 공존/ 무신론과 유신론의 공존 등으로 정리될 수 있다. 이는 실로 동・서양의 다양한 종교사상의 파노라마가 동학이라는 스펙트럼을 통하여 그 빛을 발산하고 있는 듯한 현기증을 불러일으키기에 부족함이 없다고 하겠다. 실제로 동학 창도 후 140여 년간의 동학 천도교의 역사를 통한 다양한 동학 이해는 이러한 사실을 입증하기에 충분하다. 무릇 탁월한 이론일수록 다양한 해석과 변용의 여지를 남기기 마련이어서, 헤겔이나 마르크스의

---

15) 『동학학보』 제6호는 '동학과 서학의 만남'을 제목으로 하는 특집호로서 기획되었다. 그런데 사실 이런 연구는 동학연구가들 내부에서보다는 한국기독교계 내에서 이미 비교종교학적인 측면의 연구로서 진행되었다.

사상의 경우가 그랬고 유대교와 기독교의 역사가 그랬다.

　이제 이렇게 다양한 모습을 지닌 동학의 신(神)을 수운이 구체적으로 어떻게 이해하고 있는지, 『동경대전』과 『용담유사』를 통하여 살펴보기로 하자. 먼저 동학의 신관념이 종교학적으로 이해하기 어렵다는 사실을 환기할 필요가 있다.[16] 그러나 이런 난해함은 동학의 신관이 인류 종교문화의 최고 진화 단계에서 등장하면서 동양적인 범신론과 유일신론적인 기독교 신관과의 만남에 견인력이 될 범재신론을 보이고 있다는 사실 때문에 완화될 수 있다. 동학의 신관이 일견 난해함과 흠결(欠缺)을 지니고 있다는 지적은 오히려 동학의 신관이 지니고 있는 탁월함을 반증할 수 있으며, 동학과 기독교 및 서양철학과의 비교종교학적인 연구는 이런 방향으로 더욱 활성화되어야 할 것이다.[17]

　신과 인간의 관계에 대한 가장 결정적인 수운의 사상은 다음과 같은 글 속에서 등장하고 있다. "ᄂᆞᄂᆞ 도시 밋디 말고 ᄒᆞᄂᆞᆯ님을 미덧셔라 네 몸의 모셔시니 ᄉᆞ근춰원 ᄒᆞ단 말가?"[18] 이 글에 등장하는 교훈

---

16) ① 김용희, 「해월의 마음의 철학」, 『해월최시형의사상과 갑진개화운동』, 동학학회편저, 모시는사람들, 2003, 120쪽 참고. 저자는 이곳에서 동학의 신이 세 가지 층위를 보여주기 때문에 이해하기 어렵다고 토로한다.

　② 배영순, 「동학사상의 기본구조」, 『동학사상의 새로운 조명』, 민족문화연구소 편, 영남대출판부, 1998, 90쪽 참고. 저자는 이곳에서 '천주'라는 개념의 양면성 때문에 동학사상은 일정한 흠결(欠缺)을 남기고 있다고 평가한다.

17) ① 김경재, 『문화신학담론』, 대한기독교서회, 1998. 이 책의 제5부는 '동학과 그리스도교와의 만남'을 다루고 있다.

　② 김경재·김상일, 『과정철학과 과정신학』, 전망사, 1988. 이 책의 101-117쪽은 최수운의 범재신론을 다루고 있다.

　③ 김상일, 『동학과 신서학』, 지식산업사, 2000.

　④ 김용해, 「그리스도교와 천도교의 신관 비교」, 『동학학보』 제6호, 동학학회, 2003.

18) 최제우, 교훈가, 『용담유사』, 계미판, 1883년.

가는 경신년에 득도한 수운이 세상 사람들을 향하여 포덕을 하게 되는 신유년 11월에서 12월 사이에 쓰인 것으로 추정되는 가사체의 글이다.[19] 교훈가의 후반부에 등장하는 마지막 구절인 '네 몸의 모셔시니'에 대하여 다음과 같은 두 가지의 상반되는 해석이 있다. 천도교 중앙총부 출판부에서 간행된 경전 안에는 분명 이 부분이 '네 몸에 모셨으니'로 표기되어 있다. 즉 원본의 '네 몸의'에서의 '의'를 장소를 뜻하는 조사 '에'로 해석하는데, 실제로 수운 당시 '의'는 '에'의 의미로서 사용되었다. 그러나 동학 연구의 풍토를 정착시킨 최동희의 해석을 보면 '네 몸의'는 '네 몸이'로 표기되고 있다. '의'가 장소를 뜻하지 않고 주격조사인 '이'로 해석된 것이다.[20]

그런데 계미판 원본을 통하여 표기된 '의'가 '이'를 뜻하는 경우들을 많이 발견할 수 있다. 예컨대 안심가에서 '한의(汗夷) 원수'라는 표기 가운데 '의'는 오랑캐 이(夷)에 대한 표기이다. 또 몽중노소문답가에도 한자어 산기(産氣)를 산긔로, 기남자(奇男子)를 긔남자로 표기하고 있다. 말하자면 이는 모음 소리인 '이'가 '의'로 표기되었다는 이야기며, 따라서 위에서 지적한 '네 몸의'도 '네 몸이'라는 표기에 대한 수운 당시의 표현일 수 있다. 이 점에서 '네 몸이 모셨으니'라는 최동희의 해석은 동학의 '신과 인간의 관계'를 가늠하는 데 결정적인 기여를 하고 있다고 볼 수 있다.[21] 동학의 신이 초월적인 유일신론으로서 이해될 수 있는 데 결정적으로 기여하고 있는 동경대전 해석 가운데 하나가 바로 사인여천에 대한 해석이다. 사인여천은 사인여사천

---

19) 윤석산, 『용담유사 주해』, 동학사, 2000, 275-276쪽 참고.

20) 최동희・유병덕 공저, 『한국종교사상사 – 천도교 원불교 편 – 』, 연세대학교 출판부, 1999, 29쪽.

21) 여기서 네 몸이 모신다는 의미가 샤머니즘의 그것과는 결정적으로 다른 경험이라는 사실에 대한 최동희의 연구 또한 참고할 수 있다(최동희, '샤머니즘', 『신인간』 제353호, 신인간사, 30-35쪽 참고).

으로 해석되어야 하는데, 이런 해석에 의한다면 동학의 신관은 초월적인 유일신론으로서 해석이 가능하게 된다.[22]

지금까지의 두 가지 상이한 해석을 간략히 정리해보면 다음과 같다. 전자의 경우처럼 '네 몸에'로 해석할 경우 동학의 신은 마치 무신론적인 자력종교인 불교의 경우처럼 그렇게 범신론적으로 내재화되게 된다.[23] 그 결과 무신론의 위협에 동학은 무방비 상태에 처하게 될 수 있다. 후자의 경우처럼 '네 몸이'로 해석할 경우 동학의 신은 마치 유신론적인 타력종교인 기독교의 경우처럼─특히 원시기독교에서 강하게 볼 수 있는 성령의 임재에 대한 종교체험처럼─기독교의 삼위일체설의 경우처럼 그렇게 유신론적으로 외재화되면서도 동시에 내재화될 수 있게 된다.[24]

그런데 놀랍게도 이 두 가지의 일견 양립 불가능한 해석을 수운의 사상은 항상 가능하게 하고 있다. 최근 동학에 대한 한 연구서를 살펴보면 이런 사실을 다음과 같이 잘 정리해주고 있다. 즉 전자의 경우는 의암 손병희에 의하여 동학 정신을 계승하면서 창단된 천도교 창단 이념과 직결된다. 이제 인간은 자신의 몸에 신이 거하는, 그래서 신이자 인간이기에 자연스럽게 인내천(人乃天)이 성립되는 것이다. 후자의 경우 '네 몸이'는 '人及天', 즉 인간이 신에게로 다가서려는(及) 그 끝없는 신앙인의 자세로서 이해될 수 있는 것이다.[25]

---

22) 홍경실, 「갑진개화운동의 종교사상에 관한 계보학적 이해」, 『동학학보』 제7호, 동학학회, 2004, 42-44쪽 참고.

23) 물론 불교를 무신론이라고 보는 것은 어디까지나 서양인의 종교 이해에 의할 때이다.

24) 김용해, 「그리스도교와 천도교의 신관 비교」, 『동학학보』 제6호, 동학학회, 2003, 105쪽 참고.
    동학의 지기적 신의 양태와 역할을 기독교의 성령과 비교할 수 있다는 것은 신학자 안병무의 지론이었다고 한다. 105쪽의 (주) 75 참고. 여기서 삼위일체설을 신의 외재화이자 동시에 내재화로 보는 시각은 동학의 종교성 이해를 위하여 앞으로 많은 연구를 요하고 있다.

25) 차옥숭, 『한국인의 종교경험─천도교・대종교─』, 서광사, 2000, 124쪽 참고.

여기서 동학의 지기일원론적인 신과 인간에 대한 이해를 주목해야 한다. 즉 동학의 신은 기독교처럼 초월적인 인격신으로서 이해될 수 있는 측면이 있으면서도 항상 인간의 몸을 통한 기화지신(氣化之神)[26]이 가능한 내재적이고도 범신론적인 측면을 지니게 된다. 무릇 모든 인간은 그가 죽은 사람이 아닌 이상 몸을 떠나서 생각할 수 없듯이, 관념적이고 추상적인 사유가 아닌 구체적이고도 현실적인 우리의 몸이야말로 역시 구체적이고도 생동적으로 신과 관계 맺는 그 연결고리라고 본다. 이는 동학의 신이 인간과의 관계를 떠나서는 노이무공(勞而無功)[27]할 수밖에 없는 지극히 관계론적인 대상으로서 이해되어야 하는 이유를 제공한다.

그렇다고 해서 이러한 신과 인간 간의 관계에서 인간의 역할이나 그 의미가 너무 강조된다면 위에서의 '네 몸의'는 '네 몸에'로, 즉 인내천과 인시천의 의미로만 일방적으로 해석될 것이다. 그 결과 인간지상주의나 인간중심주의적인 무신론으로 전락할 우려가 있게 되고, 이 경우 현실에서의 실천과 행동만이 전부가 되는 이데올로기적 선전 선동에 노출될 수 있다. 또한 인간이 지닌 그 유한함과 한계상황 때문에 결국은 염세주의나 비관주의로 전락할 우려도 있다.

그러나 동학은 분명 종교사상으로서 출발했다. 동학의 창도 과정 자체가 수운과 한울님과의 만남이라고 하는 종교체험을 통하여 비롯되었기 때문이다. 수운은 자신의 불우한 생애 가운데서도 '춘삼월 호시절'[28]을 갈망하는 종교적인 낙천주의를 결코 포기하지 않았다. 수

---

26) 수운은 『동경대전』의 「논학문」에서 서학은 동학처럼 몸에 의한 기화지신을 인정하지 않는다며 서학을 비판하고 있다. 그러나 삼위일체설을 예로 들 때 과연 이런 수운의 비판이 어느 정도 가능할 수 있을지 이 또한 심도 깊은 연구를 요하는 문제이다.

27) 최제우, 『용담유사』, 용담가.

운은 한울님과의 만남을 통한 득도로써 풍전등화에 놓인 조선조 말기 문화의 그 병리 현상을 치유하고자 희망했다. 이제 신과 인간의 관계를 믿음과 신앙이라고 한다면 좀 더 구체적으로 신앙인으로서의 수운의 모습을 추적해보기로 한다.

우리는 흔히 특정 종교를 믿는다는 말을 한다. 예컨대 기독교를 믿는다고 할 때 먼저 신앙이 전제되고, 이로부터 실천이 가능하다고 말한다. 물론 기독교의 현대적인 변용의 경우, '익명의 그리스도인'이라는 말처럼, 그리스도나 기독교를 믿지 않으면서도－왜냐하면 이런 기독교문화에 접해본 경험이 없어서－기독교적인 이웃 사랑의 계율을 몸소 실천할 수도 있다. 그런데 동학의 경우, '믿는다'는 말보다는 '행한다'나 '한다' 등의 말을 많이 한다. 이는 동학이 수심정기(修心正氣)와[29] 성경(誠敬) 등의 수행과 마음공부를 강조하기 때문이다.[30]

그러나 수운의 사상을 살펴보면 '동학을 믿는다'는 말이 더 강조될 수 있는 글들을 쉽게 찾아볼 수 있다. 수운의 종교적 믿음, 즉 신과 인간의 관계를 단적으로 드러내는 생각은 다음과 같이 『동경대전』 수덕문에 잘 나타나 있다. "무릇 이 도는 마음으로 믿는 것이 정성이 되는 것이다. 믿을 신자를 풀어서 보면 사람의 말이라. 말의 그 가운데에는 옳고 그름이 있나니, 옳음을 취하고 그름을 버리되, 거듭 생각하여 마음을 정하라. 정한 뒤에 다른 말을 믿지 아니하는 것을 믿음이라 말한다."[31]

---

28) 『용담유사』의 안심가와 도수사는 이 글귀를 통해 끝맺고 있다.

29) 윤석산, 『동경대전 주해』, 동학사, 1998, 144쪽 참고. 이곳에서 저자는 동경대전 계미판에서 수(修)로 표기되어 있는데, 천도교 총부에서는 수(守)로 표기하고 있다고 지적한다.

30) 『용담유사』, 계미판, 도수사와 교훈가 참고.

수운은 여기서 자신의 가르침을 마음으로 믿는 것이 곧 정성(誠)이라고 말한다. 한자어 믿을 신(信)은 사람(人)의 말(言)로 이루어졌으니, 자신의 말을 먼저 믿고 나면 그 다음에 자연스럽게 정성이 뒤따른다고 말한다. 자신의 가르침 역시 사람의 말이니 그 가운데 거듭 생각하여 옳고 그름을 가려서 마음에 그 믿은 바를 정하면, 그 다음에는 변함없이 정성과 공경을 다해 이를 실행으로 옮기라고 말한다. 여기서 수운은 자신의 가르침에 대한 매우 이성적이고 합리적인 이해를 강조하고 있다. 즉, 이 부분은 인간이 스스로의 이성적 사유 능력을 최대한 계발하면서 가능한 그런 고등종교와 윤리—종교적인 보편종교의 모습이 발견되는 곳이다. 이는 수운의 동학 창도 과정과 그 이후의 과정 모두가 서양 종교문화에 대한 합리적 비판과정을 통하여 진행되는 점을 볼 때 수긍이 가는 표현이다.

수운은 탄도유심급(歎道儒心急)의 말미에서 다음과 같이 말한다, "우리가 도를 깨닫고 또 이루는 것이 한울님 덕에 있는 것이지 결코 사람에 의하여 되는 것이 아니다. 또한 그 도를 이루는 것은 한울님 가르침을 믿는 것에 있는 것이지 결코 공부하는 데에 있는 것이 아니다."[32] 마음공부를 통하여 도를 이루는 것은 사람에 의한 일이 아니라 바로 한울님 덕에 있는 것이며, 또 그런 도를 이루는 것은 굳은 믿음에 있는 것이지 공부에 의한 것이 아니다. 즉 공부를 하되 올바른 믿음을 바탕으로 해야 되는 것이요, 한울님의 덕이 온 천하에 펼쳐져 만물이 화생되고 또 살아갈 수 있다는 것을 깨닫는 것에 도의 본체가

---

31) 최제우, 『동경대전』, '수덕문', "大抵此道 心信爲誠 以信爲誠 言之其中 曰可曰否 取可退否 再思心定 定之後言 不信曰信"

32) 같은 책, 탄도유심급, "在德不在於人 在信不在於工"

있다는 말씀이다.[33]

한울님에 대한 믿음과 신앙을 강조하는 수운의 글은 여러 곳에서 발견 가능한데, 특히 좌잠(座箴)에서는 다음과 같이 등장하고 있다, "우리 도는 넓고 매우 크나 간략하다. 많은 말과 뜻이 필요한 『용담유사』의 도수사에서는 "무릇 세상 인도(人道) 가운데 믿을 신자가 가장 주장이 된다. 대장부 의로운 마음에서 일어나는 모든 기개는 믿음이 없으면 어디에서 나올 수가 있겠는가? 믿음이야말로 가장 중심이 되어야 할 것이다."[34]고 말한다. 수운이 인간과 신과의 관계로서의 믿음을 동학의 핵심으로 강조하는 태도는 결국, 이 글 본론의 첫 인용구인 저 교훈가에서의 이야기로 집약될 수 있다. "분별없는 이것들아, 나를 믿고 그러하냐? 나는 도무지 믿지 말고, 한울님만 믿어라. 네 몸이 모셨으니 가까운 것을 버리고 먼 것을 취한단 말이냐?"

수운이 한울님에 대한 믿음과 신앙을 강조하면서, 초월적인 인격신이며 유일신인 한울님을 동학의 신앙 대상으로 강조한다는 사실은 이 부분에서 극명하게 드러나고 있다. 그러나 이와 동시에 그런 한울님이 내재적인 범신론의 경우에서처럼, 경우에 따라서는 신앙인 스스로를 한울님에 버금가리만치 중요시(?)할 수 있는 해석의 단서를 이 부분은 지니고 있다. 즉 그런 한울님이 기독교의 경우처럼 천상에 있지 않고 아주 가까이, 즉 신앙인의 몸을 통하여 기화지신으로서 감응될 수가 있다는 것이다. 이에 신앙인은 믿음에 못지않게, 즉 한울님을 믿는 것과 동일하게 동학을 삶 속에서 실천적으로 행해야만 한다고 보게 되는 것이다. 실제로 수운이 창도한 동학은 해월과 의암을 거치

---

33) 윤석산, 『동경대전 주해』, 238-39쪽.

34) 최제우, 용담유사, 도수사.

면서 이런 동학적 실천의 진면목을 여실히 보여주게 된다. 갑오동학혁명을 기치로 갑진개화운동과 3.1운동을 거치면서 일제 암흑기의 신문화운동과 해방 전후의 정치 종교운동을 통하여 우리 민족의 삶 가운데 종교적 실천 운동을 끊임없이 모색해오고 있다.

3. 21세기와 영성(spirituality) 그리고 동학

지금까지 우리는 동학이 다음과 같은 일견 양립하기 어려운 두 가지 종교성을 아우르고 있다고 하는 사실을 발견했다. 첫째로, 범신론적인 내재화와 이로 인한 무신론으로의 가능성이 동학에서 발견 가능하며, 둘째로, 유일신론적인 외재화와 이로 인한 초월적 유신론의 가능성이 동학에서 발견 가능하다는 것이다. 신과 인간의 관계를 중심으로 수운의 사상을 살펴 볼 때, 수운은 한편으로는 타력적인 신앙을 강조하면서도 다른 한편으로는 수심정기와 성경 등의 자력적인 수행을 강조하고 있기 때문이다.

그런데 인간의 의지에 의한 행위적 실천이 그 어쩔 수 없는 인간 능력의 한계로 인하여 절망과 좌절에 맞부딪치게 될 때, 이러한 문제 상황을 극복하고자 우리들은 영성(spirituality)에 귀 기울이게 된다. 영성이란 인간이 아닌 신이나 절대자와 관계를 맺음으로써 인간이 스스로의 한계를 넘어서고자 하는 힘이라고 볼 수 있다. 이는 서양 근대 문명의 오만하리만치 인간중심주의적인 이성이 외면해 온 힘이라고 할 수 있다. 서양 근대의 이성중심적인 모더니즘에 뒤이어 전개되는 포스트모더니즘이 이성을 해체시키고자 한다면, 이제 21세기 인류의 미래는 그렇게 해체시킨 이성의 자리에 이성을 넘어서면서 이를 보완할 수 있는 또 다른 인간의 능력인 영성에 주목하여야 한다.[35]

이제 우리는 지구촌 문화와 문명의 교류가 가속화되고 있는 21세기가 인류문화와 문명의 핵(核)으로서의 종교문화에 귀 기울이면서 영성에 주목하고 있다는 사실을 주시해야 한다. 그래서 여기 동학이 지닌 그 무궁한 종교적 영성에 귀를 기울여야만 한다. 이는 서양의 근대 모더니즘이 자행한 극도의 신경증적인 자아중심주의와 인간중심주의로부터의 탈출 가능성을 동학을 통하여 모색할 수 있기 때문이다.

그렇다고 해서 중세처럼 과도한 신중심주의로의 회귀를 보이기에는 우리 시대는 너무도 많은 인위적 문명을 구축해왔다. 분명 모더니즘의 과도한 인간중심주의는 아니어도 결코 인간 해체적인 허무주의나 인간성을 경시하는 물질만능주의로서는 21세기 인류의 밝은 미래를 장담할 수 없을 것이다. 문제는 신과 인간이 함께 어우러지는 그 관계성에 주목하면서, 전 지구촌적인 생태학적 환경 안에서 모색 가능한 친환경적인 인간존중주의이다. 이는 절대자에 대한 공경심과 외경심, 믿음과 신앙을 잃지 않으면서도, 동시에 인간이 지닌 무궁한 영성을 굳게 믿는 동학의 종교성에 의하여 가능할 수 있을 것이다.

서구 과정철학의 영향 아래 탄생한 과정신학이 모색 중인 기독교 이해는 신과 인간의 관계를 범재신론으로서 정리하고 있다. 범재신론은 동·서양의 종교 문화의 만남을 이해할 수 있는 최상의 신관을 제공하고 있다. 범재신론 안에는 기독교적인 초월적 유일신과 불교적인

---

35) 만물 가운데 가장 이성적인 동물인 인간만이 유일하게 이성을 넘어설 수 있는 능력의 소유자라는 사실은 바로 인간의 역설적인 자기 이해이다.

내재적 범신론이 조화를 잘 이루고 있기 때문이다.

　일찍이 토인비가 20세기 최대의 사건을 기독교와 불교의 만남이라고 설파했다면, 이제 21세기의 모두에서 동학과 과정신학과의 만남을 우리는 기대할 수 있을 것이다. 그래서 기독교와 불교의 만남이 동・서양의 종교 문화가 서로의 이질성을 확인할 수 있는 20세기적인 사건이었다고 한다면, 과정신학과 동학과의 만남은 동・서양의 종교문화가 서로의 이질성을 넘어서서 만남과 대화를 통한 공존과 상생의 자리를 마련해나가는 회통(會通)의 장으로서의 21세기적인 사건으로서 기록될 수 있을 것이다.[36]

---

36) 한신대에 재직 중인 김경재, 김상일 교수는 이 분야에서 국내 최고의 연구를 진행 중이다. 이에 관해서는 (주) 17을 참고할 수 있다.

참고문헌

최제우, 『동경대전』, 계미판, 1883.

_____, 『용담유사』, 계미판, 1883.

천도교중앙총부 편, 『천도교 경전』, 천도교중앙총부 출판부, 1981.

최동희, 『서학에 대한 한국 실학의 반응』, 고려대학교 민족문화연구소, 1988.

최동희·유병덕 공저, 『한국종교사상사 - 천도교』, 원불교 연세대학교 출판부, 1999.

신일철, 『동학사상의 이해』, 사회비평사, 1995.

신일철 외, 『현대철학과 사회』, 서광사, 1992.

윤석산, 『동경대전 주해』, 동학사, 1998.

_____, 『용담유사 주해』, 동학사, 1999.

J. J. Clark, 장세룡 역, 『동양은 어떻게 서양을 계몽했는가』, 우물이 있는 집, 2004.

금장태, 『동서교섭과 근대 한국사상』, 성균관대학교 출판부, 1984.

김경재, 『문화신학담론』, 대한기독교서회, 1998.

김상일, 『동학과 신서학』, 지식산업사, 2000.

김경재·김상일, 『과정철학과 과정신학』, 전망사, 1988.

차옥숭, 『한국인의 종교경험 - 천도교·대종교』, 서광사, 1977.

박영지, 『서양의 신관, 동양의 신관, 창조신관』, 성광문화사, 2003.

오강남, 『세계종교둘러보기』, 현암사, 2003.

최정만, 『비교종교학개론』, 이레서원, 2003.

배국원, 『현대종교철학의 이해』, 동연, 2000.

김용해, 「그리스도교와 천도교의 신관 비교」, 『동학학보』 제6호, 동학학회, 2003.

김용휘, 「해월의 마음의 철학」, 『해월 최시형의 사상과 갑진개화운동』, 동학학회, 모시는사람들, 2003.

_____, 「동학 신관의 재검토」, 『동학학보』 제9호, 동학학회, 2005.

_____, 「시천주사상의 변천을 통해 본 동학연구」, 고려대학교 박사학위 논문, 2004.

제6장 갑진개화운동의 근대통섭주의철학

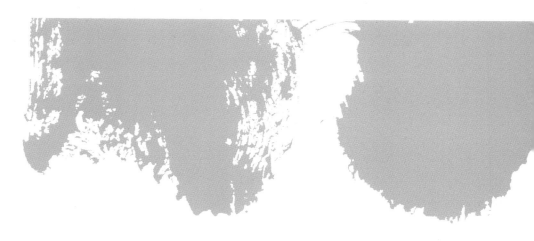

1. 들어가면서

갑진개화운동은 1904년 의암 손병희의 진두지휘 아래 일어난 우리 나라 최초의 민주적인 민회(民會)운동이다. 갑진개화운동은 동학이 천 도교라는 민족 종단으로 선포되면서[1] 그 지하 포교시대를 청산하고 지상 포덕의 시대를 맞이하는 역사적인 사건과 직결되어 있는, 저 동 학 천도교의 역사에서 어쩌면 가장 중요한 분수령(分水嶺)을 이루는 사건이라고 볼 수 있다. 동학의 이름으로 갑오동학혁명이 이 땅의 근 대사를 장식했다면, 이제 20세기 한국사회로의 진입기에 천도교에 의 하여 주도된 갑진개화운동이야말로 저 동학의 얼과 정신을 계승하면 서 일제 강점기에 지속되는 우리 민족의 신문화운동의 그 발단을 제 공했다고 하겠다. 아울러 도도히 밀려오는 외국 문물과 문명과의 만 남을 예견하면서 민족의 얼이 집결된 동학을 구심점으로 통섭과 회 통의 철학을 개화하려는 의암의 올곧은 의지의 발현이었다.

당시 2,000만여 명의 조선 인구를 감안해 볼 때 20만여 명이 몸소 단발령을 실행하는 등 자율적으로 민회의 개화 혁신운동에 동참했다 는 사실은 놀라운 사실이 아닐 수 없다. 이는 정부의 단발령 시행 권 유가 '신체발부(身體髮膚)는 수지부모(受之父母)라 불감훼상(不敢毁傷)' 이라며, '머리털을 자르느니 차라리 목을 베는 편이 더 낫겠다(頭可斷 이언정 髮不加斷)'던 유생들의 항의로 실효를 보지 못했던 것과는 대 조적이다.[2]

---

1) 정부로부터 합법적인 신앙의 자유를 인정받게 되는 데 일본이 개입된다는 사실에서 개운하지 못한 역사의 오점을 남긴다. 본고의 제2절 3)에서 이 문제는 다루어진다.

2) 신일철, 『동학사상의 이해』, 사회비평사, 1995, 175쪽 참고. 당시 진보회 회원 가운데 단발을 실천한 사람은 16만 명이 넘었다고 한다.

이 운동이 일어나는 다음 해인 1905년은 조선의 내정이 일본 제국
주의에 의해 강제로 을사보호조약을 체결당하는 해이다. 1905년 일제
에 의해 강압적으로 이 조약이 체결되자 당시의 대부분의 지식인들
은 약육강식(弱肉强食)의 제국주의 열강 속에서 생존하기 위해서 개명
(改名)을 해야 했으며 기독교를 믿지 않으면 안 된다고 생각했다. 1907
년 5월 도산 안창호가 미국에서 귀국하여 양기탁, 윤치호, 이승훈 등
기독교 신자들을 중심으로 비밀 정치단체인 신민회(新民會)를 결성한
것도 그런 취지에서였다. 일제가 경술국치(庚戌國恥)의 한일합방에 의
하여 기독교 탄압의 일환으로 신민회를 해산시킨 것도 마찬가지 이
유에서였다.[3]

1904년의 갑진개화운동은 이러한 개신교의 하느님 앞에서는 누구
나 평등하다는 만민 평등관에 의거하는 민주적인 종교 정치운동보다
도 앞서서 일어났다. 이는 동학사상이 지닌 근대적 자주 민권의식에
기초하여 순전히 우리의 얼과 정신에 의거해 일어난 참으로 값진 운
동이었다. 1905년 12월 1일 의암(義菴) 손병희(孫秉熙)에 의해 천도교
가 선포된 후 동학운동을 계승한 천도교 운동은 날로 증가되어 100만
신도의 대중적인 기초 위에 한편으로 반척사적인 개화운동을 전개하
면서, 을사늑약(乙巳勒約)하의 통감부에 의한 국권 강점시기에 종교단
체로서의 합법활동의 테두리 안에서 민족의식을 고취하여 저 3.1 독
립운동의 거국적 동원을 예비한 것이다.[4]

본고는 갑진개화혁신운동의 그 종교사상적 지반(地盤)을 계보학(系

조항래, 「갑진개화혁신운동의 영향과 의의」, 『해월 최시형의 사상과 갑진개화운동』, 모시는사람들, 2003,
76-77쪽 참고.

3) 이광래, 『한국의 서양사상 수용사』, 열린책들, 2003, 233쪽.

4) 신일철, 『동학사상의 이해』, 169쪽.

譜學)적으로 추적해보고자 한다. 이는 동학의 1세 교조인 수운 최제우로부터 2세 교조인 해월 최시형을 거쳐서 동학을 천도교라는 민족종단으로 창설시킨 3세 교조, 의암 손병희에게로 계승되어지는 그 핵심적인 종교사상을 고찰하는 작업이 될 것이다. 이러한 계보학적인 작업을 통하여 우리는 갑진개화혁신운동의 그 종교사상적인 배경이 되는 인내천(人乃天)사상을 좀 더 심층적으로 이해할 수 있는 하나의 계기를 마련하게 되리라고 본다. 동양의 유·불·선 삼교는 물론 서양의 기독교와의 대화를 통하여 발현한 동학의 창도 과정을 통하여 입증할 수 있듯이, 외견상 이질적인 종교사상으로 여겨질 수 있는 것들 간의 조화와 공존을 지향하는 동학의 얼과 정신은 의암의 인내천사상에 이르러 그 통섭주의철학의 면모를 여실히 보여주었다고 평가할 수 있다.

2. 인내천사상의 계보학적 이해

동학 천도교 근본교리에 대해 인내천주의의 이론적 기초를 부여한 것은 이돈화의 『인내천요의』, 『천도교리독본』, 『수운심법강의』 등이라고 할 수 있다. 동학의 원시 교리가 담긴 최제우의 『동경대전』과 『용담유사』 여덟 편은 이론적 체계화 이전의 신앙 고백서이며, 신비체험을 중심으로 하는 언행론의 성격을 가진 것이다. 이에 서구 철학사상의 교양을 갖춘 이돈화가 동학 경전을 정리하는 중심개념으로 인내천을 설정하여, 이 범주의 틀로 천도교 교리의 체계화에 일단 성공했다고 볼 수 있다. 최제우의 『동경대전』과 『용담유사』에는 인내천이란 단어는 한 번도 등장하지 않는다. 그러나 인내천 개념의 그 계보학적인 이해를 위해서라면 최제우의 시천주(侍天主)와 최시형의 사인여천(事人如天) 사상이 반드시 전제되어야 한다.[5] 시천주로부터 사인여천을 계승하는 인내천 종지의 선포는 바로 동학 천도교의 종교사상의 핵심적인 전개과정이기 때문이다.

그런데 여기서 본론으로 넘어가기 전에 반드시 주의를 환기시켜 두어야만 하는 사실이 있다. 즉, 시천주와 사인여천 그리고 인내천 개념 모두가 동학의 신관이 지니는 그 심오(深奧)함으로부터 기인하는 두 가지의 서로 상반적인 해석을 가능케 한다는 사실이다. 예컨대 일신교적인 유신론과 범신론적인 다신론이나 무신론,[6] 타력종교적인 측면과 자력종교적인 측면 그리고 초월적인 믿음의 대상과 내재적인 믿음의 대상 등, 일견(一見) 모순적인 듯이 양립 불가능해 보이는 종교 이해가 동학에는 공존하고 있다.[7] 이는 수운으로부터 해월을 거쳐 의암에게로 이어지는 동학 천도교 경전과 법설에 대한 해석학적 연구를 통해 입증 가능한 사실이다. 이러한 사실은 서양의 지배적인 기성종교인 기독교(천주교)와 유·불·선 삼교와의 만남을 통하여 동학사상의 수원지인 수운의 종교사상이 창도되었기 때문이라고 생각된다. 말하자면 동학의 종교사상은 동·서양의 종교사상을 포용하면서

---

5) 위의 책, 162-63쪽 참고.

6) 박영지, 『서양의 신관, 동양의 신관, 창조신관 – 범신론적 사유구조와 창조신론적 사유구조의 비교연구』, 성광문화사, 2003, 132쪽 참고. 서양의 종교학적인 관점에서 볼 때 동양의 범신론사상인 유·불·선은 인간의 이성에 의존하여 인간의 유한성의 한계에 부딪혀서 내려지는 인간적 독단이다(이런 표현을 독실한 기독교 신자의 표현이라고 논자는 본다). 이는 인격적인 창조신관을 배격한다는 의미에서 무신론적이라고 할 수 있다. 사실 동양에서 종교의 의미는 서양처럼 신이나 절대자와의 관계에서 성립되지 않고, 가장 근본이 되는 교화(敎化)적인 가르침(宗敎)이 곧 종교로서 이해된다.

7) 김용해, 「그리스도교와 천도교의 신관 비교」, 『동학학보』 제6호, 동학학회, 2003. 저자는 97쪽에서 기독교의 경우에도 신의 그 초월과 내재는 구약과 신약에 나타난 기독교 신관을 통할 때 반대 개념이 아니라, 역동적인 사랑의 보완적인 양면이라고 말한다.

이를 회통시킬 수 있는 포함包含의 관계로서 이해될 수가 있다.[8] 이런 시각에서 논자는 시천주와 사인여천 그리고 인내천 개념을 서로 상반적인 듯이 보이는 두 가지의 대립적인 의미로서 그 해석을 시도해나가고자 한다.

1) 수운의 시천주(侍天主) 사상

임술년(壬戌年)(1862년) 1월에서 2월 사이에 쓰인 「논학문」은 동학의 초기 기록에 '동학론'이라고 불리기도 했다. 경신년의 득도 이후 동학을 창도한 수운이 신유년 겨울, 관(官)의 지목을 피하여 길을 떠나 전라도 남원 교룡산성 안에 있는 작은 암자인 은적암(隱迹菴)에 머물면서 쓴 글이 「논학문」이다. 경신년의 득도 후 수운은 거의 일 년여의 시간을 수행(修行)에 정진하면서 동학의 종교적 수행을 위해 필요한 차제도법(次第道法)을 정한다. 그리고 이듬해인 신유년(1861)에 사방으로부터 모여드는 어진 선비들을 맞아 포덕에 들어간다. 이때 문답의 형식을 통하여 동학의 요체(要諦)를 설명하면서, 강령주문인 '지기금지 원위대강(至氣今至 願爲大降)'과 본주문인 '시천주조화정 영세불망만사지(侍天主造化定 永世不忘萬事知)'로 구성된 '지극히 한울님을 위하는 글'인 21자의 주문의 뜻을 밝히게 된다.[9] 여기서 등장하는 시천주 개념은 가히 동학이 지닌 그 탁월한 종교성을 이해할 수 있는 관건이 된다. 무릇 모든 종교의 핵심으로서 종교를 성립시키는 근간(根幹)이 다름 아닌 '신(神) 관념'이기 때문에 '시천주'에 대한 이해는

---

8) 김상일, 『동학과 신서학』, 지식산업사, 2000, 37쪽 참고.
9) 윤석산, 『동경대전 해제』, 동학사, 1998, 304-306쪽 참고.

아무리 강조해도 지나칠 수가 없다.[10]

수운은 '한울님을 모신다'는 것이 마음은 한울님의 마음과 서로 통하고 몸은 한울님의 기운과 하나가 되는 것이라고 말한다.[11] 이는 곧 한울님과 하나가 되는 어떤 경지를, 무어라 정확히 표현할 길이 없는 그런 신비적인 경지를 뜻하는데 사실 수운의 동학 창도는 1856년과 1859년 그리고 1860년 경술년의 신비적 종교체험의 결집(結集)이었다.[12] 즉 수운은 마치 원시기독교에서 자주 등장하는 인간과 절대자와의 직접적이고도 계시적인 종교체험과도 비견(比肩) 가능한 그런 종교체험을 했던 것이다.[13] 분명 이러한 종교체험의 대상은 초월적이고도 인격적인 유일신(唯一神)임에 분명했다.

그런데 이런 수운의 시천주 이해를 미궁(迷宮)에 빠뜨리게 되는 이유가 바로 수운이 처한 동양적인 종교문화의 그 지반이었다. 즉 수운이 영향받을 수밖에 없는 유·불·선 삼교의 종교적 전통에 의할 때 초월적이고도 인격적인 유일신관이란 불가능해 보일 수 있기 때문이다. 그러나 수운은 당시 조선 사회에 영향력을 미치고 있던 서학에 관한 선이해(先理解)를 분명 지니고 있었다. 이러한 사실은 동학과 서학을 비교하는 수운의 글들을 통해 직접 등장하고 있기 때문이다. 여기서 우리는 시천주 사상이 동·서양의 일견 이질적인 듯이 보이는 대표적인 신관(神觀)을 회통시키는 탁월한 신관으로서 등장했다고 평가할 수 있다. 이제 수운 자신의 말을 통해서 시천주에 관하여 얼마

---

10) 황선명, 『종교학개론』, 종로서적, 1986, 36쪽.

11) 최동희·유병덕 공저, 『한국종교사상사 – 천도교 원불교 편』, 연세대학교 출판부, 31-41쪽 참고. 이곳에는 동학의 신앙 대상에 관한 자세한 설명이 있다. 최동희는 이 분야의 연구를 주도하는 인물이다.

12) 홍경실, 「베르그송의 종교관에 입각한 동학의 이해」, 『한국사상』 제23집, 1996, 222-225쪽 참고.

13) 김상일, 위의 책, 266쪽 참고.

나 상반적인 해석을 내릴 수 있는가를 살펴보기로 한다.

『용담유사』「교훈가」에 등장하는 다음과 같은 수운의 말은 일견 모순적인 구절로서 구성되어 있다. "ᄂᆞᆫ 도시 밋디 말고 ᄒᆞᄂᆞᆯ님을 미덧셔라 네 몸의 모셔시니 ᄉᆞ근ᄎᆔ워 ᄒᆞ단말가"[14] 이 글귀에서 등장하는 한울님은 분명 종교적인 믿음의 대상이다. 수운은 그런 믿음의 대상을 신앙인 개개인의 몸과 결부시켜서 이해하고 있다. 그런데 여기에서 두 가지의 상반되는 해석이 가능하다. 신앙인의 몸이 한울님을 모신다는 한 가지 해석과, 신앙인의 몸에, 즉 공간적인 의미에서 몸 안에 한울님을 모실 수 있다는 해석의 두 가지가 가능하다. 전자의 해석은 최동희가 주도하는 해석으로서 '네 몸의 모셔시니'는 '네 몸이 모셨으니'로 해석되고 있다.[15]

그런데 여기서 후자처럼 '네 몸의 모셔시니'를 '네 몸에 모셨으니'로 해석한다면 이는 분명 '사람이 곧 한울이다'는 저 인내천의 의미가 되어버린다. 이 경우 인간중심주의적인 무신론의 오해가 가능하게 되며, 실제로 이돈화는 이런 후자의 해석으로부터 기인되는 인내천 신관이 무신론(無神論)이라는 오명(汚名)을 말소시키기 위하여 '유신론적 범신론'이라고 밝힌 바 있다고 한다.[16] 수운은 한울님을 모시는 상태를 '내유신령 외유기화'로서 이해하고 있는데, 이런 상태는 분명 기화(氣化)가 가능한 신앙인의 몸을 떠나서는 불가능할 것이다. 그러나 그렇다고 해서 우리의 몸 자체를 인간과 동일시할 수 없듯이, 기화는 분명 신령(神靈)과 관계될 때만이 비로소 시천주 신앙을 가능하

---

14) 최제우, 「교훈가」, 『용담유사』, 계미판, 1883.

15) 최동희·유병덕 공저, 위의 책, 29쪽.

16) 위의 책, 102-104쪽 참고.

게 할 수 있을 것이다.

'인내천'이란 몸을 지닌 구체적으로 살아있는 인간이 곧 한울이라는 의미이겠지만, 이때의 인간에 대한 이해는 다음과 같아야 할 것이다. 즉 인간을 규정하는 현실적인 인간의 조건(條件)을 인간이 넘어선다는 의미에서의 초인간적인, 그래서 한울님과 관계한다고 하는 종교적인 의미에서의 인간으로서 이해되어야 할 것이다.[17] 그리고 만일 인간이 이렇게 이해될 수 있다면 인간이 한울이라는 인내천사상은 시천주 사상과의 그 계보학적인 연속 선상에서 무난하게 이해될 수 있을 것이다.

2) 해월의 사인여천(事人如天) 사상

무릇 모든 종교에는 해당 종교의 근간이 되는 경전(經典)이 있기 마련이다. 동학의 경전이 식자층을 위한 한자체의 『동경대전』과 부녀자들의 이해를 도모하기 위한 가사체 『용담유사』로 구성된다면, 2세 교주인 해월과 3세 교주인 의암의 사상이 최초로 경전 안에 등장하는 것은 1961년 판 『천도교 경전』에서이다. 1961년 4월 5일 일명 삼부경전(三部經典)으로 간행되는 『천도교 경전』은 세 분 교주의 가르침을 오늘날과 같이 '경전'과 '법설'로 나누지 않고 모두 법경(法經)이라고 표기하고 있다. 즉 수운의 가르침을 '천종법경', 해월의 가르침을 '도종법경', 의암의 가르침을 '교종법경'으로 표기했다. 여기서 법경의 앞 글자를 조합해보면 '천도교'가 되는데 이로써 세 분 교주의 가르

---

17) 종교란 궁극적인 삶의 문제의식을 앎이 아닌 믿음을 통하여 해결하고자 한다는 데서 역설로서 이해된다. 즉 알 수 없는 것을 통하여 알고자 하는 물음을 풀어간다는 의미에서 역설인 것이다.

침 아래 천도교가 이루어졌다는 의미를 강조하기 위해서였다. 그러나 한때 경전과 법설을 두 권으로 분리시켜서 간행하기도 했지만, 1969년 9월 1일 자로 간행된 『천도교 경전』에서는 수운의 가르침만을 '경전'으로 그리고 이로부터 도통을 전수한 해월과 의암의 가르침을 이보다 다소 격이 낮은 '법설'로서 표기한다. 오늘날 사용되고 있는 『천도교 경전』은 1987년 이후 다시 삼부경전의 형태로 되돌아간 것이다.[18]

'해월신사 법설' 가운데 사인여천이라는 단어가 등장하는 곳은 '대인접물(待人接物)' 편인데 이 글은 다음과 같이 시작된다. '인시천(人是天)이니 사인여천(事人如天)하라.' '인시천'이란 표현은 '천지(天地), 인(人), 귀신(鬼神), 음양(陰陽)' 편에서도 등장한다. 즉 '인시천(人是天) 천시인(天是人)이니 인외무물(人外無物)이요, 천외무물(天外無物)이니라'는 글귀가 곧 그것이다. 이는 사람을 떠나서 한울은 있을 수 없으며 또 한울을 떠나서도 사람은 있을 수가 없다고 하는 말이다. 곧 사람과 한울의 그 떼려야 뗄 수 없는 관계를 보여주고 있는데, 그러한 뗄 수 없는 관계를 우리는 곧 믿음(신앙/信)으로 이해해야 한다. 해월은 '성(誠)·경(敬)·신(信)' 편에서 다음과 같이 말한다. '오도(吾道)는 지재(只在) 성·경·신(誠敬信) 삼자(三字)니라 ~ 억천만사(億天萬事) 도시재신(都是在信) 일자이이(一字而已)' 이는 저 「교훈가」에서의 '나는 모시 믿지 말고 한울님만 믿었어라'는 수운의 말씀을 계승하고 있다.

이런 '인시천(人是天)'이 지닌 의미를 이해할 때 '사인여천'은 '시천주'의 경우에서처럼 다음과 같은 두 가지의 해석을 내포하게 된다. 첫째로, '사람 섬기기를 한울같이 하라'는 해석이다. 이 경우 해월의

---

18) 윤석산, 「최시형 법설의 기초문헌연구」, 『해월 최시형의 사상과 갑진개화운동』, 동학학회 편저, 모시는사람들, 2003, 139-140쪽, 155-159쪽 참고.

'이천식천(以天食天)'이나 '양천주(養天主)' 사상은 쉽게 이해될 수 있다. 두 번째로, '사람 섬기기를 한울 섬기듯이 하라'는 해석이다. 여기서 첫 번째의 해석이 인시천이나 인내천에 더 가까운 듯이 보인다. 그러나 해월이 지하포교를 수행하는 은도시대인 1893년, 경복궁 광화문에서 있었던 교조신원운동을 위한 상소문의 두 가지 요지(要旨) 가운데 하나가 '사천여부모(事天如父母)'라는 사실에 우리는 주목해야 한다. 이 말은 하늘을 부모같이 섬기라는 말이 아니고 하늘을 부모를 섬기는 것처럼 그렇게 공경으로서 받들라는 말이다. 사실 이런 표현은 저 유교의 「공자가어」에 있는 용어를 본 딴 것이라고 한다.

> "어진 사람이 어버이를 섬기는 품은 하늘을 섬기는 것과 같고 하늘을 섬기기를 어버이를 섬기듯이 한다."[19]

여기서 끝 구절인 '사천여사친(事天如事親)'에서의 '사(事)'의 반복을 피하기 위하여 이를 생략한다면 '사천여친(事天如親)'이 된다. 즉, '사인여천'의 경우에도 이런 과정을 거쳐서 '사인여사천'에서 '사(事)'가 생략된 것이다. 사실 '사인여천'에 대한 위의 두 가지 해석이 동학 천도교를 이해할 때 동시에 사용되고 있다. 그러나 이 두 가지 해석을 분명하게 이해하는 일이야말로 '시천주'로부터 나아가 '인내천'에로 이르는 그 전개과정을 이해하는 데 있어서 중요한 일이 된다. 문제는 이러한 두 가지의 해석이 동학사상에는 공존하고 있다는 사실이며, 이 두 가지 해석 가운데 일방적이거나 배타적으로 어느 한 가지 해석만을 고집하게 된다면 저 동학이 지닌 탁월한 종교성(宗敎性)이 감쇄

---

19) "仁人之事親也如事天事天如事親"

(減殺)될 수 있다고 하는 사실이다.

3) 의암의 인내천사상과 갑진개화운동

위에서 인내천사상의 그 계보학적 연원을 이루는 시천주와 사인여천 사상이 일견 모순적인 두 가지 해석을 가능하게 하고 있음을 살펴보았다. 그러나 이런 모순은 동학이라는 탁월한 종교적 하모니를 가능하게 하는 외견(外見)상의 불협화음일 뿐, 동·서양의 만남과 화합이 절실히 요청되고 있는 21세기적인 인류 종교문명의 새로운 모습은 이런 동학적 포용성과 통일성을 간절하게 요청하고 있다고 본다. 이제 인내천사상이 지닌 두 가지 해석을 시도해보고, 이를 종지(宗旨)로 해서 창설되는 우리 민족 최초의 민족 종단(宗團)이자 고등종교인 천도교의 등장과 이에 깊숙이 관련되어 있는 '갑진개화혁신운동'의 성격에 관하여 살펴보기로 하자.

오늘날 천도교 교단 내에는 인내천이라는 단어에서 '내(乃)'의 의미에 관한 그 이해에 따라서 '인내천'과 '인급천(人及天)'이라는 두 가지의 해석이 공존하고 있다. 이는 천도교인들의 한울님에 대한 이해의 차이를 보여준다.[20] 인내천에 의하면, 즉 '인즉천(人卽天) 인시천(人是天)'적인 이해에 의하면 한울님은 다름 아닌 바로 인간이라고 말한다. 단, 이 경우 무신론에 해당되므로 인간은 형태를 갖춘 한울님에 해당하며, 무형(無形)의 한울님을 인정하는 유신론의 입장을 취할 수밖에 없게 된다. 그러나 인급천에 의하면, '내(乃)'를 '급(及)'의 의미로 사용해서

---

20) 차옥숭, 『한국인의 종교경험 – 천도교·대종교』, 서광사, 1977, 124쪽.

인간이 한울님을 향하여 한울님의 뜻에 합당하게 나아가는 믿음의 자세가 곧 인내천으로 이해된다. 이 경우 후자는 한울님의 그 초월적인 외재적 측면이 강조되고 전자는 범신적인 내재적 측면이 강조될 수밖에 없다. 그런데 이런 인내천이 1914년의 공동전수심법식에서 천도교의 공식적인 종지로서 선포되는데, 이에 대하여 이돈화의 『천도교창건사』는 다음과 같이 말한다.

> "인내천 - 천도교의 종지를 인내천이라 함은 의암성사의 창언이니 이는 대신사의 경전과 유사에 있는 총 정신을 표어로서 발표한 것이다. …… 이 이치를 밝히기 위하여 일본에서 귀국한 후 수십 년간에 인내천의 설법으로 기임(己任)을 삼으시었다."

인내천이 처음으로 천도교 사상의 요지로서 전면에 등장하는 곳은 천도교중앙총부의 이름으로 1907년에 간행된 『대종정의』라고 한다.[21] 인내천 종지가 이돈화에 의하여 서양의 근대적인 사상에 발맞추어 무신론적이며 합리주의적인 방향에로, 즉 교리의 철학화라는 방향에로 전개되어지는 과정에 대해서는 다음의 연구를 기약하기로 한다. 다만 의암의 인내천사상과 관계되어 전개되는 갑진개화혁신운동의 전개와 천도교의 선포 과정을 살펴보고자 한다.

우리는 수운이 1860년 경신년의 득도로 인한 동학 창도 이후 불과 3년간의 짧은 포교 기간을 뒤로 한 채 1864년 3월 2일 대구 장대에서 참형을 당하기까지의 기간을 창도시기라고 부른다. 동학을 혹세무민의 사교 집단으로 지목하던 정부는, 특히 19세기 벽두부터 황사영의 백서 사건으로 인한 신유사옥 등으로 서학을 탄압해오던 차에 동학

---

21) 최동희, 위의 책, 79쪽.

을 서학으로 싸잡아 탄압하게 된다. 정부가 엄하게 금지하는 사교로 낙인이 찍히자 동학도들은 지하에 숨게 되는데, 그 와중에서 1863년 8월부터 수운은 해월을 후계자로 내정하게 된다. 해월이 동학에 입도하여 1898년 6월 2일 경기 감옥에서 교수형에 처하기까지의 36년간의 지하포교 시기를 은도시대로 부른다. 은도시대의 동학운동의 관건은 교단 내적으로는 서학을 한다는 죄명으로 억울하게 처형당한 교조(敎祖)의 신원운동과 신앙의 자유로 인한 동학도들의 생명과 재산의 보호 그리고 교단 외적으로는 척양척왜(斥洋斥倭)의 반외세적 민족운동이었다.[22] 이 시기의 동학운동은 조선왕조 말기의 유교적인 신분제 사회의 모순을 타파하고 새로운 사회를 건설하고자 하는 강한 개혁성을 지녔지만, 전근대적인 통치 질서관을 폐기하고자 하는 정치적 혁신성은 미약했다고 볼 수 있다. 그래서 척양척왜의 배타적 쇄국주의의 측면을 부각시켰지만 왕조적 군신질서에 대하여 혁명적이기보다는 온건 보수적이었다.[23] 즉 동학 창도의 종교사상적 이념인 시천주사상은 신분제 사회에 저항하는 반봉건적 민주 민권사상을 지녔지만, 그 정치제도적 측면에서는 기왕(旣往)의 왕조사회의 틀을 폐기시키려는 혁명성이 미약했다고 볼 수 있다. 이는 수운의 정치사상이 동양적인 순환사관에 의거해있기 때문이다.

1894년의 갑오동학농민전쟁 이후 동학군에 대한 탄압이 더욱 극심해지면서, 1898년 해월의 순교(殉敎) 후 동학의 도통을 계승하는 인물이 제3세 교주인 의암 손병희(孫秉熙)다. 외세로부터 백성의 안위를

---

22) 같은 책, 60쪽 참고. 1886년의 한불조약 이후 천주교와 아울러 개신교도 신앙의 자유를 합법적으로 인정받게 되었던 사실을 감안할 때, 동학도들이 신앙의 자유를 원했던 것은 너무도 당연했다.

23) 김만규, 「종교적 사회운동으로서의 동서사상의 교감」, 『동학학보』 제6호, 동학학회 편저, 2003, 36쪽 참고.

지키면서 나라의 주권을 잃지 않으려는 척양척왜의 보국안민 사상은 이제 의암에 의하여 오랑캐로써 오랑캐를 제어한다는 이이제이(以夷制夷) 의 전략을 구사하는 실용적인 현실정치의 모습을 보이게 된다. 이이 제이란 전승국에 편승하여 조선의 주권과 미래를 보장받으려는 생각 에서 의암이 택한 보국안민의 계책으로서, 흔히 전통적으로 국제관계 에서 사용했던 방법이다.[24] 의암에 의해 주도되는 현도시대는 동학 이 그 합법적인 종교의 자유를 공인받게 되면서 천도교로 선포되는 시기다. 의암은 이 시기에 동학의 민주 민족정신을 계승하는 개화운 동을 전개하게 되는데, 1904년의 갑진개화혁신운동은 일제 강점기에 진행되는 우리 민족의 신문화운동의 그 발단(發端)을 제공하게 된다.

갑오동학운동의 전개과정에서 정부가 일본과 청국의 개입을 자초 하여 청일전쟁이 일어남에 따라 관군과 우리나라에 투입된 일본군에 의해 동학군은 도처에서 무참히 진압된다. 전국 각처에서 동학군에 대한 토벌이 심해지자 동학의 지도부도 체포되거나 피신해야만 했다. 의암은 1901년 미국으로 외유하려다가 일본으로 건너가 이름을 이상 헌(李祥憲)으로 고치고 명치일본의 개화문물을 관찰하면서 러일전쟁 전야의 극동 정세를 살핀다. 그렇게 하면서 동시에 국내의 동학도들 을 개화운동의 방향으로 지도하게 된다. 이때 1902년 의암이 '삼전론' 과 '명리전'을 발표하면서부터 동학교단에 의한 개화운동은 본격화 된다. '삼전론'은 의암이 국내의 교인들에게 보낸 교양교시로서, 1903 년 8월 한국정부의 의정대신에게 건의한 국정개혁 건의안이다.[25] 삼 전론의 요지는 정치로서, 러일전쟁이 발발하기 직전의 분위기를 감지

---

24) 황선희, 「갑진개화혁신운동의 역사적 의의」, 『신인간』, 통권 제648호, 포덕 145년 8월, 신인간사, 77쪽 참고.
25) 신일철, 위의 책, 174쪽 참고.

한 의암이 먼저 정부 차원에서 개혁운동을 주도해 줄 것을 건의하는 글이었다. 그러나 당시 친러파 일색이던 정부는 이를 동학 탄압을 더욱 강화하는 계기로 삼았다. 그리하여 1904년에 동학교단 차원에서 민회를 통한 개혁운동을 계획하게 되었고, 이를 실천한 것이 곧 갑진개화혁신운동이다.[26] 문명개화의 시기에 보국안민의 계책으로서 도전(道戰), 재전(財戰), 언전(言戰)의 세 가지를 내세우는 삼전론의 논지는, 민중을 교화하여 문화를 향상시키려면 동학이 지닌 교정일치의 종교사상을 의식개혁의 수단으로 삼아서 정치 경제 등 문화 전반에 걸친 개화운동을 단행해야 한다는 것이다. 그리하여 척양척왜의 반외세 민족운동으로서의 동학운동이, 이제 조정이나 관과 대결하여 무능한 정부 대신 민간 중심의 집단적 정치단체의 발생인 '민회(民會)' 주도적인 개화운동으로 전개된다.[27]

여기서 이러한 민회의 세세한 전개사항은 생략하기로 하고, 다만 이러한 민회 주도의 갑진개화운동이 천도교의 선포에 직결되는 그 중요한 사실에 주목하기로 한다. 일본에서 국내의 갑진개화운동을 진두지휘하던 의암은 이 운동의 성격이 보국안민의 민족주의로부터 심하게 벗어나는 현장을 목도한다. 즉 이 운동을 주도하던 진보회가 송병준과 이용구의 반민족적인 친일행각에 의하여 일진회로 병합된 것이다. 물론 일진회와 진보회의 병합은 나름대로 양쪽에서 서로의 이용가치를 계산에 넣어 일어난 일이었지만, 병합의 대가로서 동학의 그 정통성(正統性)이 훼손되었다는 사실은 치명적인 것이었다. 일본의 후원 아래 있던 일진회가 정부의 동학 탄압을 강력히 항의했고, 이에

---

26) 황선희, 위의 책, 76쪽 참고.
27) 신일철, 위의 책, 172쪽 참고.

정부는 1904년 11월 1일 동학교도들을 석방하면서 비로소 40여 년간에 걸친 지하포교 시대를 청산할 수 있게 되면서 동학은 이제 비로소 국가의 공인을 받게 된다.[28] 이렇게 동학의 합법화 과정은 일진회를 통해 원하지도 않는 가운데 이루어졌다. 을사조약이 체결되기 10여 일 앞서 발표된 '일진회선언서'에서 반민족적 일제 앞잡이로서의 일진회의 정체가 만천하에 공개되고, 일진회의 진보회 계통 동학도들이 탈퇴하기 시작했다. 결국 1905년 11월 17일 을사조약이 늑결되고 이제 동학은 반민족적 일제 앞잡이라는 오명(汚名)을 쓰게 되었다. 의암이 동학의 재건을 위해 민회 운동을 시작한 것까지는 좋았으나 어느새 숙명의 함정 속으로 들어가고 있다는 것을 미처 생각하지 못하고 있었다.

의암은 결국 1906년 9월 일진회에 가담한 교인들을 몰아내는 용단을 내려야만 했다.[29] 1905년 11월부터 국내 신문에는 '천도교'라는 새로운 교명이 선포된다. 이는 친일적인 일진회나 시천교와 결별되는 동학의 정통성을 계승하는 민족종단의 선포였다. 이듬해 1906년 1월 5일에 의암이 일본으로부터 귀국하게 되고 그해 9월 일진회에 가담한 교인들인 일진회 회장 이용구 등 62명은 출교처분되기에 이른다. 외견상 갑진개화운동은 그 친일 성향으로 인하여 동학의 정통성이 훼손당함으로 해서 실패했다고 할 수 있다. 그러나 이 운동은 천도교의 종지인 인내천사상과 더불어 일제 강점기의 신문화운동으로 계승될 수가 있었다. 비록 인내천을 종지로 하는 천도교의 선포가 갑진개화

---

28) 심국보, 「오수부동, 친일과 항일의 사이에서」, 『신인간』, 통권 제648호, 모덕 145년 8월, 신인간사, 87-88쪽 참고

29) 최동희, 위의 책, 74-75쪽 참고.

운동 이후에 등장하고 있지만, 이는 갑진개화운동이 그릇된 방향으로 전개되는 데 대한 의암의 자구책(自救策)에 의해서였다. 더 이상 이 운동의 전개가 왜곡되는 것을 막기 위하여 의암은 비록 늦은 감이 있지만 새삼 동학의 정통성을 계승하는 인내천사상을 전면에 부각시키게 되었던 것이다.

그런데 이렇게 부각된 인내천사상은 저 시천주사상으로부터 계승되는 '신과 인간의 관계'에 대한 두 가지 해석 가운데 유난히 그 한 가지 해석에 치중했다고 보인다. 이는 당시 서양의 근대 개화사상과 문물을 접한 데서 강한 영향을 받은 의암이 인내천에 대한 두 가지 해석 가운데 특히 '인즉천(人卽天) 인시천(人是天)'을 강조하게 되었기 때문이었다. 특히 저 시천주신관이 지닌 초월적 유일신의 모습보다는 내재적 범신론의 신관이 강하게 대두되는데, '의암성사법설'을 통해 우리는 이를 발견할 수 있다. 이런 내재적 범신론의 모습은 결국 불교적인 자력신앙(自力信仰)의 모습으로 강하게 부각되는 계기가 된다.

실제로 천도교 선포 이후의 천도교교리는 '수심정기'의 인격향상에 중점을 두고 초월적 신의적(神儀的) 색채를 지양해가면서, 자력신앙(自力信仰)으로 합리화하고 있었다.[30] 그러나 여기서도 인내천 종지의 탁월한 해석학자인 야뢰 이돈화가 인내천사상이 무신론(無神論)으로 오해받을 수 있는 소지를 없애기 위해 수운의 사상을 범신관적 유신론으로 규명한 바 있다는 사실을 잊지 말아야 한다.[31] 여기서 우리는 의암이 왜 인내천사상이 지닌 그 자력종교적인 동학의 측면을 강하게 부각하고자 했느냐는 질문을 던질 수 있다. 이는 당시 서구의

---

30) 신일철, 위의 책, 181쪽 참고.
31) 최동희, 위의 책, 103-104쪽 참고.

신학문을 통해서 개화사상을 접한 의암이 진화론 등의 계몽사조의 영향으로 신(神) 중심적이기보다는 인간중심주의적인 계몽과 개화사상에 관심을 갖게 되었기 때문이다. 서구 근대사상이 보여주는 인간 개개인의 주체성에 대한 강한 신뢰로서의 개인주의(individualism)는 분명 인내천사상을 강한 자력종교적 측면으로 강화시키는 데 영향을 주었다고 보인다. 이는 동학사상의 계보학적인 변천과정이 의암에 이르러 그 탁월한 용시용활(用時用活)적 응전의 모습을 보여준 것으로 평가된다. 그러나 분명 우리의 시대는 저 의암의 시대와 같을 수는 없으며 이에 새로운 응전의 모습이 기대되고 있다고 볼 수 있다.

「의암성사 법설」 가운데 '무체법경(無體法經)'을 살펴보면 이런 구절이 등장한다. '인지각성(人之覺性)은 지재자심자성(只在自心自誠)이요, 부재호천사권능(不在乎天師權能)이니 자심자각(自心自覺)이면 신시천심시천(身是天心是天)이나 불각(不覺)이면 세자세인자인(世自世人自人)이니라.' 물론 여기서도 예외 없이 일견 상반적인 듯한 다음과 같은 글귀가 이어서 등장하고 있다. '급차오도(及此吾道)하면은 인비자구성도(人非自求成道)라.' 이는 '우리 도에 이르러서는 사람이 스스로 구하여 도를 이루는 것이 아니다'는 뜻이다. 아무튼 의암은 '성령출세설(性靈出世說)'에서도 수운의 시천주의 '시'의 의미를 풀이하면서 '사람이 곧 한울(人乃天)'이라고 밝히고 있다. 인내천이 인급천으로서 초월적 외재신의 모습이 아닌, 그래서 내재적 범재신의 모습으로서 사람과 신의 이분법적인 이원성이 하나로 통일되는 모습이 결정적으로 드러나는 곳으로 다음의 구절을 지적할 수 있다. 그런데 이 구절은 저 수운이 『동경대전』의 '후팔절'에서 말한 구절을 답습하고 있다는 사실에 주목해야 한다.

너는 반드시 한울이 한울된 것이니 어찌 영성이 없겠느냐. 영은 반드시 영이 영된 것이니, 한울은 어디 있으며 너는 어디 있는가. 구하면 이것이요, 생각하면 이것이니 항상 있어 둘이 아니니라.[32]

한울님의 도가 무엇인지 알지 못하거든, 내가 나 됨이요, 다른 것이 아님을 알아야 한다.[33]

이런 동학의 인내천사상이 함의하고 있는 교정일치(敎政一致)의 정치사상을 통해 의암의 갑진개화혁신운동은 추진될 수 있었다. 그러나 이런 교정일치의 정치사상이 그만 일진회에 의하여 친일 이념으로 왜곡되기에 이르러, 부랴부랴 의암은 교정분리(敎政分離)의 순수 민족종단으로서의 천도교를 선포할 수밖에 없었던 것이다. 그러나 동학은 성속일치와 교정일치의 종교 정치사상을 분명 지니고 있다. 이러한 엄연한 사실은 동학의 종교사상이 '신과 인간의 관계'에 관하여 주목할 때 분명 성속분리적인 이원론적 신－인 관계(神－人 關係)뿐만이 아니라, 성속일치적인 그래서 교정일치적인 일원론적 신－인 관계를 보이고 있다는 데 기인한다. 이러한 사실은 수운의 시천주로부터 해월의 사인여천을 거쳐서 의암의 인내천으로 계보학적으로 이어지는 동학의 종교사상이 일견 대립적인 두 가지의 해석을 각각 가능케 한다는 지금까지의 논의를 통해 충분히 입증될 수 있었다고 본다. 의암에 의하여 주도된 갑진개화혁신운동은 동학의 종교사상이 지닌 이런 성속일치의 종교적 세계관으로부터 그 교정일치적이고 자력종교적인 강한 실천력을 겸비(兼備)할 수 있었기에 가능했다고 본다.

---

32) 「법문」, 『의암성사법설』, "汝必天爲天者, 豈無靈性哉, 靈必靈爲靈者, 天在何方, 汝在何方, 求則此也, 思則此也, 常存不二乎"
33) 「후팔절」, 『동경대전』, "不知道之所在 我爲我而非他"

3. 나오면서

역사의 주인은 결코 지배계층이나 기득권층일 수 없다. 역사의 주인은 자신의 시대를 몸소 살아가면서 체험하는 대다수의 구성원들이어야 한다. 그리고 이들에 의해서만 특정한 시대의 시대정신은 그 본래적인 의미를 지닐 수 있다. 우리는 역사의 주인으로서의 대다수 사회 구성원들에 의한 자발적이고도 자주적인 민권 민주운동의 발단으로서 동학에 주목해야 한다. 동학이 반상(班常)과 적서(嫡庶), 남녀와 빈부귀천 등의 온갖 차별의식에 항거할 수 있었던 것은 모든 사회 구성원들에 대한 종교학적인 이해에 의해서였다. 수운의 시천주사상으로부터 해월의 사인여천을 거쳐 의암에게로 계승되는 인내천사상이야말로 현도시대에 이르러 개화하는 동학의 온갖 민주운동의 그 뿌리를 제공하게 된다.

그런데 동학은 그 성속일치적이고 교정일치적인 종교사상으로 인하여 현실정치에 민감한 참여의식을 표방하는 종교정치사상으로서 이해될 수 있다. 의암 손병희에 의하여 주도된 1904년의 갑진개화혁신운동은 동학이 지니는 이러한 종교정치사상의 연속 선상에서 이해될 수 있다. 이는 동학 창도 당시의 반외세적인 입장이 20세기에 들어서면서 새롭게 전개되는 러일전쟁 등의 국제정세를 이이제이(以夷制夷)의 전략으로써 슬기롭게 이용하면서 민족의 주권을 비호(庇護)해 나가고자 하는 강한 애국심의 발로였다. 이 운동은 민족의 주권이 약탈당하게 되는 경술국치를 지나면서 암울했던 일제 36년간의 서릿발 같은 통한의 세월 속에서 한줄기 매화꽃의 늠름한 기상처럼 그렇게 우리 민족의 근현대사를 장식하게 되는 개화 신문화운동으로 열매를 맺는다. 이러한 갑진개화운동은 1905년의 동학 천도교의 선포와 깊이 연루(連累)되어 있다. 천도교는 수운으로부터 포덕천하(布德天下) 광제창생(廣濟蒼生)의 척양척왜의 민족 수호와 민권 수호 사상을 계승하는 교정일치의 종교정치사상을 물려받는다. 천도교의 선포는 표면적으로는 순수한 민족 종교집단으로서 행해졌지만, 일제의 보호 감시와 탄압의 눈총을 벗어나고자 하는 자구책으로서의 전략적 선택이었다. 특히 친일단체로서 매국단체로 매도(罵倒)당하지 않기 위한 민족의식의 발로였다.

오늘날 우리 사회는 근대와 탈근대의 시대정신이 서로 뒤엉켜 표류하고 있다. 동학이 지닌 근대성(modernity)이 채 성숙할 겨를도 없이 저 분단과 가공할 핵의 위협, 총체적으로 진행되고 있는 지구촌 생태계의 파괴와 전 인류의 생명의 안위(安危), 한치 앞을 예측하기 어려운 국제 자본주의 시장의 변동 등 우리 민족의 자주의식을 가로막는 무수한 복병(伏兵)들이 도처에 놓여있다고 본다. 이러한 때에 가장 절실한 문제 가운데 하나는 동학에서 발견 가능한 우리 민족의 근대성을 탈근대성 담론으로까지 확장시키면서 동학의 얼과 정신을 계승해 나가는 작업이라고 본다.

갑진개화운동을 필두로 3. 1운동 등을 통하여 만천하에 공표된 동학의 통섭과 회통의 정신은, 우리 민족의 근현대사가 표류하는 현장에서 다양한 종교사상을 아우르고자 했던 의암의 의지의 발현에 의하여 꽃을 피울 수 있었다. 의암 손병희 선생의 인내천사상은 일견 수운의 시천주사상으로부터 이탈한 듯이 여겨지는 면이 있을 수도 있으나, 암울했던 구한말과 일제 강점기에 우리 민족의 사상과 얼이 그 구심점을 잃고 방황하는 현장에서 통섭의 철학과 회통의 정신을 응집시킨 결정체였다고 평가할 수 있을 것이다.

의암의 인내천사상이 지닌 이러한 통섭과 회통의 철학정신은 오늘날 현대와 탈현대의 철학사상이 물밀듯 쇄도하고 있는 우리의 현실에서 볼 때 많은 것을 생각하게 해주는 계기를 제공하고 있다. 특히 종교사상의 측면에서 의암의 사상과 철학은 서양의 근대성 담론이 탈근대성 담론으로 향하여 나가면서 동양과의 만남에 우호적인 모습을 보여주고 있는 일군(一群)의 종교사상과 동학과의 만남을 부추기면서 동학을 새롭게 이해해 나갈 수 있는 해석학적인 작업을 요청하고 있다.

예컨대 20세기 초 서양사상이 동양사상과 친화적인 모습을 보이면서 그 만남의 가능성으로서 제시된 과정철학과 이를 계승하는 과정신학에 대한 이해야말로 동학의 종교사상을 탈근대성 담론으로까지 확장시킬 수 있는 최적의 비교 연구 대상이라고 볼 수 있다. 토인비의 지적처럼 20세기 인류문명의 기념비적인 사건 가운데 하나가 기독교와 불교의 만남이었다고 한다면, 이제 21세기는 기독교와 동학과의 만남이 활성화되면서 인류 정신문명의 그 통섭과 회통의 철학이 활발하게 모색될 수 있는 이른바 지구촌 문화와 사상의 시대라고 볼 수 있다. 그 가운데 하나로서 우리가 주목하는 것이 바로 의암이 추구한 용시용활의 정신을 우리 시대에 걸맞게 발전적으로 계승시켜나가는 연구가 될 것이다. 이에 관한 심도 깊고 애정 어린 연구가 지속되기를 고대해본다.

참고문헌

최제우, 『동경대전』, 계미판, 1883.

_____, 『용담유사』, 계미판, 1883.

천도교중앙총부 편, 『천도교 경전』, 천도교중앙총부 출판부, 1981.

최동희, 『서학에 대한 한국 실학의 반응』, 고려대학교 민족문화연구소, 1988.

최동희・유병덕 공저, 『한국종교사상사-천도교』, 원불교 연세대학교 출판부, 1999.

신일철, 『동학사상의 이해』, 사회비평사, 1995.

동학학회 편, 『해월 최시형의 사상과 갑진개화운동』, 모시는사람들, 2003.

부산문화예술대학 동학연구소 편, 『해월 최시형과 동학사상』, 예문서원, 1999.

민족문화연구소 편, 『동학사상의 새로운 조명』, 영남대학교 출판부, 1998.

이돈화, 『천도교창건사, 천도교중앙종리원, 1933.

이광순, 『의암 손병희』, 태극출판사, 1975.

이현희, 「갑진개화운동의 역사적 전개」, 『동학학보』 제4호, 2002.

황선희, 「갑진개화혁신운동의 역사적 의의」, 『신인간』 통권 제648호, 포덕 145
　　　년 8월, 신인간사.

윤석산, 『동경대전 주해』, 동학사, 1998.

_____, 『용담유사 주해』, 동학사, 1999.

_____, 「최시형 법설의 기초문헌연구」, 『해월최시형의 사상과 갑진개화운동』,
　　　모시는사람들, 2003.

김상일, 『동학과 신서학』, 지식산업사, 2000.

차옥숭, 『한국인의 종교경험-천도교・대종교』, 서광사, 1977.

황선명, 『종교학개론』, 종로서적, 1986.

박영지, 『서양의 신관, 동양의 신관, 창조신관』, 성광문화사, 2003.

김만규, 「종교적 사회운동으로서의 동서사상의 교감」, 『동학학보』 제6호, 2003.

조항래, 「갑진개화혁신운동의 영향과 의의」, 『해월 최시형의 사상과 갑진개화
　　　운동』, 모시는사람들, 2003.

김용해, 「그리스도교와 천도교의 신관 비교」, 『동학학보』 제6호, 2003.

심국보, 「오수부동, 친일과 항일의 사이에서」, 『신인간』, 통권 제648호, 포덕
　　　145년 8월.

이광래, 『한국의 서양사상 수용사』, 열린책들, 2003.

홍경실, 「베르그송의 종교관에 입각한 동학의 이해」, 『한국사상』, 제23집, 1996.

제7장 동학의 선악관

1. 선과 악에 대한 예비적 고찰

1) 가치론의 대상

선이란 무엇이고 악이란 무엇일까 하는 물음으로 본 강의를 시작하고자 합니다. 영미 분석철학자인 무어(G. E. Moore)는 1959년에 발표한 저서, *Principia Ethica*에서 선이란 정의할 수 없는 것이며 선한 것과는 구별되어야 한다고 말합니다. 선이란 단순한 관념이기 때문에 이를 구체적으로 지시한다거나 논리적으로 정의하기가 불가능하다는 말이지요. 그래도 우리들은 살면서 이런 말을 하곤 합니다. "이 사람은 참 착해! 저 사람은 착하지 않고 악한 사람이야!"

우리들은 남이 알아채지 못하게 아니면 나 자신도 거의 의식하지 못할 정도로 숱한 단어들을 입 밖으로 내 뱉거나 입속말로 웅얼거리곤 합니다. 바로 이런 말들을 말입니다. "야, 좋다. 참 예쁘다. 정말 못됐네. 지겨워 죽겠어. 천사같이 착하네" 등등. 우리들이 화법이나 언어 규칙을 무시하면서 구체적이고 사실적인 사물이나 논리적 표현을 개의치 않으면서 숱하게 내뱉는 말들의 대부분은 바로 가치(價値)와 관련된 단어들입니다. 그리고 그런 가치들은 진리와 선함, 아름다움과 성스러움이라는 네 가지 단어들로 대변된다는 데 주목하면서 오늘의 강의를 시작하고자 합니다.

가치란 참으로 품위가 있고 씹을수록 맛이 나는 단어입니다. 왜냐하면 가치라는 단어를 떠나서는 인간이 이 지구상에서 인간으로서 살아갈 수 없기 때문입니다. 이는 조금은 과장된 표현인 듯해 보여도 만일 인간이 가치와 아무런 관계가 없다고 한다면 뭇 동물들과 하등

다를 바가 없을 것입니다. 알아도 바로 알아야 해서 진리가 중요합니다. 행해도 바로 행해야 해서 선이 문제시됩니다. 있어도 맘에 쏙 들어야 하기 때문에 아름다움을 추구합니다. 살아도 제대로 살고 싶기 때문에 성스러운 삶을 꿈꿉니다.

진·선·미·성이라는 가치들은 말하자면 인간이 인간으로서 살아가는 데 그 나아가야 할 바를 일러주는 등대와도 같다고 할 수 있을 것입니다. 배불리 먹고 등 따습게 잘 자고 보란 듯이 행세를 해도 삶이 무엇을 위하여 어느 곳을 향해 나아가는지 알고 싶은 간절한 욕망을 떨치기 어렵습니다. 굶주린 배를 달래며 하루 잠자리를 해결할 수 없는 불안에서라면 과연 그런 삶이 인간다운 삶일 수 있을까 하는 원망과 의혹은 더욱 커져가겠지요.

가치를 떠나서는 인간다움이나 인격, 사람이라고 다 사람이 아니라는 말을 제대로 이해하기가 어려울 것입니다. 우리들이 이 세상에 태어나서 지금까지 살아오면서 가장 흔하게 들어온 말이 무엇인지 궁금하지 않으신지요. 그리고 지금도 아니 죽을 때까지 가장 흔하게 말하고 생각하는 말이 과연 무언지 역시 궁금하지 않으신지요. 사실 오늘날 외모지상주의의 등장으로 인해 아름답다는 말이 감각적인 의미 일변도로 오해되고 있지만 원래 이 말은 인간이 추구하는 가치 개념 가운데 가장 상위 개념에 해당합니다. 사전을 찾아보면 그 정의를 통해서도 알 수 있지만 아름다울 미(美)는 진·성·미·성 가운데 한 단어이지만 동시에 이들을 모두 함축하는 상위개념입니다. 왜냐하면 동서고금을 막론하고 인간이 가장 이 말을 좋아해왔기 때문입니다. 착해서 선해서 아름답고 예쁩니다. 진실해서 또 예쁘고 헌신적이어서도 예쁩니다. 제가 추구하는 삶도 그래서 아름다운 삶입니다!

그러나 살기 싫다고 자살을 택하는 삶이 가능하듯이－물론 이는 지극히 무책임한 경우입니다－가치란 이를 담지(擔持)하지 않으면 휴지 조각과도 다를 바 없게 됩니다. 사람들이 저마다 열심히 자신의 삶을 일구어나가는 이유는, 또 그럴 수 있는 이유는 무언가 가치를 추구하기 때문입니다. 자본주의 사회에서라면 물론 물질과 돈이 삶의 목표가 될 수 있지만 그러나 이런 것들은 인간이 추구하는 가치와는 무관합니다. 왜냐하면 가치란 돈처럼 사고팔 수 있는 양적인 것이 아니라 질적인 것이기 때문입니다.

여기서 질적인 것이 과연 무엇인가 하는 물음이 제기됩니다. 질적인 것이란 다른 것들과 동급으로 비교될 수 없는 것으로서 우리들의 경우 말하자면 우리들의 생김새가 저마다 다른 것처럼 저마다 유일하게 지니는 개성, 향기, 빛깔과 같다고 할 수 있지요. 간단히 말해서 가치란 그 자체로 다른 것들과의 비교나 저울질을 허용하지 않을 만큼 대단하고 의미심장한 것이기에 삶의 목적에 해당하는 것이라고 말할 수 있습니다. 돈이나 물질은 이런 목적을 이루기 위해 필요한 수단일 뿐입니다. 돈이나 물질은 그 자체로 우리들 삶의 목적이나 주인 행세를 할 수 없기에 편리함을 줄 수는 있어도 진정한 기쁨을 줄 수는 없는 것이지요. 참! 여기서도 '진정한'이라는 가치가 담긴 말을 했네요…….

여기서 슬며시 이런 의문이 제기됩니다. 가치를 담지하고 생활 속에서 실천할 수 있는 힘은 과연 어디로부터 오는 것일까요? 가치를 담지해서 인간일 수 있는 건가요 아니면 인간이어서 가치를 담지할 수 있는 것일까요－순환논법의 오류에 빠지는 것 같네요－. 인간이 가치를 담지할 수 있는 이유를 그리스 로마 신화에서는 '에로스(Eros)'

신의 탄생에 비유해서 설명하고 있습니다. 에로스 하면 여러분은 어떤 단어가 떠오르나요? 관능적인 에로티시즘이나 남녀의 성애가 떠오르나요? 로마신화에서는 큐피드로 불리고 그리스신화에서는 에로스로 불리는 사랑의 신은 사랑이라는 인간의 고귀한 감정이 그가 어깨에 매달고 다니는 화살통 때문에 생기는 것이라고 말합니다. 화살통 안에 준비된 황금화살을 맞으면 사랑의 감정이, 납으로 된 화살촉에 맞으면 미움과 증오의 감정이 생기게 된다고 말합니다. 에로스신의 어머니는 물론 비너스, 로마신화에서는 아프로디테로 불리는 아름다움과 미모의 여신이지요. 인간의 감정이 신이 준비한 것이라고 하는 이렇게 익살스런 설명 말고도 플라톤이라는 위대한 철학자의 설명을 들어보기로 합시다.

플라톤은 자신의 저서인 『대화』의 한 절, '향연'에서 인간을 에로스적인 동물이라고 말하고 있습니다. 이는 에로스신의 탄생 과정을 추적하면서 에로스 신을 인간 본성에 비유하기 때문입니다. 에로스신은 과연 어떻게 탄생했을까요? 아버지인 포로스 신이 잔칫날 포도주에 취해 오수의 단잠을 자고 있을 때 잔치에 초대받지 못한 남루하고 추한 어머니인 페니아가 낳은 2세가 곧 에로스입니다. 때문에 고전소설인 홍길동전에서 주인공 홍길동이 겪었던 출생의 비밀로 인한 마음고생을 에로스도 겪게 됩니다. 에로스는 부유하고 잘생기고 멋있는 아버지와의 동일시 뒤로 남루하고 천하고 추하기 이를 데 없는 어머니와의 동일시가 오버랩되면서 항상 물과 기름 사이에서 부유하는 경계인의 심적 고통을 안고 살아가게 됩니다.

바로 여기서 플라톤의 위대한 혜안과 재치가 번뜩이게 되지요! 우리들 인간의 모습이 바로 에로스의 모습과 같다고요. 물론 우리들의 출생이 반드시 저 에로스신의 경우와 같을 수는 없는 법이지요. 그러나 곰곰 생각해보면 에로스가 지녔던 갈등, 진·선·미·성의 가치와 그 정반대의 것들인 거짓(僞)·악함(惡)·추함(醜)·속됨(俗) 사이에서 갈팡질팡하는 마음의 고통이 다름 아닌 인간의 그것과 같다는 것이지요. 인간은 그래서 천상과 지상의 어느 한편에 완전히 귀속되지 못한 채로 천상을 향하여 해바라기처럼 동경할 수밖에 없는 운명을 안고 태어났다고 플라톤은 이 신화를 빗대어 우리들에게 말하고 있습니다. 쉽게 말하자면 우리들은 더 잘나고 싶고 더 잘 살고 싶고 더 진실하고 싶고(?) 더 제대로 살고 싶어 고민할 수밖에 없다는 말입니다.

자 그렇다고 한다면 동양의 한 나라인 이 땅에서 사는 우리들은 우리들이 어떻게 해서 이런 가치들을 담지하며 살아갈 수 있다고 이해해야 하는지요? 우리가 올바르고 인간답게 살려는 이유를, 좀 더 잘 살고 제대로 살고 싶은 이유를 어떻게 이해할 수 있는지요? 오늘의 강의 제목인 선과 악의 문제와 관련해서 동학은 과연 어떻게 우리를 이해시키고 있는지 살펴보기로 합시다. 참, 그 전에 준비운동 정도로 동·서양의 대표적인 선악관에 대하여 간단히 알아보기로 하지요.

2) 동양과 서양의 대표적인 선악관

선과 악이란 기본적으로 내재적인 가치라고 합니다. 내재적이란 외재적인 것의 반대어로서 외부 환경이나 현실적인 것으로 인하여 그 가치가 휘둘리지 않는다는 뜻입니다. 예를 들어 돈이나 물질 등으로 인하여 즐겁고 편안할 수 있다고 해서 그런 기쁨이나 행복을 선하다거나 악하다고 말할 수 없다는 말이지요. 물론 오늘날 문화 예술

담론의 한 입장인 포스트모더니즘은 선과 악의 절대적인 기준이 와해되었기 때문에 좋거나 기쁘거나 하면 그 자체로 선한 것일 수 있다고 말하고 있습니다. 그러나 우리의 논의는 선악에 대한 종교적 접근에 해당하기 때문에 이를 포스트모더니즘의 경우처럼 상대주의화 하는 입장을 지양하기로 합니다.

선과 악은 구체적인 현실이나 사실을 일컫는 말이 아니라 인간이라면 마땅히 행하고 실천해야만 하는 도덕적이고 윤리적인 행위 가치에 해당합니다. 무릇 인류의 역사가 부단한 생명의 진행과정이라고 한다면 행위와 움직임을 떠나서는 역사를 이해할 수 없겠지요. 그렇다고 해서 인간의 모든 행위가 곧 가치와 관계되는 것은 결코 아닐 것입니다. 의식주를 이야기할 때도 본능적으로 먹고 잠을 자야 하는 경우라고 한다면 사실 가치 있는 행위라고는 할 수 없습니다. 그러나 영양을 골고루 섭취한다거나 숙면을 위하여 애쓰는 등 웰빙을 실천하기 위하여 고민한다면 이 경우 가치는 사실과 다른 것으로서 부각될 수밖에 없습니다.

자, 이제 본론으로 들어가서 이런 질문을 던져보기로 하지요. 인간이 행위하고 움직일 수밖에 없는 동물이라고 한다면 좀 더 제대로 행위하고 잘 실천하려고 하는 이유는 과연 무엇일까요? 간단히 말해서 왜 인간은 있는 그대로의 모습에 만족하면서 현실에 머무르려고 하지 않고 좀 더 나은 것을 향하여 ─ 여기서 나은 것을 우리는 진·선·미·성 등의 가치로 대변합니다 ─ 노력하고 실천하려고 하는 것일까요? 이 물음에 대한 답은 크게 두 가지로 나누어 정리될 수 있습니다. 하나는 자연주의적인 답변이고 다른 하나는 초월주의적인 답변입니다. 전자는 유교를 통해 살펴볼 수 있고 후자는 기독교를 통해 살펴볼 수 있는데, 우리의 관심사인 선악관에 주목하여 알아보기로 합시다.

　선과 악이 가치와 관련된다면 가치란 시대와 민족, 문화의 차이에 따라서 상대적인 것이기 때문에 선과 악에 대한 절대적 기준이 모호할 수 있습니다. 물론 효(孝)나 가족애, 모성애 등 동서고금을 통하여 대동소이한 가치관도 가능하지만 가치가 현실에 적용되는 경우 예외적인 편차가 가능하기도 합니다. 가치관이 그것을 담지하고 추구하는 선택적 행위를 필요로 한다면 이는 이론에 앞서 의지와 믿음의 대상이 됩니다. 때문에 가치관이나 인생관, 세계관 등은 신념이나 믿음 곧 신앙이나 종교와 밀접할 수밖에 없는 것이지요. 선과 악에 관한 이야기는 그래서 으레 종교와 가장 친화적일 수밖에 없습니다. 그런데 동·서양을 대표하는 종교의 선악관을 살펴보면 뚜렷하게 그 차이점을 발견할 수 있습니다. 이른바 자연친화적이고 유기체적인 세계관을 보이는 유교의 경우와 말씀 친화적이고 초자연적인 세계관을 보이는 기독교의 경우가 그것입니다.

　먼저 유교의 경우를 살펴보기로 합시다. 유교는 사람됨의 공부가 "밝은 덕을 밝히는 데(명명덕/明明德)"―『대학의 첫 구절』, "대학지도 재명명덕 재친민 재지어지선"(大學之道 在明明德 在親民 在止於至善)― 있다고 합니다. 유교는 자연의 이치(天地之道)와 인간의 도리가 같다고 봅니다. 선과 악의 근원이 모두 인간의 본성에서, 선은 인간으로서의 인간의 본성에서 악은 동물로서의 인간의 본성에서 비롯된다고 봅니다. 그러므로 유교는 선과 악의 개념의 원천에 관하여 자연주의적인 견해를 택하게 됩니다.[1]

---

[1] 우리사상연구소, 『우리말 철학사전 4』, 지식산업사, 2005, 218쪽 참고.

여기서 동물로서의 인간과 인간으로서의 인간이란 무슨 표현일까요? 맹자는 사람이 대체적으로 선하지만 그렇다고 해서 선함이 저절로 드러나는 것은 아니라고 합니다. 선한 본선을 가로막는 물욕 등을 제어할 수 있는 힘을 기르기 위하여 수련을 하고 공부를 해야 한다고 말합니다. 만일 수련이 부족하다면 악한 본성이 드러나게 된다는 말입니다. 사람들이 선한 본성에서는 서로 비슷해도 습관을 들이기에 따라서 교육으로 올바른 습관이 생기도록 해야만이 선을 실현할 수 있는 힘인 덕을 갖출 수 있다고 합니다.

여기서 자연주의적인 선악관이 지닌 허점을 살펴보지 않을 수 없습니다. 선과 악을 자연적인 본성과 관련시켜서 이해한다면 생긴 그대로의 본성에 대하여 옳다 그르다 혹은 좋다 나쁘다고 판단할 수 있는 기준을 정하기 어렵다는 점입니다. 물론 선한 본성이 가려지는 경우 악하다고 하지만 무엇이 선하고 악한 가에 대하여 그 기준을 고민한다면 자연적인 관점만으로는 상대주의의 문제점을 피해갈 수 없게 됩니다. 그래서 선악의 절대적인 기준이 명확하게 제시될 필요가 있게 되면서 선과 악은 이분법적으로 날카롭게 구분되고 대립되기에 이릅니다. 여기서 기독교의 선악관이 등장합니다.

인간이 착한 행위를 하지 않고 번번이 악한 일을 한다면 어떨까요? 그것이 의지력의 결핍에서건 악마의 유혹에 넘어가서거나 자신의 본성을 깨닫지 못하는 수행의 부족에서건 악으로부터 인간이 완전무결하게 자유로울 수 없다고 한다면 어떨까요? 이 경우 기독교는 인간을 제압하는 하느님에 의한 선 개념을 제시합니다. 기독교는 인간이 본성상 원죄라는 악에 물들어 있어서 초자연적이고 초월적인 하느님의 계명과 율법이 필요하다고 합니다. "너희는 부모를 공경하여라……

살인하지 못한다. 도둑질하지 못한다. 이웃에게 불리한 거짓 증언을 못한다. 네 이웃의 집을 탐내지 못한다."(출애굽기 20:12~17)

하느님의 명령은 인간이 마땅히 지켜야 할 도리입니다. 그러나 기질상 악에 빠지기 쉬운 인간이 순순히 이 명령을 따를 리 없으므로 하느님은 초자연적인 힘(기적)을 가끔 내보임(계시)으로써 자신의 위력과 권능을 사람들이 받아들이지 않을 수 없게 합니다. 자신의 명령을 제대로 지키지 않은 자에게는 그 죗값을 후손 삼대에까지 치르도록 할 것임을 경고하고, 제대로 지킨 자에게는 그 후손 수천 대에 이르기까지 은혜를 내릴 것을 약속합니다. 한 사람의 행위에 대한 상벌이 후손에까지 미친다는 것은 일종의 연좌제이고 또 조상 가운데 선행을 한 자와 악행을 한 자가 섞여 있을 경우 실제로 후손에 대한 상벌이 어떻게 정해질지 몹시 궁금한 일입니다. 자식을 걸면서까지 사람들의 행실을 바로 잡으려는 것은 분명 효과적인 방법일 수도 있겠지요.

아무튼 기독교의 경우도 사람들이 도덕적으로 개선될 수 있는 능력을 지녔다고 봅니다. 그래서 하느님이 계명을 내리고 훈계하시는 것이겠지요. 만일 인간이 도덕적으로 선악을 가릴 수 없는 무능한 존재라고 한다면 율법을 내리고 상벌을 제시하는 일이 무슨 소용이 있겠습니까. 기독교의 선악관은 의무적인 것이라고 할 수 있습니다. 인간이 선악을 분별하는 윤리적인 존재일 수 있는 이유는 양심의 소리 때문도 아니고 대부분의 사람들이 으레 행하기 때문도 아니고 사람이 세운 이상(理想) 때문도 아닙니다. 오로지 하느님이 명령한 바대로 복종하고 순종하면서 창조주의 뜻에 합당하게 살아가는 삶이 바로 선하고 윤리적인 삶입니다.

2. 천도교의 선악관

1) 성 · 경 · 신과 수심정기

천도교의 선악관은 유교의 자연주의적인 입장과 기독교의 초자연적인 입장을 겸비하고 있다고 볼 수 있습니다. 동학 천도교는 유교의 경우처럼 인간의 본성에 선함을 추구할 수 있는 힘이 자연적으로, 태생적으로 내재되어 있다고 봅니다. 그러나 유교의 자연주의적인 입장이 자연을 넘어서는 절대자를 인정하지 않는 것과는 달리 동학은 인간과 삼라만상을 주관하는 인격적인 한울님을 신앙의 대상으로 합니다. 기독교의 경우처럼 선악이 일방적으로 하느님의 명령이나 계율에 의해 정해진다고 보지는 않지만 그렇다고 해서 또 인간이 선악을 좌지우지할 수는 없다고 봅니다. 선악이란 인간이 그 수행적 실천과 마음의 공부를 통하여 실현해나가는 대상임에 분명하지만 상대주의적인 입장에 의거하여 인간이 임의대로 그 내용을 판별할 수는 없는 것입니다. 그래서 성경의 말씀을 거울로 삼아 늘 기도하고 간구하는 기독교인들의 경우처럼 천도교인들도 한울님의 뜻에 합당하게 살아가고자 노력하게 됩니다.

사람의 행동은 외부 세계의 자극에 따른 반사적 행동과 자아의 판단에 따르는 의지적이고 사유적인 행동 그리고 마지막으로 우주의 명령(天命)이나 신령하고도 성스러운 영(靈)으로서의 한울님에 따라서 움직이는 행동으로 세분할 수 있습니다. 여기서 동학 천도교는 세 번째의 행동이 인간이 가야 할 길이자 본성에 따르는 길이라고 봅니다.[2] 본성에 따른다는 것은 사람들 각자에게 내재된 성질이 곧 한울님의 그것에 다름 아니기 때문에 한울님의 뜻과 명령으로서의 우주 삼라만상의 자연법칙을 거스르지 않고 몸소 실천한다는 말입니다. 말하자면 자연법칙을 거스르지 않는 것이 곧 한울님에 따라서 움직이는 도덕적이고 윤리적인 행위라는 것이지요.

동학 천도교는 그래서 본성을 따르는 삶이 도덕적인 것이라고 말합니다. 그러나 무신론의 지반에 서서 인간이 만든 인위적인 법이나 도덕률을 따르는 것이 도덕적이고 선한 삶은 아니라고 봅니다. 공자는『논어』의 위정 편에서 '마음이 원하는 바를 따라도 어긋남이 없다(從心所欲 不踰矩)'라고 했습니다. 인간이 본성에 따를 때 인간의 행위는 천명에 합치될 수 있고 또 도덕적이게 된다고 공자는 말했습니다. 동학 천도교의 경우도 인간의 본성을 따르는 삶은 곧 한울의 뜻과 명령을 좇는 성실하고도 공경을 다하는 삶이라고 봅니다. 단, 정성과 공경과 믿음(誠敬信)이 함께 해야 하기에 동학 천도교는 분명 믿음과 신앙의 대상을 도덕과 결부시키고 있습니다. 수운 대신사님은 '좌잠' 편에서 다음과 같이 말씀하십니다. "우리 도는 넓고 매우 크나 간략하다. 많은 말과 뜻이 필요하지 않고 별도의 다른 도리가 있는 것도 아니다. 오직 성·경·신 세 글자, 그 가운데에서 열심히 마음공부를 하여 투철히 한 뒤에야 모름지기 깨달을 수 있는 것이다."[3]

대신사님께서는『동경대전』의 수덕문 편에서 이렇게 말씀하십니다. "인의예지는 먼저 성인께서 가르치신 바이요, 수심정기는 오직 내가 다시 정한 바이다(仁義禮智 先聖之所敎 修心正氣 惟我之更定)." 이전의 성인들께서는 인의예지라는 덕목이 사람들의 삶에서 얼마나 중

---

2) 오문환,『동학의 정치철학: 도덕, 생명, 권력』, 모시는사람들, 2003, 55쪽.
3) 윤석산,『동경대전 주해』, 동학사, 1998, 213쪽.

요하고 또 중요하게 실천되어야 하는가를 누누이 강조해왔습니다. 그러나 인의예지라는 덕목을 사람들의 생활 속에서 올바르게 실천하려면 수심정기라는 새로운 방법론이 필요하다고 대신사님은 말씀하십니다. 수심정기란 직역하면 '마음을 지키고 기운을 바르게 한다'는 뜻입니다. 이는 인간의 마음에서 한울님으로부터 품부(稟賦)받은 마음을 회복시켜서 이를 올바르게 지키고 이 올바른 마음을 작용시키는 기운인 한울님의 기운을 바르게 하는 법으로서 대신사님께서 새로 정하신 것입니다. 말하자면 동학 천도교의 새로운 도덕률에 해당합니다. 수심정기는 기존 유교의 수양론이었던 거경궁리(居敬窮理)에 비견할 수 있는 대신사님만의 독특한 수양법이라고 할 수 있습니다. 대신사님은『용담유사』의 교훈가에서 "유도 불도 누천년에 운이 역시 다 했던가"라고 말씀하십니다. 자신의 가르침인 동학과 유교의 차이점이 다름 아닌 '도를 깨우치는 방법에 있다고 보십니다. 수심정기란 깨달음을 얻기 위하여 사람들이 수련을 해야 하는데 바로 그 수련을 이끌어주는 방법론이자 수양론인 것입니다.[4]

2) 불택선악의 선악관

수운 대신사님은 여러 차례에 걸쳐서 당신이 무극대도를 받았으며 이를 널리 펴는 것이 하늘로부터 받은 명(命)이라고 했습니다.『동경대전』논학문 편에 이 단어가 보이며『용담유사』에는 13번이나 등장합니다. 대신사님은 자신이 종교체험을 통해 만난 한울님을 표현하기

---

4) 변선환 아키브 동서종교신학연구소,『동서 종교의 만남과 그 미래』, 모시는사람들, 2007, 237쪽.

위하여 이 단어를 사용하는데 이를 형상화한 것을 태극으로 봅니다. 무극대도는 약동하는 기운으로서 태극의 모습을 하고 있다고 봅니다. 무극이 무형을 강조한다면 태극은 무형의 자취를 그려내기 위함입니다. 시간과 공간이 전제되지 않고 움직임이 가능할 수 없듯이 무극대도는 자신을 드러내기 위하여 자연의 물질성을 필요로 하지 않을 수가 없습니다. 그러나 물질세계가 정신세계와 관계한다고 해서, 시간과 공간이 관계한다고 해서 반드시 무극대도가 이원론적인 것일 필요는 없습니다. 무극대도는 말하자면 온갖 이원적인 분리 이전의 근원적인 것이기 때문입니다. 무형의 무극대도는 유형의 삼라만상과 불일불이(不一不二)의 관계에 있는 셈입니다. 여기서 한울님의 눈으로 볼 때 온갖 이분법적이고 이원론적인 구분이나 분별이 사라질 수밖에 없는 이유를 알 수 있습니다.

그래서 『동경대전』 논학문 편에서 대신사님은 왜 나쁜 마음을 지닌 사람에게도 한울님이 강령하시냐는 제자들의 질문에 불택선악(不擇善惡)하기 때문이라고 대답하십니다. 움직임이 있는 유형의 세계에서는 언제나 온갖 이분법적인 것들이 창궐할 수밖에 없습니다. 아름다움과 추함, 부자와 가난한 자, 선함과 악함 등등. 그러나 한울님의 자리는 움직여도 움직인 줄 모르며 먹어도 먹은 줄 모르고 보아도 보는 줄 모르며 알아도 아는 줄 모르는 경지입니다. 그러므로 선악이나 시비가 생길 수가 없습니다. 그렇다고 해서 대신사님이 상대주의적인 선악관을 지니신 것은 결코 아닙니다. 대신사님은 대학의 '지어지선'을 도덕가에서 인용하시고 교훈가에서는 '착한 운수'를 말씀하십니다. 지극한 선이란 깨닫기 이전의 목적이며 아직 깨닫지 못한 사람을 위한 것일 뿐 깨달음의 자리에는 착함도 악함도 없다는 말씀입니다.[5)]

"사람들의 수족동정(手足動靜)도 이는 역시 음양의 작용인 귀신의 일이요, 선함과 악함의 마음 씀씀이도 역시 기운에 의한 것이다. 말하고 웃는 것 역시 조화에 의한 것이다. 그러나 한울님은 지공무사(至公無私)하신 마음으로 선한 존재나 악한 존재를 가리지 않고 모두에게 덕을 내리시니, 효박(淆薄)한 이 세상이 이내 동귀일체(同歸一體)의 세상을 이루게 될 것이다."6) 사람의 손가락 하나 움직이는 것도 한울님의 마음이 없이는 이루어질 수 없습니다. 삼라만상의 대소사에 관여하여 작용하시지만 그 어떤 사사로움이나 불편부당함도 모르시는 공정하고 불택선악하시는 분이 곧 한울님입니다.

지공무사하고 불택선악한 한울님과 동일한 경지에 오른 사람을 대신사님은 유학의 용어를 빌어 군자(君子)라고 말씀하십니다. "선한 사람의 준거가 되는 군자의 덕은 그 기운이 바르고 그러므로 모든 행동거지나 실행하는 바가 반듯하며, 마음 역시 한울님 마음을 회복하여 그 마음을 변하지 않도록 정하였기 때문에 한울님과 더불어 그 덕이 합해진 것이요, 소인의 덕은 기운이 바르지 않아 모든 행동거지가 반듯하지 않으며 마음이 이리저리 자주 바뀌는 까닭으로 한울님의 명에 어긋나고 있다."7)

대신사님은 인간의 모든 길흉화복과 흥망성쇠가 모두 사람의 마음 씀씀이에 달려 있다고 말씀하십니다. 여기서 사람의 마음이란 한울님으로부터 품부받은 것으로서 그 마음을 지키고 그 기운을 바르게 하면 자연스러운 가운데 무위이화(無爲而化)가 됩니다. 여기서 무위이화

---

5) 오문환, 위의 책, 29쪽 참고.

6) 윤석산, 『용담유사 주해』, 동학사, 2000, 214쪽.

7) 윤석산, 「논학문」, 『동경대전 주해』, 89쪽.

가 되게 하는 주체는 한울님이지만 무위이화에 이르는 노력은 수심 정기로서 인간의 몫이라고 하겠습니다.[8] "즉, 사람의 정성은 한울님을 감응하게 하고 한울님은 조화를 통해 무위이화하게 하고 사람은 이 무위이화를 통해 한울님의 경지에 이르게 되는 것입니다."[9]

여기서 한울님의 경지에 오른다는 표현을 도대체 어떻게 이해해야 하는지요? 사실 동학 천도교의 말씀은 우주처럼 크고 커다란 한울님과─한은 크다는 의미를 나타내고 울은 울타리를 말합니다─우리들 한 사람 한 사람 사이에 그 어떤 질적으로 상이한 성질이 있을 수 없다고 봅니다. 이를 종교학 용어로 말씀드리면 절대자인 신과 인간 사이의 질적인 차이성을 인정하지 않는 것이 동학 천도교의 기본 입장이라는 말씀이지요. 이는 기독교가 하느님과 인간 간의 철저하게 다른 질적 상이성 위에 서 있는 것과는 대조적인 모습입니다. 그래서 동학 천도교에 의하면 우리들 모두는 한울님을 모시고 있는 시천주 자(侍天主者)[10]이고 호모 시존(Homo Seejon)[11]입니다.

마지막으로 다음과 같이 정리하면서 오늘의 강의를 마치고자 합니다. 수운 대신사님이 이해하시는 한울님은 우리들에게 적극적으로 선한 행위를 명령하고 그 결과에 따라서 상과 벌을 내리는 심판하시고 징계하시는 분이 아닙니다. 무위이화의 조화 속에서 내유신령하고 외유기화 하는 우리들 작은 한울님 한 분 한 분을 통하여 우리들의 마음과 기운에 감응하시는 분입니다. 그래서 선과 악이나 성하고 쇠하는

---

8) 같은 책, 73쪽 참고.
9) 같은 책, 74쪽.
10) 최동희, 「수운의 인간관」, 『한국사상』, No.1/2, 90쪽 참고.
11) 조용일, 『동학 조화사상연구』, 동성사, 1988, 28쪽 참고.

그 모든 인간사에 관계되는 것들은 우리들 인간이 한울님의 도(天道)를 알고자 수행하면서 깨달아 실천하는 과정 속에서 전적으로 드러나는 것입니다. 수운 대신사님이 이해하신 한울님의 모습은 우리들의 삶 속에 자의적으로 제 멋대로 간섭하시는 분이 아닙니다. 우리들의 모든 인생살이 나름 나름에 무위이화의 조화 속에 함께 하시면서 우리들의 의지적인 마음공부와 수련을 독려(督勵)하고 부추기시는 '불택선악(不擇善惡)의 한울님'이십니다.[12]

3. 지금 이곳에서, 여러분에게 적용 가능한 수운 대신사님의 가르침에 대하여 생각해 봅시다. (질의응답과 전체 토론 및 의견 교환의 시간)

1) 선과 악은 이분법적인 것일까요 아닐까요?
   (본성상의 차이와 정도상의 차이에 관련해서)

2) 선과 악의 절대적인 기준이 있다고 생각하십니까, 아니면 없다고 생각하십니까? 만일 있다고 한다면 한울님 기준과 인간 기준의 차이점은 무엇인지 생각해봅시다.

3) 수운 대신사는 선과 악에 대하여 어떻게 말씀하시고 계신가요?

---

12) 김용휘, 「시천주 사상의 변천을 통해 본 동학 연구」, 고려대학교 박사학위 논문, 2004, 57쪽 참고.

4) 그래도 풀리지 않는 의문점들을 허심탄회하게 나누어 봅시다!

예) 요행은 아니어도 은혜처럼, 나만 특별히 예뻐하셔서 노력하지 않았는데도 한울님으로부터 복과 사랑을 받을 길은 없는지요?

제8장 동학의 인본주의에 관한 고찰

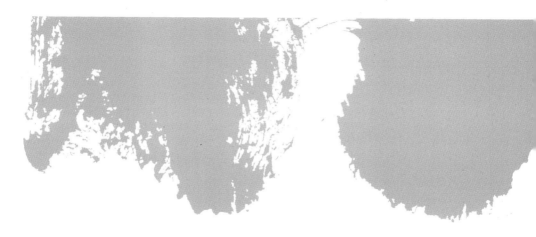

1. 들어가면서 – 동학은 인본주의사상인가?

한국의 자생적인 민족종교의 본령이라고 해도 과언이 아닐 동학은 서학에 대한 자주 자립의식의 발로로서 19세기 중반에 수운 최제우 (崔濟愚: 1824~1864)에 의하여 창도되었다. 당시 조선 왕조의 온갖 비리와 부패를 치유 가능한 새로운 사상을 찾아 나섰던 수운은 1855년에 을묘천서라는 종교 체험을 하고 득도에 매진한 결과 경신년인 1860년에 한울님으로부터 신비적인 종교체험을 하게 된다. 그리고 이때의 종교체험으로 인하여 한울님으로부터 받은 가르침의 총체인 동학이 결정적으로 탄생한다. 해월 최시형(崔時亨: 1827~1898)에 의해 더욱 대중화되면서 생활 속에 뿌리를 내리게 되는 동학으로부터 정치, 경제, 사회 및 온갖 문화 예술 담론이 도출될 수 있다.

1세 교조인 수운의 계시적인 종교 체험에 의하여 출발한 동학의 기본 성격이 종교라는 데는 이론(異論)의 여지가 있을 수 없다.[1] 그러나 당시 동아시아의 종교 담론이 표방하는 일원론적인 세계관에 의거할 때, 종교라는 서양 언어가 의거하는 이원론적인 세계관과의 상이성에 대한 주목이야말로 동학을 연구하는 데 관건이라고 아니 할 수 없다.[2] 이는 동학의 세계관에는 서양 종교의 기본적인 전제인 이분법적인 세계관이 들어설 여지가 없기 때문이다. 무릇 religion이라는 서양어 종교의 어원학적인 의미가 현세의 인간과 내세의 초월적인

---

1) 『새로 쓰는 동학』의 머리말은 '東學(동학)'이라는 이름에서의 '學(학)'이라는 한자가 동학을 이해하는 데 뜻밖에 큰 걸림돌로서 작용해왔다고 지적한다. 이어서 동학의 성격이 지식체계로서의 학문도 아니고 사회 정치사상도 아닌, 한울님만을 믿는 순수한 종교일 뿐이라고 강조한다. 한울님은 본고에서 하늘님과 병행해서 표기될 것이다(최동희・이경원 공저, 『새로 쓰는 동학』, 집문당, 3쪽 참고, 2003).

2) 서양어 religion의 라틴어 어원의 의미는 초월적인 절대자와 인간을 수직적으로 묶어 결속시킨다는 것이다.

신과의 결속과 연결이라는 점을 주지한다면, 단언컨대 동학은 유교나 불교 등의 동양 종교들처럼 종교가 아니고 가르침이나 학이라고 할 수 있을 것이다. 서양어의 종교라는 단어의 의미에 충실할 때 이 세상을 살아가는 인간의 삶은 이 세상을 벗어나는 저 세상이나 내세의 초월적인 절대자를 중심으로 이해되고 해석되면서 규정될 수 있다. 여기서 신중심주의, 신이 인간에게 명령하면서 군림할 수 있는 신본주의(神本主義)가 가능하게 된다.

그러나 이 세상을 저 세상과, 현세(現世)를 내세(來世)와 이분법적으로 나누지 않는 동학의 종교사상의 경우에는 과연 신본주의를 어떻게 이해할 수 있을까라는 물음을 제기해 보고자 한다. 그리고 이런 물음에 대한 답변을 찾기 위한 그 실마리로서 인본주의(人本主義)에 주목하고자 한다. 여기서 인본주의란 단어 그대로 인간이 삶의 근간이고 중심이라고 하는 사상이다. 물론 Humanism으로 번역될 수 있는 서양어 인본주의라는 단어는 religion이라는 단어가 의거하고 있는 이분법적인 세계관에 의거한다면 신본주의와 대치되거나 아니면 적어도 이와는 제휴하기 어려운 단어일 것이다. 그래서 서구 근대의 지성사에 등장하는 인본주의, 휴머니즘이란 단어는 중세의 신본주의 사상으로부터 벗어나서 이 세상을 대변하는 인간과 자연을 다시 발견하고자 하는 르네상스 운동을 기점으로 데카르트의 코기토에 의하여 정초되어 칸트의 선험적 통각으로 완성되는 근대 서구 지성계의 대명사였다고 해도 과언이 아닐 것이다. 그러나 오늘날 서구의 지성계는 신을 외면한 근대 서구 휴머니즘의 인간 중심주의로 인하여 자행된 온갖 병폐를 치유하고자 하는 비판과 자성의 목소리로 일관하고 있다. 바야흐로 신을 홀대하고 도외시하는 근대 서구의 휴머니즘이 지구촌의 총체적 위기 상황을 야기한 주범 가운데 하나일 수 있다는 생각에까지 이른 것이다.

이에 근대 서양의 인본주의에서처럼 동학의 인본주의의 경우도 과연 신본주의와 공존하면서 제휴할 수 없는 것이냐는 물음을 제기해 보고자 한다. 여기서의 신본주의와 인본주의의 의미는 신이 본이 되는 주의와 인간이 본이 되는 주의라고 하는 단어 그대로의 의미로 규정될 것이다. 이분법적인 세계관에 의거했던 서양의 경우는 이 두 가지가 공존하기 어려웠지만 이 땅에서 태동한 동학의 경우에도 과연 그럴까 하는 의문을 제기해 보고자 한다. 그래서 이분법적인 서양의 세계관에서는 인본주의가 신본주의와 제휴하기 어려운 대립적 의미를 지니는 것과는 달리 일원론적인 유기체적 세계관에 의거하는 동학의 경우 이 두 단어는 결코 대립각을 세울 수 없다는 사실을 구명하고자 한다.

수운과 해월의 종교사상을 통하여 접근하게 될 이러한 문제의식은 수운으로부터 해월에게로 이어지는 동학의 신앙 대상에 대한 철저하고도 심층적인 이해로부터 해명이 가능한 작업이 될 것이다. 무릇 동서양을 막론하고 신을 본보기로서 살아가는 삶은 인간을 경시하는 물질만능주의에 결코 빠질 수 없을 것이다. 신을 공경하는 종교적인 가치에 의해서만이 인본주의적인 인간의 존엄성과 가치는 가장 확실하게 보장될 수 있을 것이다. 본고는 신본주의와 인본주의가 결코 대립될 수 없다는 전제 아래 동학의 경우 이 두 주의가 어떻게 관계를 맺고 있는가를 살펴보고자 한다. 그래서 이원론적 세계관에 의거하는 서구의 신본주의가 위계적이고 수직적인 면모를 드러내는 반면에, 일원론적인 세계관에 입각한 동학의 그것은 비위계적이고 수평적인 특성을 드러낸다고 하는 사실을 구명코자 한다. 이로써 오늘날 지성계를 장악하고 있는 새로운 인본주의로의 열망에 동학이 과연 얼마나 부응(副應)할 수 있는가를 살펴보고자 한다.

2. 수운과 해월의 사상을 통한 인본주의와 신본주의의 관계

서양어 humanism을 우리말로 번역한다면 인본주의로 옮길 수 있다.[3] 그러나 인본주의라는 우리말의 의미는 그 말이 사용되는 세계관이 서구와 다른 이유로 인하여 역시 인본주의로 옮길 수 있는 휴머니즘과는 민감한 상이성을 내포한다. 신 중심적이고 신본주의적인 서구 중세의 신분제 사회로부터 벗어나서 인간의 자율적인 이성을 중심으로 하는 문화 운동으로서 고대 그리스의 문예 부흥을 이상(理想)시 했던 것이 서구적인 의미의 인본주의이다. 반면에 서구처럼 이원론적 세계관에 입각하여 인격적이면서도 초월적인 창조주를 인정하지 않았던 수운 당시의 사회에서 인본주의란 인간의 존엄성과 그 가치를 절대적으로 존중하는 인문학적 개념이었다고 할 수 있다. 물론 인간의 존엄성과 그 가치를 절대적으로 존중하는 인문학으로서 당시 사회를 풍미했던 것은 추로지학(鄒魯之學)인 유학이었음에는 이의가 있을 수 없을 것이다.

그러나 당시 조선 사회의 지배이념으로서의 유학은 탁월한 인문학적 가치를 지녔음에도 불구하고 신분제 사회를 옹호하는 통치 이데

---

3) 신승환, 『우리말 철학사전 3권』, 우리사상연구소 엮음, 지식산업사, 2005, 125쪽 참고.

올로기로서 군림했다. 그 결과 신분이나 빈부 차이, 남녀노소나 반상과 적자·서자, 주인과 종을 불문하고 무릇 모든 사람에게 무차별적으로 그 절대적인 평등성을 주창하는 데는 사상적인 한계성을 지니고 있었다. 이는 말하자면 서구 근대 사회의 인본주의가 인간중심주의라는 편애적(偏愛的)인 모습을 드러낸 반면에, 지배 이데올로기로서의 당시 유교는 제한적이고도 위선적인 인본주의의 모습을 드러냈기 때문이었다고 볼 수 있다.[4]

동학의 인본주의는 서구의 그것처럼 신을 외면하면서 인간을 세계의 중심에 위치시키는 인간중심주의의 편애적인 인본주의와는 다르다. 또한 유교의 그것처럼 인문학적인 가치를 존중하면서도 신분제 사회 질서를 타파할 수 있는 이념을 제공하지 못하는 위선적인 인본주의의 한계성으로부터도 자유롭다. 한마디로 말해서 동학의 인본주의는 신본주의와도 공존하고 제휴하면서 동시에 반상과 적서 등의 온갖 사회적 불평등을 극복할 수 있는 인문학적인 제 가치를 함유하는 특성을 갖추고 있다고 평가할 수 있다. 이를 위하여 먼저 수운의 종교사상이 담긴 글들을 통하여 동학이 지닌 신앙의 대상이 서구적 의미의 신본주의와 어떤 차별성을 지닐 수 있는가를 살펴보고자 한다. 신앙 대상에 대한 믿음을 강조하는 수운의 글들을 통하여 동학이 이해하는 절대자의 모습이 서구 신본주의의 그것과는 엄연히 다르다는 사실을 살펴보고자 한다.

"무지한 세상사람 아는 바 천지라도, 경외지심(敬畏之心) 없었으니 아는 것이 무엇이며, 천상에 상제님이 옥경대(玉京臺)에 계시다고

---

4) 유병덕, 「동학의 인간주의 사상」, 『동학·천도교』, 시인사, 1976, 452쪽 참고.

보는 듯이 말을 하니, 음양이치 고사하고 허무지설(虛無之說) 아닐
런가."5)

여기서 수운이 이해하는 절대자의 모습이 서학의 경우처럼 이분법
적으로 이 세상과 분리되어 존재하지 않는다는 사실을 알 수 있다.
세상의 많은 사람들이 글을 읽고 또 교육을 받아 아는 것은 비록 많
을 수 있지만 한울님에 대한 공경심과 두려움이 없다면 결국 한울님
을 안다고 할 수 없다. 또한 마치 한울님이 이 세상이 아닌 천상에 계
신다고 한다면 이는 허무맹랑한 말일 것이라고 수운은 강조한다. 수
운은 자신이 이해하는 절대자의 모습을 다음과 같이 분명하게 밝히
고 있다. "나는 도시 믿지 말고, 한울님만 믿었어라. 네 몸에 모셨으
니, 사근취원하단 말가."6) 여기서 수운은 동학의 신앙 대상을 분명하
게 한울님으로 규정하면서 동시에 그런 한울님에 대한 이분법적인
접근을 단호하게 경계하고 있다.

한울님이 신앙인 각자의 몸에 모실 수 있는 대상이라는 수운의 말
씀은 많은 논쟁거리를 제공하기에 충분하다. 우선 여기서 '모셨으니'
라는 표현의 시제상의 문제가 제기될 수 있다. 항상 언제나 한울님은
우리들의 몸에 모셔져 있다는 것인가, 아니면 한울님을 믿는 신앙인
의 경우에 믿을 때부터 그러하다는 말인가? 만일 한울님이 유일신관
의 대상이라면 이 경우와 어떻게 양립하면서 이해될 수 있는가? 신앙
인의 몸에 모실 수 있는 절대자라고 한다면 몸 자체와 한울님을 동일
시할 수도 있다는 말인가? 이 경우 우리의 몸은 과연 어떻게 이해될

5) 최제우, 「도덕가」, 『용담유사』, 천도교중앙총부 출판부, 포덕 122년.
6) 최제우, 「교훈가」, 『용담유사』, 천도교중앙총부 출판부, 포덕 122년.

수 있는가? 또한 '몸에'라는 표현이 한글 고어 표기로 이해할 경우 '몸이'라는 주격으로도 이해 가능한데, 그렇다고 한다면 몸을 통하여 실천적으로 수련에 정진하면서 한울님을 믿으라는 말인가? 이런 많은 의문점들을 풀기 위하여 「논학문」에 등장하는 21자 주문에 담긴 '시천주(侍天主)' 사상을 살펴보기로 한다. '시천주'에 등장하는 '시(侍)' 자의 의미를 수운은 '내유신령(內有神靈) 외유기화(外有氣化) 각지불이 (各知不移)'로 표현한다. 이에 대하여 전개된 지금까지의 다양한 주석을 검토한 후에 내려진 다음과 같은 주석을 살펴보자.

> "수운의 '시'는 내가 하늘님의 영기(靈氣)로 태어나 그 안에서 살지만, 동시에 그 하늘님 역시 내 안에서 살고 계시면서 나의 지성(至誠)과 성원(誠願)에 감응하고 응답하는 실재임을 온전히 깨달아 그 모신 하늘님을 지극히 공경하고 받들어 모심을 의미한다. 그러므로 처음부터 하나라고 해서는 안 된다. 궁극적으로는 하나일지 모르지만, 완전한 합일로 나아가기 전에는 내 몸 안에 엄연히 현존하고 있는 '신령'의 실재가 있고 그 '신령'의 존재를 체험하고 받들어 모심이다. 그래서 그 하늘님을 부모님처럼 공경하라(與父母同事)는 것이 수운이 생각한 진정한 '경천(敬天)'이며, 이것이 '시천주'의 의미라고 할 수 있다."[7]

이런 수운의 믿음의 대상을 고 표영삼은 천주와 지기가 둘이면서 하나이고 하나이면서 둘인 '이위일체(二位一體)'의 존재라고 표현한다. 그는 이어서 서양의 이분법적이고 초월적인 신 관념에서는 신이 세계를 만들어 놓고 세계를 초월해 있는 반면에, 수운의 하늘님은 생성하면서 변화해 가는 시간의 과정 속에 놓여 있다고 이해한다.[8] 이런

---

7) 김용휘, 「시천주사상의 변천을 통해 본 동학연구」, 고려대학교 철학과 박사학위논문, 2004, 44쪽(여기서 논자는 양한묵, 이돈화, 최동희와 윤석산의 주석을 검토한 후에 나름대로 자신의 이해를 정리하고 있다).
8) 표영삼, 『동학 Ⅰ』, 통나무, 2004, 113-114쪽 참고.

시간 속에 있는 한울님 모습을 수운은 『동경대전』, 「포덕문」 편에서 '천주조화지적 소연우천하야(天主造化之迹 昭然于天下也)'라고 하면서 '조화의 한울님'으로 표현한다. 조화(造化)란 온 세상 만물을 생성시키고 또 키우고 변화시키는 자연의 힘과 능력을 말한다. 동학·천도교에서는 이런 조화가 자연의 힘이지만 결국 한울님의 힘과 능력이라고 말한다.[9] 이런 조화의 한울님은 논학문에서 동학·천도교의 가르침 가운데 그 핵심인 '무위이화(無爲而化)'의 한울님으로서 드러난다.

> "우리 도는 무위이화라, 내 마음을 지키고 내 기운을 바르게 하면 한울님 성품을 거느리고 한울님의 가르침을 받아 자연한 가운데서 되는 것이오, 서양 사람은 말에 차례가 없고 글에 순서가 없으며, 도무지 한울님을 위하는 끝이 없고 다만 제 몸만을 위하여 빌기 때문에 몸에는 기화지신(氣化至神)이 없고 학에는 한울님의 가르침이 없으니, 형적은 있으나 자취가 없고 생각하는 것 같지만 주문이 없는지라, 도는 허무한 데 가깝고 학은 한울님 위하는 것이 아니니, 어찌 다름이 없다고 하겠는가."[10]

여기서 수운이 이해하는 한울님은 적극적으로 선과 악의 문제에 개입하면서 상벌을 내리는 존재가 아니라 인간의 마음과 가운에 감응(感應)하는 존재로서 드러난다. 이 경우 선악과 흥망성쇠 등의 온갖 세상일의 책임은 인간이 세상일의 그 무위이화의 이치를 알고 이에 순응하느냐 그렇지 못하느냐에 달린 것이라고 할 수 있다. 수운이 이해하는 한울님은 '불택선악(不擇善惡)의 한울님'이기 때문에 인간사에 자의적으로 간섭하지 않고 인간이 스스로의 마음과 기운을 조절하는

---

9) 윤석산, 「포덕문」, 『동경대전 주해』, 동학사, 1998, 4-5쪽 참고.
10) 최제우, 「논학문」, 『용담유사』, 천도교중앙총부 출판부, 포덕 122년.

수심정기(守心正氣)의 수행적 공부를 통하여 온몸으로 체득될 수 있는 대상이라고 할 수 있다. 여기서 시천주 사상의 그 수도의 원리를 수심정기라고 할 수 있다면, 그런 수도와 수련의 마음가짐이 '성·경·신'이며 구체적인 수련 방법을 주문과 영부, 검무와 필법이라고 할 수 있다.[11]

그런데 여기서 우리는 수운의 종교사상 내부에서 포착된 민감하고도 중요한 변화에 주목해야만 한다. 이러한 변화가 해월의 그것에 이르러 지속적으로 진행이 되면서 마침내 새로운 인본주의 사상이 개화하게 되었기 때문이다. 동학의 2세 교주인 해월에 이르러 수운의 시천주 사상은, 한울님과 인간의 공존과 하나됨의 경험을 통하여 이해될 수 있는 시천주 사상은 그 신앙 대상에 대한 폭 넓고도 심오한 이해의 확장을 이루게 되기 때문이다. 그리하여 수운의 시천주 사상은 그것이 지니고 있는 인본주의의 인간중심주의로부터 인간존중주의 및 범 생명 존중사상으로 확장되면서 마침내 신본주의와 인본주의의 공존이라고 하는 그 독창적인 사상적 개화를 맞이하게 되었다고 평가할 수 있다. 이러한 독창적인 사상은 기존의 인본주의나 신본주의로는 이해될 수 없는 새로운 인본주의이며 새로운 신본주의라고 할 수 있을 것이다.

수운은 천사문답의 신비적인 종교체험을 토대로 해서 동학을 창시한 이후로 초월적이고도 인격적인 신앙 대상으로부터 그러한 신앙 대상을 경험함에 있어서 점차 내면화의 과정을 경험하게 되었다고 한다.[12] 수운의 적통을 이어받아 동학의 종교사상을 개화시킨 해월

---

11) 김용휘, 앞의 논문의 65-76쪽에서 논자는 시천주의 실천 방안에 관하여 자세하게 논하고 있다.

12) 김용휘, 「시천주사상의 변천을 통해 본 동학연구」, 35-37쪽 참고(논자는 이곳의 35쪽에서 '동학의 신앙 대

에 이르러 이런 신앙 대상의 내면화 과정은 더욱 더 철저하게 진행되어 마침내 새로운 인본주의 사상의 결실이 가능했던 것이다. 수운이 영부나 부적 등의 주술적이고도 비합리적인 포교 수단에 의뢰하면서 비교적 짧은 기간 동안 가르침을 전파했던 것과는 달리 보다 합리적인 포교활동에 주력하면서 제법 오랜 기간 동안 가르침을 전파할 수 있었던 해월에 이르러 동학의 인본주의 사상은 수운 당시보다 더욱 개화하면서 우리 시대에 요구되는 새롭고 탁월한 인본주의 사상으로서 자리매김했다고 평가할 수 있다.[13]

이제 좀 더 자세히 수운으로부터 해월로 이어지는 동학의 신앙 대상에 대한 미묘한 이해의 변화를 추적해 보기로 하자. 이는 그 성격만으로도 동학의 신관을 정리하는 방대한 작업이 될 수 있지만 본고의 성격상 동학의 인본주의를 이해하는 데 필요한 부분을 드러내는 정도에서 만족하고자 한다. 동학의 신앙 대상에 대한 수운의 이해가 과연 어떻게 변화해 가는지를 먼저 추적해 본 후에, 이런 미묘한 변화와 함께 하는 동학의 인본주의 성격이 수운을 계승하는 해월에 이르러 마침내 신본주의와 제휴하는 새로운 인본주의 사상으로서 개화하는 과정을 살펴보고자 한다.

> "이런 까닭으로 기필코 어려운 것은 불연이요, 판단하기 쉬운 것은 기연이다. 먼 데를 캐어 견주어 생각하면 그렇지 않고 그렇지 않고

상에 대한 수운의 이해가 몇 차례 변천을 겪었다'고 강조하면서 그 변천 과정에 대하여 자세히 연구하고 있다).

13) 본고는 동학의 인본주의에 대한 고찰 범위를 1대 교조와 2대 교주에 제한하고자 한다. 3대 교주인 의암 손병희에 이르면 서구 근대 사상과 철학이 표방하는 세계관의 영향으로 동학의 인본주의는 서구의 휴머니즘 방향으로 한층 선회하면서 이에 우호적인 태도를 표방하기 때문이다. 특히 이돈화의 '인간격 중심주의'에 이르면 동학사상이 내포하고 있는 신성과 종교성이 희석되면서 거의 근대 서구적 휴머니즘사상과의 친화성이 결정적으로 드러나게 된다.

또 그렇지 않은 일이오, 조물자에게 부쳐 보면(付之於造物者) 그렇고 또 그러한 이치이니라."[14]

여기서 수운의 종교사상의 핵심인 신의 모습이 조물자(造物者)라는 단어를 통하여 분명하게 드러나고 있음을 알 수 있다. 수운은 우리들이 아버지에 그 아버지를 헤아려 자신이 태어나게 된 근원을 생각해 보듯이, 삼라만상을 이 땅에 내신 한울님으로서의 조물자를 인정한다. 있음과 없음, 무로부터(ex nihilo) 유로의 세계 창조라는 이분법적인 세계관이 아니고 만물을 만들어내신 한울님으로서의 동학의 신의 모습은 일원론적인 세계관 내에서 이해되어야 할 것이다. 이 경우 자연의 섭리나 유교적인 이법 체계라는 비인격성과 아울러 수운과 소통하는 인격적인 존재로서 등장하는 한울님의 모습이 함께 조명되어야 하는데, 본고에서는 다만 동학의 종교성에 대한 언급으로 만족하고자 한다.[15]

놀라 일어나 물어보니 말하기를 "두려워하지 마라. 무서워하지 마라. 세상 사람들이 나를 일컬어 상제라고 하니, 너는 상제를 알지 못하느냐?", 그 까닭을 물어 보니, 대답하기를 "나 역시 공이 없는 까닭으로 세상에 너를 내어 이 법으로 사람을 가르치나니 의심하지 말고 의심하지 마라."[16]

'천사문답'을 통하여 수운에게 계시되는 신은 두려움이라는 감정을 통하여 인간과 소통하는 인격적인 존재로서 이해될 수 있다. 그런

---

14) 최제우, 「불연기연」, 『동경대전』(윤석산 주해, 동학사, 1998, 189쪽)
   앞으로 동경대전과 용담유사에 담긴 한자어는 윤석산의 직역을 통하여 현행 우리말로 인용함을 명시한다.
15) 학계의 일반적인 정설(定說)은 동학의 신관이 범재신론을 보인다는 것이다. 이는 인격성과 비인격성, 초월성과 내재성, 범신론과 유일신론 등 일견 공존하기 어려운 온갖 신관의 모습을 지닌다.
16) 최제우, 「포덕문」, 『동경대전』(윤석산 주해, 동학사, 1998, 21쪽, 23쪽).

데 그런 인격적인 신은 이분법적인 세계의 하나인 저 세상이나 다른 세상에 거하지 않고 바로 우리와 같은 세상에 함께 거하기에 수운을 만나기 이전의 자신이 공(功)이 없었다고 고백하고 있다. 이런 고백은 『용담유사』의 '용담가' 가운데 다음과 같이 결정적으로 피력되기도 한다. "나도 또한 개벽 후에 노이무공(勞而無功)하다 가서 너를 만나 성공하니 나도 성공 너도 득도." 여기서 동학의 종교사상이 인간 위에 군림하거나 인간에게 명령하는 신본주의와는 전혀 거리가 멀다는 사실이 여실히 드러나고 있다. 동학에서는 신과 인간이 상호 의존적인 쌍방향적 관계를 유지하고 있다는 것을 알 수 있다. 또한 동학의 신인 한울님과 인간과의 그 수평적이고도 쌍방향적인 제휴관계는 「논학문」에 대한 다음과 같은 주석을 통해서도 이해될 수 있을 것이다.

> "한울님의 조화인 무위이화(無爲而化)가 되게 하는 주체는 한울님 이지만, 이 무위이화에 이르는 노력은 인간이 하는 것이라고 하겠 다. 이 노력이 바로 '수기심정기기 솔기성수기교'인 것이다. 즉 사 람의 정성은 한울님을 감응하게 하고, 한울님은 조화를 통해 무위 이화하게 하고, 사람은 이 무위이화를 통해 한울님의 경지에 이르 게 되는 것을 말함이다."[17]

동학이 수심정기와 솔성기교의 수도와 수련을 강조할 때, 이는 인간이 자기 자신의 노력으로써 스스로를 구제하려는 인본주의적인 성격에 해당한다는 것을 부인할 수 없을 것이다. 간단히 말하자면 신이나 전지전능한 인간 외부의 초월적 절대자로부터 가능한 은총이나 축복을 동학은 배제한다는 이야기이다. 물론 용담유사의 '권학가'에

---

17) 최제우, 「논학문」, 『동경대전』(윤석산 주해, 동학사, 1998, 73-74쪽).

서처럼 '한울님의 조화와 은덕으로 세상의 모든 사람들이 태어났다'는 표현을 발견할 수도 있지만, 일단 세상에 태어난 이후로의 인간의 일거수일투족은 철저하게 자구적인 노력과 수행의 결과물이라고 동학은 가르치고 있다. 말하자면 신으로부터 거저 받는 믿음의 은총이 아니라 수도와 수련의 자구적 노력이 한울님을 감응시키면서 무위이화의 믿음이 가능하다는 것이다. 이런 동학의 인본주의적인 특성은 인간이 그가 처해 있는 현실 세계를 주체적이고도 능동적으로 개혁해나가야 한다는 강한 실천적 의지로 표출된다. 말하자면 동학이라는 종교사상이 도달하는 궁극적인 경지는 개인적으로는 지상신선과 사회적으로는 포덕천하에 의한 광제창생이라는 이 땅 위에서의 후천개벽인 것이다.

그러나 그렇다고 해서 동학의 인본주의가 지닌 신본주의와의 제휴와 공존을 간과해서는 안 될 것이다. 한울님과 제휴해서만이 이해될 수 있는 동학의 인본주의 사상은 『동경대전』과 『용담유사』의 여러 곳에서 드러나고 있기 때문이다. 동학의 인본주의를 이해하기 위해서라면 반드시 동학의 신 이해를 전제로 해야만 하는데 이는 동학의 인본주의가 신본주의를 벗어나서는 온전하게 이해될 수 없다는 사실을 의미한다. "이것을 병에 써보니, 혹 차도가 있고 또 차도가 없는 까닭으로 그 단초를 알지 못하여, 왜 그러한가 원인을 살펴보니 정성을 드리고 또 정성을 드려서 한울님을 지극히 위하는 사람은 매번 들어맞고, 도와 덕을 따르지 않는 사람은 하나 같이 효험이 없으니, 이는 받는 사람의 정성(精誠)과 공경(恭敬)이 아니겠는가?"[18]

---

18) 위의 책, 「포덕문」, 31-32쪽.

동학의 새로운 인본주의 사상은 1대 교조인 수운 당시보다 2대 교주인 해월 대에 이르러 상대적으로 볼 때 더욱 완성되어 갔다고 평가할 수 있다. 그 이유는 수운이 한울님과의 신비적 종교체험인 '천사문답'을 통하여 한울님의 마음을 나타내는 징표로서 영부를 받고 이를 불에 태워 물에 타 마시는 등 주술적인 행동을 한 반면에, 해월 대에 이르러 이런 동학의 주술성은 희박해지면서 더욱 인본주의 사상의 방향으로 나아갔기 때문이다.[19] "해월에 이르면 수운의 시천주가 지닌 신비체험보다 생활에서의 보편 윤리를 강조하다보니 자연히 천 중심적인 사고보다는 인간을 중심에 놓고 사고하게 되고, 이는 시천주사상의 세속화(世俗化)라는 측면에서도 해석할 수 있기 때문이다. 그러므로 강령이나 강화 등의 천으로부터 오는 감화보다는 인간 스스로의 자력적(自力的)인 수도와 의지를 통한 생활의 변화, 운명의 변화에 보다 강조점이 놓이게 되었다."[20] 예컨대 '사인여천'이나 '향아설위'라는 해월의 법설도 수운의 '시천주' 사상이 부각하는 신본주의적인 성격을 좀 더 인본주의 쪽으로 선회(旋回)시킨 것이라고 볼 수 있기 때문이다.

> "내가 바로 한울이요, 한울이 바로 나니, 나와 한울은 도시 일체이니라. 그러나 기운이 바르지 못하고 마음이 옮기므로 그 명에 어기고, 기운이 바르고 마음이 정해져 있으므로 그 덕에 합하나니, 도를 이루고 이루지 못하는 것이 전부 기운과 마음이 바르고 바르지 못한 데 있는 것이니라."[21]

---

19) 김용휘는 이런 동학의 성격 변화를 초기의 신비적 체험 중시로부터 이를 배제하는 합리화의 길로 요약한다. 그래서 해월의 동학사상을 인간중심적 사고로 규정한다(「시천주사상의 변천을 통해 본 동학연구」, 고려대학교 철학과 박사학위논문, 2004, 93, 99쪽 참고).

20) 김용휘, 위의 논문, 99쪽.

21) 「수도법」, 『해월신사법설』.

수운의 시천주 사상은 해월에 이르러 발전적으로 계승되면서 사인여천과 삼경사상 등으로 심화되기에 이른다. 그리하여 마침내 수운의 동학은 해월의 사상에 이르러 신에 대한 시선에서 인간에 대한 시선으로, 신 중심에서 인간 중심으로 그 성격이 전환되기에 이른다고 할 수 있다. 이는 시천주의 세속화와 인간화를 의미하며 신비체험을 중시하던 데서 그러한 체험을 합리화하면서 생활윤리로 보편화하고 일반화하는 것을 의미한다고 볼 수 있다.[22]

> "우리 사람의 태어난 것은 한울을 모신 영기로 태어난 것이오 우리 사람의 사는 것도 한울을 모신 영기로 사는 것이니 어찌 반드시 사람만이 한울님을 모셨다 이르랴. 천지만물이 다 한울님을 모시지 않은 것이 없느니라. 저 새소리도 한울님을 모신 소리이니라."[23]

일견 범신론적인 인상을 발견할 수도 있는 이 글 이외에도 해월은 「천지 부모」 편에서 '어찌 홀로 사람만이 입고 먹겠는가. 해도 먹고 달도 먹는 것이니라' 하면서 '이천식천' 사상을 설파한다. 해월의 사상이 담긴 법설을 통해 볼 때 해월이 삼라만상의 필연적인 이법 체계를 믿는 범신론자라고 볼 수는 결코 없을 것이다. 시천주를 세속화하면서 인간화하는 과정을 통하여 분명 해월의 사상은 수운보다는 범신론 쪽으로 기울었을 것이다. 그러나 그렇다고 해서 해월을 결코 범신론자로 볼 수 없다. 해월의 사상이 범신론으로 오해받게 된 요인을 최동희는 다음과 같이 네 가지로 정리한다.

---

22) 김용휘, 위의 논문, 92쪽 참고(논자는 본고의 제4장의 제목을 '시천주 사상의 전개'로 설정하고 그 1장을 '천 개념의 내재화', 2장을 '사인여천과 인간', 3장을 '생활의 성화와 동학운동'으로 설정하여 논지를 전개한다).
23) 「영부 주문」, 『해월신사법설』.

"첫째로 해월의 둘레에는 늘 성리학적인 소양을 갖춘 제자들이 있었다. 둘째로 포교상의 필요로 성리학적인 표현을 의식적으로 빌리게 되었다. 셋째로 문자로 기록할 때에는 그 동안에 우리 사회의 공인된 학술용어로 되어 있었던 성리학적 용어를 쓰는 수밖에 없었다. 넷째로 지금 활용할 수 있는 기록들은 모두 1905년으로부터 시작되는 천도교 시대에 정리된 것이므로 이 연대의 범신관적인 경향이 많이 반영되어 있다."[24]

이어서 그는 해월의 사상은 수운의 시천주를 극도로 강조하여 이를 생활 속에 접목하여 뿌리를 내리게 하려는 수행적이고도 실천적인 맥락에서 이해되어야만 한다고 강조한다. 굳이 해월의 사상을 범신관적인 해석으로 접근한 것은 그의 일부 제자 및 뒷날의 지도층이라고 주장한다.[25] 물론 해월이 「대인접물」 편을 통하여 '만물이 막비 시천주'라고 설파하고, 「이천식천」 편을 통해 '물물천 사사천'이라고 하면서 다분히 범신론적인 사상을 설파하고 있다는 인상을 지울 수는 없을 것이다. 그러나 이는 어디까지나 시천주 사상의 확대 적용으로 이해되어야 하며 기존의 연구 경향처럼 범신론으로 이해되어서는 결코 안 될 것이다.

물론 한울님에 대한 해월의 이해가 수운보다 세속화되고 있기 때문에 이런 태도를 범신론적으로 이해하는 입장이 가능할 수 있다. 그러나 범신론적인 신 이해를 내포한다고 해서 이를 곧바로 범신론으로 규정해서는 안 될 것이다.[26] 앞에서도 강조한 바 있지만 동학의 신관은 범재신론으로서, 이는 범신론의 세속화를 아우를 수는 있어도

---

24) 최동희·이경원 공저, 『새로 쓰는 동학』, 134쪽.

25) 위의 책, 135쪽 참고.

26) 김용휘, 위의 논문, 83쪽 참고.

범신론의 경우처럼 유일신 이론을 결코 포기하지 않고 있기 때문이다. 이 점에서 동학사상은 1세 교조인 수운의 신관과 2세 교주인 해월의 그것을 일관되게 해석할 수 있는 완결된 이론장치를 요구하고 있다고 할 수 있다. 해월은 "사람의 닦고 행할 것은 먼저 믿고 그 다음에 정성 드리는 것이니, 만약 실지의 믿음이 없으면 헛된 정성을 면치 못하는 것이니라. 마음으로 믿으면 정성 공경은 자연히 그 가운데 있느니라"[27]고 하면서 한울님에 대한 믿음을 무엇보다도 우선시했기 때문이다. 해월은 "억천만사가 도시 믿을 신 한 자뿐이니라. 사람이 믿음이 없으면 수레의 바퀴 없음과 같으니라"[28]고 말하기까지 한다.

> "천지는 한 기운 덩어리니라. 천·지·인은 도시 한 이치기운뿐이니라. 사람은 하늘(의 기운)이 뭉친 것이요, 하늘은 바로 만물의 정기이니라. 푸르고 푸르게 위에 있어 일월성신이 걸려 있는 곳을 사람이 다 하늘이라 하지마는 나는 홀로 하늘이라고 하지 않노라. 알지 못하는 사람은 나의 이 말을 깨닫지 못할 것이니라."[29]

해월에게 천지는 하나의 기운 덩어리이며 일기(一氣)이지만 그렇다고 해서 천지가 단순히 물질적이고 연장적인 공간성을 의미한다고 오해해서는 안 될 것이다. 해월에게 천지는 수운의 지기(至氣)가 지닌 양면성처럼 한울님의 영성을 지닌 지극하고도 무궁한 것이다. 그 자체로 살아 있는 신령한 기운이며 믿음과 공경의 대상으로서의 인격적인 존재이다.[30] 해월은 「천지부모」 편에서 수운의 신 이해의 두 축

---

27) 「성 경 신」, 『해월신사법설』.
28) 같은 곳.
29) 「천지인·귀신·음양」, 『해월신사법설』.
30) 김용휘, 위의 논문, 87쪽 참고.

(軸)인 지기와 한울님을 곧 천지에 비유한다. 이어서 공경과 효도를 다하여 부모를 섬기듯이 그렇게 삼라만상인 천지자연을 부모와 같이 공경하여 섬기라는 말씀을 설파한다. 우리는 여기서 해월의 한울님 신관이 수운의 경우처럼 인간존중의 인본주의로부터 자연스럽게 범생명존중사상으로 확장되어 가는 그 결정적 단서를 발견할 수 있다. 무릇 삼라만상이 부모처럼 공경과 섬김의 대상이 되면서 인간 생명을 포함하는 모든 지구 생명이 한울처럼 동학의 신앙 대상일 수 있는 단서를 발견하게 되는 것이다. 이는 곧 이 시대에 간절히 요청되는 친환경적인 지구촌 생명존중사상의 단서라고 아니 할 수 없다.

인본주의나 신본주의라는 단어들은 이원론적인 세계관에서 비롯된 단어들이라고 할 수 있다. 때문에 일원론적인 세계관을 표방하는 동학사상을 이해하는 데 이 단어들이 과연 얼마나 유효할 수 있을지 의문을 제기해 볼 수 있을 것이다. 본문을 통하여 이러한 의문을 제기해 본 결과 동학사상에는 인본주의적인 특성과 신본주의적인 특성이 함께 내포되어 있다는 사실을 발견할 수 있었다. 물론 여기서 동학이 지닌 것으로 인정되는 신본주의 속성에는 서구의 이원론적인 세계관에서처럼 이 세상이 아닌 저 세상의 초월적인 절대자와는 달리, 이 세상에서 생생불식(生生不息)하는 내재적인 신을 염두에 두어야만 한다. 이는 이원론을 전제로 신과 인간을 분리시키거나 그 질적인 절대적 차이성을 인정하는 태도와는 거리가 먼 것이다.

동학의 신과 인간에 대한 이해는 시종일관 신과 인간의 질적인 유사성과 이에 한 걸음 더 나아가 질적인 동일성을 기초로 해서만이 이해될 수 있을 것이다. 새로운 인본주의 휴머니즘의 온상인 동학이 신본주의의 속성을 지니고 있다고 한다면 이는 어디까지나 인간과의 질적인 상이성이 아닌 인간과의 질적인 유사성에 의거하여 이해될 수 있는 신의 모습이어야 할 것이다. 말하자면 인간과 신을 별개의 세계로 분리시켜서 이해하지 않고 쌍방이 상호적으로 긴밀한 관계맺음을 통하여 이 땅 위에서의 궁극적인 행복을 추구하는 데 협력하는 동등한 조력자(助力者)로서의 신이 동학의 신본주의에 대한 이해라고 할 수 있다.

이 경우 동학의 새로운 신본주의는 이 땅 위에서 포덕천하와 광제창생에 의해 마침내 지상천국을 염원하는 인간의 의지적이고도 실천적인 수행 수련을 강조하는 동학의 인본주의 사상에 하등 위배될 리가 없을 것이다. 신본주의의 속성을 내포하고 있는 동학의 이러한 인본주의 사상을 우리는 새로운 인본주의(neo-humanism)라고 명명할 수 있을 것이다.[31] "네오휴머니즘은 자기 안의 영성을 모시며 자기 밖의 천지자연을 안고 있는 신인간(新人間)을 그리고 있다. 두 벗을 잃어버리지 않고 안고 있는 신인간을 찾아낸 사람은 수운이고, 이 땅에 그 뿌리를 내리려고 했던 사람은 해월이다."[32] 이는 종교적 영성이 거세된 근대 서양의 휴머니즘으로 인하여 초래된 자본주의의 온갖 인간 경시 풍조와 환경 파괴 문제를 치유할 수 있는 탁월한 종교사상이라고 할 수 있다.

> "서구 모더니티의 핵심인 휴머니즘과 수운이 창시한 휴머니즘과는 뚜렷한 차이점이 있다. 그 차이는 휴머니즘과 네오휴머니즘의 차이

---

31) 오문환, 『동학의 정치철학』, 모시는사람들, 2003, 180쪽, 204쪽, 210-212쪽 참고.
32) 위의 책, 210쪽.

로 볼 수 있다. 네오휴머니즘의 분명한 의미는 경인(敬人)에서도 나타나지만, 보다 뚜렷하게 나타나는 것은 역시 경물(敬物) 개념에서이다. 동학의 경인은 인간을 천주로 보는 데서 잘 나타난다고 말한 바 있다. 휴머니즘이 인간 본성을 이성으로 본다면, 동학의 네오휴머니즘은 인간 본성을 천주로 본다는 데서 다르다. 자연관을 보면 휴머니즘과 네오휴머니즘의 차이는 보다 분명해진다. 동학은 자연 생태계도 천주의 표현으로 존중한다. 자연 생태계를 천주의 표현으로 보는 경물사상은 서구 모더니티 사상에서는 찾을 수 없는 점이다. 해월의 사상은 경물에 이르러 극치에 이른다."[33]

3. 나오면서 - 새로운 인본주의를 향하여

인간에 대한 동학의 이해는 우리들이 흔히 생각하는 나약한 인간, 죽음 앞에서 무력하고 한계상황 앞에서 좌절하는 그런 인간의 모습은 결코 아니다. 말하자면 이는 이 세상을 벗어나는 초월적인 신을 거부하는 니체(Nietzsche)의 인간 이해가 지닌 자기 유희의 창조적인 주체와도 비견될 수 있을 것이다. 그러나 니체의 그것이 신과의 거리를 없애면서 인간의 신적인 자기 월권(越權)과 자율성의 주체로서 이해 가능하다면, 이와는 달리 동학의 인간 이해는 시종일관 신과의 관계를 유지하면서 전체 아(全體我)로서의 신의 품 그 안에서의 개체 아(個體我)로서의 인간의 신적인 무궁성을 주장한다는 점에서 니체의 인간이해와는 근본적으로 다르다. 또한 니체가 그토록 무효화시키고자 했던 근대 서구의 이성적 인간상의 절대적인 자기 입법의 주체와도 동학의 인간 이해는 상이한 것이다. 신을 폐기한 후 인간이 지닌 이

---

33) 위의 책, 204-205쪽.

성을 감성보다 우위시하면서 이성의 자율적인 자기 입법의 주체로서 인간을 이해한 것이 서구 근대 휴머니즘의 인간 이해이기 때문이다.

이와는 달리 동학의 새로운 인간 이해는 서구가 그렇게 폐기한 신을, 감성보다 이성 우위의 인간 이해로는 도저히 받아들일 수 없는 신을, 믿음의 눈으로, 정의적이고도 실천적인 실존의 모습으로 받아들이면서 지금, 이곳이라는 현세로 안착시키고자 온몸으로 실천하는 영성적인 신앙인의 모습이라고 할 수 있다. 그래서 큰 한울처럼 작은 한울이면서도 결코 큰 한울이 곧 작은 한울이라고 단정할 수만은 없는 인간 이해, 큰 한울처럼 무궁한 영성과 신성을 지니면서도 결코 큰 한울에 대한 믿음과 공경심을 외면하거나 도외시할 수 없는 신앙인의 모습이 곧 동학의 인간 이해라고 할 수 있다. 이 점에서 동학의 새로운 인본주의는 곧 새로운 신본주의, 근대 서구적 패러다임으로는 받아들일 수 없는 새로운 신본주의와 늘 함께 하는 과정 속에서 이해될 수 있을 것이다. 해월의 '천지 부모' 편에 등장하는 다음과 같은 말씀은 이점에서 의미하는 바가 크다고 하겠다.

> "사람은 한울을 떠날 수 없고 한울은 사람을 떠나서 이루지 못하나니~한울과 사람이 서로 도와주는 기틀은 잠깐이라도 가히 떠나지 못할 것이니라(인불이천 천불이인~천인상여지기수유불가이야 人不離天 天不離人~天人相與之機須臾不可離也)."[34]

수운의 동학이 지닌 신본주의와 인본주의 속성의 공존 현상이 해월에 이르러 좀 더 현실적으로 구체적인 삶의 과정을 통해 발전적으로 심화되어 확장되면서, 동학의 새로운 인본주의 사상은 가히 완성

---

34) 「천지 부모」, 『해월신사법설』, 천도교중앙총부 출판부, 포덕 122년, 122-123쪽.

되었다고 논자는 평가하고자 한다. 그러나 이는 어디까지나 동학사상의 원류격인 수운과 해월의 사상을 통한 인본주의 고찰 작업이었다. 동학이 천도교로 개종하면서 가히 최고의 전성기를 구가하기에 이르는 의암 손병희 대에 이르러 이러한 동학의 새로운 인본주의 사상이 과연 어떻게 계승되었는가에 대한 연구는 다음을 기약하고자 한다.[35] 이 작업은 서구의 제반 사회사상과 진화론 등을 기반으로 이돈화에 의해 주도되었던 인내천사상에 대한 활발한 논증에 대한 검토와 고찰이 될 것이다.

---

35) 이러한 동학사상의 계승이 과연 발전적이고도 심화적인 확장으로서 이해될 수 있는지, 아니면 변형적인 확장으로서 이해될 수 있는지가 후속 연구의 쟁점이 될 것이다.

참고문헌

천도교중앙총부 편,『천도교 경전』, 포덕 122년, 천도교중앙총부 출판부.
김용휘,「시천주 사상의 변천을 통해 본 동학연구」, 고려대학교 철학과 박사학
　　　위논문, 2004.
_____,『우리 학문으로서의 동학』, 책세상, 2007.
동학학회 편저,『해월 최시형의 사상과 갑진개화운동』, 모시는사람들, 2003.
신승환,『우리말 철학사전 3권』, 우리사상연구소 엮음, 지식산업사, 2005.
신일철,『동학사상의 이해』, 사회비평사, 1995.
오문환,『동학의 정치철학』, 모시는사람들, 2003.
유병덕, '동학의 인간주의 사상',『동학·천도교』, 시인사, 1976.
윤석산,『동경대전 주해』, 동학사, 1998.
_____,『용담유사 주해』, 동학사, 2000.
최동희,『동학의 사상과 운동』, 성균관대학교 출판부, 1980.
최동희·이경원 공저,『새로 쓰는 동학』, 집문당, 2003.
표영삼,『동학 Ⅰ』, 통나무, 2004.
황선희,『동학·천도교 역사의 재조명』, 모시는사람들, 2009.

* 몸에 관한 자작시 – '몸과 나'

처음부터 너는 나의 것이 아니었다.
처음부터 너는 나의 몸이 아니었다.
나에게 몸이 없다면 어땠을까?

아장아장 우스꽝스러운 몸
탱글탱글 물오르듯 생동적인 몸
쭈글쭈글 바스락거리게 될 몸

난 아무런 살 이유를 찾지 못하고
벌써 죽었거나 오래 전에 자살했거나
영영 나로서 살지 못 했을 게다.

아마도 내가 누군지 알 수 없어서
오래 전에 이미 미쳐버렸거나
어쩌면 돌이킬 수 없으리만치 망가져서
삶인지 죽음인지조차 아득할 늪 한가운데

나,
그리고
몸.

나와 몸,
그래서
나의 몸.

몸과 나.
나만큼
소중한 몸!

제9장 데카르트와 멘 드 비랑의 우리의 몸에 대한 이해 비교

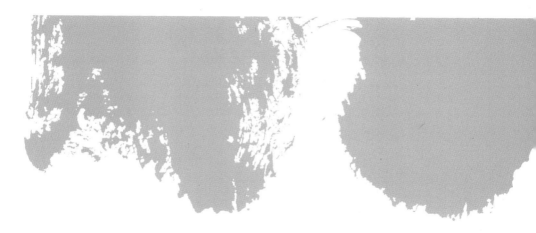

1. 문제의 제기

오늘날 철학과 인문 사회과학은 물론 자연과학과 예술학 등 모든 학문의 쟁점으로 부각되고 있는 단어가 바로 우리의 몸이다. 몸을 떠나서 살아 있는 인간을 이해한다는 것은 불가능한 일이다. 그럼에도 불구하고 인간에 대한 추상적이고도 관념적인 자기 이해는, 인간이 마치 영원히 살 수 있기라도 한 듯이 유한하고도 제한된 삶의 시간 동안만 가능한 우리의 몸에 대한 이해를 등한시해왔다.

서양의 경우 르네상스를 기점으로 해서 추상적이고 관념적인 영원이나 내세 등에 대한 관심으로부터 유한한 현실에서의 변화와 운동으로 관심의 초점이 이동하기 시작했다. 그 결과 사변철학이나 종교에 대한 관심보다는 실용적인 개별 분과학문의 발전이 가속화되고 있는 것이 오늘날의 학문의 추세이다. 이에 따라서 인간의 경우 변화와 운동의 장으로서의 몸에 대한 학문적인 관심은 가속화될 수밖에 없게 되었다.

정신분석학의 창시자인 프로이드가 발견한 인간의 몸에 대한 이해도, 몸을 통해 가능한 지각 경험이야말로 인간의 자아를 형성하는 데 가장 중요한 것이라고 하는 사실이었다. 더욱이 21세기 자본주의의 상혼(商魂)은 우리의 몸의 구석구석을 총체적으로 마케팅화하면서 세계 도처에서 인간성의 위기를 드러내고 있는 중이다. 이제 인간이란 머리를 통해서 사고한다기보다는 몸을 통하여 사고한다고 해도 지나친 이야기가 아닐 것이다. 일찍이 니체가 설파했듯이 몸성(Leiblichkeit), 커다란 이성, 몸적 이성[1]이 우리 시대의 인간 사유와 이성의 현주소일 수 있기 때문이다.

여기서 프랑스철학사는 인간을 이해하는 데 우리의 몸을 과연 어떻게 자리매김하고 있는가라는 의문을 제기하고자 한다. 프랑스 근현대철학과 탈현대 사상을 아우르는 방대한 이 물음을 논자는 세 개의 시대별로 나누어 접근하고자 한다. 본고는 그 가운데 첫 번째 시대에 관한 연구이다. 이는 프랑스철학의 시조이자 서양근대철학의 아버지이며 더 나아가 동·서양철학의 정체성을 가름했던 데카르트와, 데카르트를 비판하면서 등장하는 멘 드 비랑을 통해 프랑스 근대철학을 대표하는 두 가지 몸에 대한 이해를 추적해보는 작업이다.

모든 철학사와 마찬가지로 프랑스철학사의 경우도 특정 철학이나 사상을 이해하는 데는 앞 선 그것과의 비교작업이 필수적이라고 볼 수 있다. 데카르트와 멘 드 비랑을 통하여 프랑스 근대철학의 몸 이해를 살펴보는 이유도, 비랑이 거의 한 세기 이전에 등장한 데카르트의 몸 이해에 대하여 그 누구보다도 철저하게 비판하면서 이를 새로운 차원으로 전개시켰다고 하는 사실 때문이다.

멘 드 비랑은 근대 서양철학의 주춧돌에 해당하는 데카르트의 코기토(Cogito, ergo sum)를 비판하면서 이를 볼로(Volo, ergo sum)로 대체시키게 된다. 이는 프랑스 근현대철학사의 지배적 흐름 가운데 하나인 유심론적 실재론(le réalisme spiritualiste)의 출발 지점이라고 할 수 있다. 그러나 여기서 우리가 유념해야 할 중요한 사실은 멘 드 비랑이야말로 어떤 점에서는 코기토에 대한 철저한 계승자이자 데카르트의 충실한 제자일 수 있다고 하는 사실이다. 그리고 또한 프랑스 유

---

1) 김정현, 『니체의 몸 철학』, 지성의샘, 1995, 18, 22, 169쪽 등 참고. 물론 데카르트를 비판하면서 등장하는 멘 드 비랑의 몸 이해는 그가 처한 시대적인 한계 때문에 니체의 몸적 이성만큼 철저하게 탈현대적이지 않은 것이다. 그럼에도 불구하고 철학사적인 연속성은 멘 드 비랑을 경유로 하는 현대와 탈현대 사상의 몸 이해를 가능하게 한다.

심론적 실재론이야말로 데카르트가 등장하지 않았다고 한다면 가능할 수 없었다고 하는 철학사적 사실이다.

이렇게 본다면 무릇 삶의 역사와 마찬가지로 사상과 철학의 역사도, 이전에 등장했던 것들과의 완전한 결별이란 원칙적으로 불가능한 것이라고 볼 수 있다. 특정한 인물들을 통해 행해지는 비교연구 작업이란 태생적으로 유사점과 차이점을 드러내는 것일 수밖에 없기 때문이다. 이러한 사실은 앞으로 데카르트와 멘 드 비랑의 몸 이해를 비교하는 대비 과정을 통하여 밝혀지게 될 것이다.

2. 데카르트의 코기토(Cogito)와 육체 이해[2])

데카르트의 코기토(Cogito, ergo sum)는 인식론이 지배적인 근대 서양철학이 모색했던 자아나, 보편적인 인간 주체를 위하여 그 초석을 제공했다. 코기토의 의의는 합리주의가 지배적인 근대 인식론의 흐름을 위한 기초를 제공했다는 데 그치지 않고, 그것이 야기한 난제(難題)로 인하여 근대를 넘어서서 오늘날까지 철학을 비롯한 인접 학문들 간에 문제를 불러일으키고 있다는 사실에 있다.[3]) 코기토가 야기한 문제들 가운데 대표적인 난제가 바로 이원론적인 실체관에 입각한 인간 이해이다.

---

2) 2절에서 프랑스어 le corps는 '육체'로 번역되지만 3장에서는 '몸'으로 번역된다. 이는 데카르트가 이원론적 실체관에 의거하는 반면, 비랑은 이런 실체관을 거부하기 때문이다. 몸을 신체(身體)로 옮길 수도 있겠지만, 순 우리말인 몸이야말로 비랑의 사상을 담기에 적합한 인간학적이고 인문학적인 지평을 지닌 단어라고 본다.

3) Hiran Canton, *The Origin of Subjectivity: An Essay on Descartes*, Yale Univ. Press, 1973. 이 책의 202쪽은 데카르트 철학의 가장 위대한 점이 바로 그것이 지닌 모순의 깊이(the depth of its contradictions)라고 주장한다.

'코기토와 육체'라는 2절의 제목에서, 코기토 그리고 육체는 데카르트의 이원론적 실체관에 의하면 전적으로 독립된 별개의 실체이다. 그래서 외부의 그 어떤 도움이나 간섭이 없이도 스스로 존재할 수 있는 사유적 실체가 코기토이며, 연장적 실체가 곧 육체이다. 그러나 코기토가 육체의 감각 행위까지 포괄하는 광범위한 활동이라고 주장하는 제2성찰에 의하여 데카르트의 이원론적인 실체관은 결정적인 자기모순을 드러내게 된다. "나는 무엇인가? 사유하는 것이다. 사유하는 것이란 무엇인가? 의심하고 이해하며 긍정하고 부정하며 의욕하고 의욕하지 않으며 상상하고 감각하는 것이다."[4] 데카르트는 『성찰』을 발표하기 일 년 전에 쓰인 한 편지 글에서도 분명 코기토를 인간 정신의 모든 작용을 의미하는 것으로 이해하면서, 내면적인 사고나 의지작용뿐만이 아니라 시각이나 청각 등의 모든 감각작용까지도 코기토로서 이해했다.[5]

　이런 난제는 결국 데카르트의 후기 사상을 통해 코기토와 육체의 결합, 즉 사유 실체와 연장적 실체 간의 결합이라는 심신문제로서 집요하게 제기된다. 인간의 경우 정신과 육체를 별개의 실체로서 분리한다면, 현실에서 구체적으로 일어나는 양자의 결합 관계를 설명해야만 했기 때문이다. 사실 인간의 정신과 육체는 데카르트가 주장하듯이 독립적인 실체로서 이해되기에는 많은 문제점을 내포한다. 정신의 경우, 시간 속에서 지속적으로 가능한 실체성을 보이기에는 인간의 삶이 허락하는 시간이 너무도 유한하고 한시적이다. 육체의 경우에

---

4) Descartes, 이현복 역, *Meditationes de prima philosophia*, 문예출판사, 1997, 48-49쪽(앞으로 이 책은 『성찰』로 줄인다).

5) Descartes(publiées par C. Adam & P. Tannery), *Oeuvres de Descartes*, vol Ⅱ, J. Vrin, 196, p.36 참고(앞으로 이 책은 AT로 줄인다).

도, 공간 속에서 무한히 분할 가능한 연장성을 지닌다는 데카르트의 주장은 현실에서의 육체 이해와 상충할 수 있다. 데카르트가 비록 육체와 정신의 이원론적 실체관을 주장했다고는 하지만, 이런 자신의 실체관의 문제점을 극복하기 위하여 그는 『철학의 원리』를 통하여 육체와 정신 모두가 무한실체인 신의 도움을 필요로 하는 유한실체라고 규정한다.[6]

데카르트가 중세 스콜라철학에서 인정할 수 없었던 유한하고도 변화무쌍한 물질의 세계나 육체를 유한실체로서나마 인정할 수 있었다는 것은 근대 자연과학의 발전에 결정적인 지반을 제공하는 것이었다. 육체를 동물과 마찬가지로 기계로 보는 동물기계론을 제시하면서, 육체의 여러 감각적 생리과정을 객관적인 실험과 관찰 대상으로서 간주하는 데카르트의 기계론적 생리학은 인간의 생명 현상에 대한 탐구를 물리학에 종속시키게 된다. 육체에 대한 이해에 있어서도 살아 숨 쉬는 생동적인 것이기보다는 추상적으로 왜곡된 육체 이해가 제시되기에 이른다.

이제 데카르트가 이해한 코기토와 육체 이해를 좀 더 자세히 살펴보기로 한다. 그리고 나서 인간의 의지(la volonté)가 그 올바른 판단 행위에 있어서는 육체와는 무관하게 사유 실체로서의 코기토에 전적으로 의존한다는 그의 주장을 살펴보고자 한다. 그러나 인간의 의지에 관한 데카르트의 이런 합리주의적 주지주의는, 3절에서 등장하는 멘 드 비랑에 의하여 결정적인 반론에 부딪히기에 이른다. 'Cogito, ergo sum(I think, therefore I am)'의 명제를 대변하는 코기토에는 다음

---

6) Descartes(textes présentés par A. Bridoux), *Oeuvres et lettres; Gallimard*, pp.595-600 참고.

과 같은 두 가지 결정적인 문제점이 도사리고 있기 때문이다.

첫째, 나(Je)라는 주관적인 일인칭 내러티브가 인간의 사유주체라는 보편적 주관으로 이행해가는 인식론적 과정이다. 근대철학이 지배적인 인식론 풍토를 보이면서 보편적 주관에 대한 이해에 심혈을 기울이게 되는 그 지반에는 이런 코기토의 토대주의 / 정초주의가 위치한다. 둘째, 코기토의 인식론적 과정으로부터, 즉 자아로부터 세계로 나아가는 존재론적인 이행의 과정이다. 데카르트는 여기서 자아로부터 외부 세계로의 이행 가능성을 설명하기 위하여 본유관념론과 인과론적인 신의 존재 증명에 호소했다. 그러나 그가 인식론적 관점으로부터 존재론으로 넘어가는 이행의 근거는 모호한 것이어서, 바로 이 점이 데카르트 이후의 철학사를 경험론과 합리론 등으로 갈라서게 하는 중요한 계기를 제공하게 된다.[7]

1637년 프랑스어로 쓰인 최초의 철학 저서인 『방법서설』의 제4부는, 코기토를 데카르트가 모색하고 있던 철학의 제1원리로서 다음과 같이 천명하고 있다. "나는 생각한다, 그러므로 나는 있다는 이 진리는 아주 확고하고 확실하여, 회의론자들의 제 아무리 터무니없는 주장들을 모두 합치더라도 이것을 흔들어 놓을 수 없음을 주목하고서, 나는 주저 없이 코기토를 내가 찾고 있던 철학의 제1원리로 받아들일 수 있다고 판단하였다."[8]

이어서 데카르트는 다음과 같이 주장한다. "나는 내가 하나의 실체이며 그 본질 또는 본성은 오직 생각하는 것이어서, 존재하기 위해서라면 아무런 장소도 필요 없으며 그 어떤 물질적인 것에도 의존하지

---

7) 황수영, 『근현대 프랑스철학』, 철학과 현실사, 2005, 37쪽 참고.

8) Descartes(ed. André Robinet), *Discours de la Méthode*; Libairie Larousse, 1972(앞으로 이 책은 DM으로 줄인다).

않는다는 사실을 알았다. 그 결과 이 나(ce moi), 즉 그것에 의해 내가 나인 바인 그런 영혼(l'âme)은 육체와는 전적으로 다르며, 심지어 육체보다도 더 인식하기가 수월하여서 비록 육체가 없다고 할지언정 자신이 지닌 모든 것을 포기하지는 않을 것이다."⁹⁾

『방법서설』을 통하여 천명된 코기토와 육체, 영혼과 육체 간의 실재적인 상이성(la distinction réelle entre l'âme et le corps)은 신(神)의 현존과 더불어 『성찰』을 통해 증명된다. 1641년 라틴어로 간행된 『제일철학에 관한 데카르트의 형이상학적 성찰·여기서 신의 현존 및 인간 영혼의 불멸성이 증명됨』이라는 책은, 1647년에 『제일철학에 관한 데카르트의 형이상학적 성찰·여기서 신의 현존 및 인간 영혼과 육체의 실재적 상이성이 증명 됨』이라는 제목으로 바뀌어 프랑스어로 번역 출간된다. 데카르트는 이 책의 처음을 '소르본의 신학자들에게 바치는 헌사'로 시작하는데, 이는 자신의 자연철학이 무신론적인 기계론으로 오해될 수 있는 소지를 없애기 위해서였다. 데카르트는 중세 기독교의 유신론 신앙과 근대 자연과학의 기계론을 동시에 떠안아야 하는 시대적 모순 앞에서, 당시 최고의 지성인 소르본의 신학자들에게 자신의 유신론을 철저히 변호해야 했다.

그리고 이때 자연과학의 기계론적 세계관을 고수하기 위해 인간의 영혼과 육체의 그 실재적 상이성을 데카르트는 증명해야만 했다. 그래서 그는 『성찰』을 통해 다음과 같이 부언을 하게 된다. "한편으로 내가 오직 사유하는 것이고 연장된 것이 아닌 한에서 나는 나 자신에 대한 명석 판명한 관념을 갖고 있고, 다른 한편으로 물체가 오직 연

---

9) DM, p.66.

장된 것이고 사유하는 것이 아닌 한에서 물체에 대한 명석 판명한 관념을 갖고 있으므로, 나는 나의 육체와는 실제로 다르고 육체 없이도 현존할 수 있다."[10]

데카르트가 생각했던 세계관은 수학적 환원주의에 가깝기 때문에 플라토니즘(platonism)의 근대적 변형이라고 볼 수 있다. 데카르트는 플라톤의 이데아 실재론을 넘어서 물체를 수학적 실재성과 동일시하면서 정신과 물질의 대립을 그 극한까지 밀고 갔다. 그래서 정신은 합리적인 세계의 투명한 인식 주관으로서 가능하며, 그 이외의 기능이란 잉여적인 것이었다. 예컨대 정념(les passions)[11]이나 의지, 상상력과 감각 등의 주관적인 특성들은 '정신과 육체와의 결합' 때문에 비롯되는 불순물로서 간주되었던 것이다. 이런 주관적인 성질들은 순수한 정신의 세계에도 순수한 물질의 세계에도 속하는 것이 아니라고 데카르트는 생각했다.[12]

여기서 정신과 육체의 결합에서 유래하는 불순물이라는 표현에 주목하고자 한다. 코기토는 보편적인 인식주관으로서 명석 판명한 인식 행위가 가능한 것인데, 이때 전제가 되는 것이 이원론적 실체관에 의거한 육체로부터의 독립이다. 만일 코기토가 육체와 결합된다면 명확한 인식이나 판단이 흐려지게 되면서 온갖 주관적인 성질이 등장한다. 여기서 데카르트의 주지주의는 육체와 뒤얽히지 않는 순수한 정신인 이성의 눈으로 정념을 제어하는 것만이 진정한 삶의 행복을 가

---

10) 『성찰』, 109쪽.

11) 정념(les passions)이란 정신과 육체의 결합에 특유하며 우리가 순전히 생각하는 코기토적 존재(res cogitans)가 아니고, 매일 매일의 삶을 통해서 육체와 긴밀하게 결합되어 있는 존재라는 사실을 증명해주는 경험의 양식 가운데 하나이다.

12) 황수영, 『근현대 프랑스철학』, 43쪽 참고.

능하게 한다고 주장한다.[13]

우리는 여기서 데카르트가 이해한 인간의 주관적인 특성들의 발원지로서 육체에 주목하면서 좀 더 구체적으로 육체에 대한 데카르트의 기계론적인 이해를 추적하기로 한다. 데카르트는 인간의 육체를 하나의 조상(statue) 또는 흙으로 만든 기계(machine de terre)로 생각했다.[14] 그런데 기계란 무언가 기능을 하기 위한 목적에서 만들어지기 때문에, 기계를 거론하면 목적론에 빠지게 된다. 데카르트의 동물기계론은 결국 순순한 기계론적 입장이 아닌 목적론적 기계론 혹은 기계론적 목적론으로서, 기계공으로서의 신의 문제와 관련되어 있는 것이다.[15]

데카르트에 의하면 음식물은 위장 안에서 발효와 흡사한 화학적 열작용에 의해 소화가 되는데, 이때 열작용은 그 어떤 신비로운 효소에 의해 발생되는 것이 아니라 입자들의 동요로 설명이 된다. 결국 위는 기계이며 소화는 기계적인 작용인 셈이며 이렇게 가열된 음식물의 입자들은 장(腸)으로 내려가서도 순전히 기계적인 방식으로 분류되고 흡수가 된다. 음식물 입자가 혈액으로 변하는 것은 마치 포도주가 만들어지듯이 순전히 기계적인 여과 원리에 의한다.[16]

그런데 데카르트는 혈액(le sang)을 동물정기(les esprits animaux)로서 이해한다. 동식물성의 즙(le suc)이 위에서 가열 분해되고 장을 거치면서 흡수되어 뇌(le cerveau)에 이르러 마침내 동물정기를 이루게 된

---

13) AT, XI, pp.485-488 참고.

14) Ibid., p.120.

15) 차건희, 「생의 철학적 생명관 – 서양 18세기의 생기론」, 『과학과 철학』, 과학사상연구회 제8집, 통나무, 1997, 12-13쪽 주) 6참고.

16) AT, pp.121-123 참고.

다.[17] 즉 혈액이란 영양섭취를 위하여 취한 무수하게 많은 극소량의 음식물이 축적된 것에 다름 아니며, 혈액이란 뇌에 이르러서 동물정기를 만들게 된다고 데카르트는 주장한다.[18]

이런 육체의 지각행위를 데카르트는 다음과 같이 세 가지로 구분한다. 첫째, 외부 대상과 직접 관련된 감각으로서의 지각과 둘째, 육체에 그 원인을 돌리는 감정으로서의 지각 그리고 우리의 영혼에 그 원인을 돌리는 의지나 상상력과 추상적이고 개념적인 온갖 사유로서의 세 번째 의미의 지각이 그것이다. 이 가운데 첫 번째와 두 번째 지각이 일반적인 정념의 의미이고, 마지막 세 번째 지각이 곧 영혼의 정념에 해당한다.[19] 우리가 주목하는 의지(la volonté)란 세 번째 의미의 지각, 즉 육체와 영혼의 결합을 가장 잘 보여주는 지각 가운데 하나로서, 『정념론』에서 다루는 영혼의 정념 가운데 하나에 해당한다. 『정념론』의 원제는 곧 '영혼의 정념에 관한 연구(Traité des passions de l'âme)'이다.

코기토는 좁은 의미로 볼 때 플라톤과 아리스토텔레스로부터 스콜라철학으로 이어지는 이원론적 인식론을 계승한다. 육체와 분리된 정신의 지성적 사유 행위에 특권을 부여할 때 올바른 앎이나 인식의 진리성을 보장해주는 것은 본유관념이나 제1성질 등의 명석 판명한 관념에 대한 지각이라고 데카르트는 주장한다. 지각표상설(representative theory)로 이해되는 데카르트의 지각이론은 지각 대상이 지니는 제1성질을 있는 그대로 인식주관이 관념으로 표상한다고 주장한다.

---

17) Ibid., p.168.

18) Ibid., p.250.

19) Ibid., pp.346-348 참고.

그런데 넓은 의미의 코기토는 의식이나 사유와 동의어로서, 육체와 분리된 지성만이 아니라 상상력, 의지, 감각 등의 정념을 포함하는 포괄적인 행위이다.[20] 여기서 이원론적인 실체관에 의거한 데카르트의 지각이론은, 우리가 범하는 지각적 판단의 오류가 넓은 의미의 코기토로서 이해되는 의지의 작용 때문에 비롯된다고 주장한다. "나의 오류는 도대체 어디에서 생기는 것일까? 그것은 오직 다음과 같은 것에서, 즉 의지의 활동범위가 오성보다 더 넓기 때문에, 내가 의지의 활동을 오성에 인식된 범위 안에 묶어 놓지 못하고 오히려 인식하지도 않은 것에 의지를 발동시키는 데서 비롯된다."[21]

데카르트의 주지주의는 "오성이 의지의 결정보다 언제나 앞서야 한다는 것은 자연의 빛에 의해 명백하다"[22]고 주장한다. 이는 우리가 진위판단을 할 때 의지의 작용이 지성의 명석 판명한 지각에 의존한다고 보면서, 인간의 육체와 긴밀하게 결합되어 있는 정념을 무시하는 합리주의적인 인간 이해이다. 여기서 우리는 육체의 지각 행위로서의 정념 가운데 하나인 의지(la volonté)에 주목하면서, 본유관념이나 물체의 고유한 제1성질 그리고 보편적인 코기토적 자아를 거부하면서 등장하는 멘 드 비랑의 비합리주의적인 인간이해를 만난다.

---

20) 『성찰』, 48-49쪽 참고.

21) 같은 책, 86쪽.

22) 같은 책, 88쪽.

3. 멘 드 비랑의 볼로(Volo)와 몸 이해

　비랑의 철학은 다음과 같은 인간학적 물음들에 대한 해답의 추구였다고 해도 과언이 아니다. '인간은 하나의 통일체인가 아니면 두 종류의 실체로서 이루어져 있는가? 인간은 정신인가 몸인가? 그리고 인간과 세계의 관계는 어떠한가?[23] 비랑의 일기에는 유년시절부터 그 자신이 주체하기 어려운 신체적이고도 감정적인 문제들로 인하여 고통스러워했으며, 그런 고통을 의지의 노력을 통하여 제어하고자 애쓰면서 마음의 평정과 행복을 얻고자 부단히 노력했다고 쓰여 있다.

　이원론적인 실체관에 입각한 데카르트의 인간 이해를 거부하면서도 비랑이 추구했던 인간관의 기본적인 골격은 생리적 본성과 의지적 본성이라는 이원적인 인간성이었다. 이 두 가지 본성은 서로에게로 환원될 수 없는 것들이기에 명백하게 상이한 성질이다. 의지적인 본성이란 인간성을 대표하는 것으로서 능동적인 활동성을 특징으로 하며, 생리적인 본성은 생명성을 대표하는 것으로서 수동적인 활동성을 특징으로 하게 된다.

　18세기 말에서 19세기 초엽 프랑스철학을 지배하고 있던 콩디야크(Condillac)의 경험론은 영국 경험론의 영향을 받으면서도 감각경험의 대상에 대한 촉각의 의지적 저항에 주목했다. 콩디야크는 인간에게 고유한 본성을 배제하고 인간을 순수한 자연주의적 입장에서 이해하면서 인간의 본성에 기인하는 현상들까지도 외적인 감각과 그것의 습관으로 설명하는 경향이 있었다. 비랑의 진정한 두 스승(ses deux

---

23) 황수영, 『근현대 프랑스철학』, 135쪽 참고.

véritables maîtres)인 카바니(Cabanis)와 드 트라시(de Tracy)[24]의 등장은 인간 본성에 의지하는 내적인 감각을 인정하는 새로운 감각주의를 예고하면서 콩디야크의 감각론을 확장하는 것이었다.[25]

비랑은 카바니로부터 내적 감각(sens intime)이라는 용어를 물려받으면서 모든 지적인 사유작용을 생리학적으로 설명하는 법을 배운다. 드 트라시로부터는 운동성, 노력, 여섯 번째 감각인 육감(sixième sens)이라는 용어를 물려받으면서, 드 트라시가 발견한 일곱 번째 감각(septième sens)을 오성의 모든 활동의 원리이며 자유의 감각이라고 부른다.[26] 그러나 비랑이 창시한 프랑스 유심론적 실재론의 배경에는 본고에서 논하고 있는 데카르트로부터 물려받은 문제의식이 자리하고 있다는 사실에 주목해야 한다. 그것은 바로 내적 관찰, 내적 감각에 기초를 두는 원초적 사실(fait primitif)에 대한 탐구였다. 그래서 비랑은 데카르트야말로 '내적 관찰의 기초를 놓은 학문의 원조'가 된다고 평가했던 것이다.[27]

비랑은 데카르트를 원초적 사실의 가능성을 훌륭하게 보여준 최초의 철학자로 보면서 데카르트가 정초한 철학의 출발이자 제일 원리로서의 코기토를 그 본래 의도대로 가장 실재적인 상태로서 간직하고자 했다. 이런 실재적인 코기토는 프랑스철학의 한 징표가 되었으며 결국 비랑은 프랑스철학을 가장 프랑스적이게끔 보전한 철학자이다.[28] 그 어떤 의심의 그림자도 드리워질 수 없는 원초적 인식의 필

---

24) Maine de Biran, *Influence de l'habitude sur la faculté de penser*, PUF, 1954, p.XⅥ(앞으로 이 책은 IHFP로 줄인다).

25) H. Gouhier, *Les conversions de Maine de Biran*, J. Vrin, 1948, p.144.

26) IHFP, p.ⅩⅩⅤ.

27) Maine de Biran, *Oeuvres de Maine de Biran*, t. Ⅷ, J. Vrin, 1988, p.130.

요성으로부터 데카르트와 비랑의 철학은 공히 출발한다. 의식의 원초적 사실과 코기토는 거기서 원초적 확실성이 길러진다는 점에서 같은 것의 다른 이름일 뿐이다.[29]

그런데 비랑이 사실(le fait)이라는 용어를 사용할 때는 '자기 의식적인 실증성' 또는 '주체적 실증성'을 늘 염두에 두었다고 한다. 이는 내가 나임을 알아차린 그때부터 비로소 사실이 성립할 수 있으며, 내가 나에게 주어질 때 세계도 비로소 주어지기 때문이다. 다시 말해서 최초의 자기의식이 수반되는 행위에 의해 나는 나와 동시에 나 이외의 것, 즉 세계를 알게 되며 이때부터 비로소 사실이라는 말이 가능한 것이다. 이 최초로 사실이라고 불릴 수 있는 상황을 비랑은 원초적 사실이라고 부른다.[30] 원초적 사실을 통해서 드러나는 자아란 사물이 아니라 일종의 관계로서 구성되며, 자아란 데카르트가 생각했듯이 순수 사유적인 선험적 실체가 아니라 사실 관계로서의 실재적이고도 구체적인 자아이다. 비랑은 자신의 일기를 통해 실제로 우리는 자신을 원인으로 느낄 뿐이지 스스로가 실체라는 직접적 의식을 갖지 못한다고 주장했다.[31]

그런데 원초적 사실 속에는 우리의 실존과 더불어서 우리가 아닌 것이 늘 공존해야 하기에 비랑은 다음과 같이 말한다. "개별적인 실존에 대한 감정과 이런 실존에 대응하면서 그와는 구별되거나 분리되는 그 무엇, 그것이 대상이든 변화이든지 간에 그 어떤 것에 대한

---

28) 차건희, 「멘 드 비랑과 프랑스철학의 전통」, 『철학사와 철학 – 한국철학의 패러다임 형성을 위하여 – 』, 한국철학회 편, 철학과 현실사, 1999년, 296쪽

29) 같은 책, 297쪽.

30) 차건희, 「멘 드 비랑의 자아존재」, 『고전형이상학의 전개』, 철학과 현실사, 1995, 383쪽 참고.

31) 같은 책, 394쪽 참고. 차건희, 「멘 드 비랑과 프랑스철학의 전통」, 300쪽, 302쪽 참고.

감정을 우리들이 갖는 한에서만이 사실이란 우리에게 존재한다."[32] 원초적 사실에는 자아와 비자아가 동시에 주어지는 셈인데 이때 비자아란 나와 가장 근접해있는, 아니 그래서 어쩌면 나일 수도 있는 나의 몸이거나 좀 더 멀리 나아가 나의 몸에 저항하는 외부 대상일 수도 있다. 여기서 문제는 우리의 몸이 아직 비자아가 아니라 여전히 자아라는 데 있으며, 몸에 대한 인식 역시 자아에 대한 인식 안에 포함된다는 사실이다. 나의 몸(mon corps)은 나의(mon) 일부인 한 주체이며 몸인 한 그것은 대상이기 때문에 자아 존재의 영역과 비자아 존재의 영역에 동시에 속한다는 애매성을 지닌다.[33]

비랑은 어떤 외부의 경험 대상이 유기체에 가하는 작용을 인상(les impressions)이라고 보고 모든 인상 속에는 수동성과 능동성이 섞여 있다고 전제한다. 수동적인 인상들은 감성적 활동성에 관계하고 능동적인 인상들은 오성적인 활동성에 관계한다. 여기서 운동적인 활동성은 의지적이고 운동적인 노력의 의식, 곧 자아의식을 정초하게 된다. 수동적인 인상들과 관계되는 감성적 활동성이 우세할 때 우리는 이를 감각이라고 부르고, 능동적인 인상과 관계된 운동적 활동성이 우세할 때 지각이라고 부른다.

비랑은 모든 형이상학과 도덕의 난제들이 비롯되는 원인을 그것이 전개되는 용어들이 지니는 두 가지 상이한 경험적 본성, 즉 인간의 수동적 본성과 능동적 본성이라는 인간성에서 찾지 않는 데서 비롯된다고 주장한다. 즉 인간의 모든 본성을 경험적 차원에서 구하는 비랑에게[34] 인간 지성의 선험적인 본성으로부터 그 기원을 모색하는

---

32) Maine de Biran, *Oeuvres*, t.Ⅷ, p.15
33) 차건희, 「멘 드 비랑의 자아존재」, 384-385쪽

형이상학적 난제들은 결국 풀릴 길 없는 의문을 제기할 수밖에 없는 것이다.[35]

감각과 지각은 경험론자들과 콩디야크의 주장처럼 단지 정도의 차이만을 지니는 것이 아니라 근본적으로 상이한 두 가지 작용이다. 비록 이들이 언제나 뒤섞여 나타난다고 해도 이 두 작용은 인간의 서로 다른 두 가지의 본성으로부터 비롯된다. 예컨대 되풀이 되는 감각의 습관적 반복은 이에 대한 지각을 강화시킬 수 있어서, 감각이 습관에 의해 약화될 때 지각 습관이 생길 수 있다. 그래서 감각 습관과 지각 습관은 대립되는 성격에도 불구하고 서로 상보적인 관계에 놓여 있는 셈이 된다. "우리들은 우리가 보는 것을 지각하는 것이 아니라, 우리가 보는 것에 관하여 우리들이 상상하고 생각하는 그런 것들을 지각한다."[36]

그런데 여기서 지각이 특별히 관련되는 인간의 본성이 위에서 말한 의지적이고 운동적인 노력이다. "노력의 인상(l'impression d'effort)은 움직이고자 하는 혹은 움직이는 존재와 그런 운동에 거슬리는 저항 사이의 관계에 대한 지각이다. 이런 운동을 규정하는 주체 또는 의지(une volonté)가 없다면 결코 노력이란 있을 수 없으며, 노력이 없다면 그 어떤 종류의 인식이나 지각도 있을 수 없다."[37]

노력의 인상은 우리들의 모든 습관 가운데 일차적이고도 가장 근원적인 것으로서, 다른 습관의 변화가 일어나고 계속될 때도 존속하는 것이다. 따라서 노력의 인상은 습관들이 고정되어 정착되는 그런

---

34) 물론 이런 이원적인 본성을 전제하는 것 또한 형이상학적 전제일 수 있음을 부정할 수는 없지만, 비랑의 생리학적 심리학은 이런 전제를 신에게 귀 기울이게 되는 마지막 사상적 변화가 오기 전까지는 끝까지 경험적으로 구한다.

35) IHFP, p.98참고.

36) Ibid., p.XLIV.

37) Ibid., pp.17-18.

토대를 제공한다.[38]

우리가 특별한 노력 없이도 일상생활 속에서 습관적으로 지각을 할 수 있는 이유도 바로 우리의 지각과 의지적인 노력이 관련되어 있기 때문이다. "우리가 어떤 대상을 쉽게 알아보거나 그런 대상의 관념을 뚜렷하게 떠 올릴 수 있는 것은, 우리가 그 대상으로부터 경험하는 감각적인 힘이 아니라 오히려 우리가 그 대상에게 기울이는 의지적 주의(l'attention volontaire) 때문이다."[39] 의지적인 운동이란 대상의 저항에 직면하여 행해지는 강제적인 운동이 아니라 운동하는 사람 본인의 근육의 저항과 더불어서 전개되는 자유로운 운동이다.

즉 여기서 작용하는 것은 실제적인 운동이 아니라 운동에 대한 기억이며 바로 이것이 관념(l'idée)의 본성을 이룬다. 비랑은 후일 베르그송에게 영향을 주게 되는 기억이론을 제기하는데 이는 데카르트가 지각경험의 명석 판명함을 확보하기 위하여 기억을 배제하는 것과는 대조적이다. 비랑은 베르그송의 기억이론이 기계적인 것과 자발적인 것이라는 이분법으로 기억을 이해하는 것과는 달리 세 가지로 기억을 나누고 있는데, 그것은 각각 기계적인 기억과 감성적인 기억 그리고 표상적인 기억이다. 그리고 이런 기억과 습관이 어떻게 관계하는가 하는 문제를 능동적인 습관을 다루는 곳에서 집중적으로 연구한다.[40]

비랑은 『사고 작용에 미치는 습관의 영향』이라는 책에서 습관을

---

38) Ibid., p.81

39) Ibid., p.35 서양 근대 인식론의 두 조류를 종합 완성했다고 평가받는 칸트의 작업이 선험적인 인식의 형식을 인정하는 관념론의 성격을 띤다면, 라슐리에(Lachelier)가 '프랑스의 칸트'로서 칭송하는 비랑의 그것은 경험적이고 구체적인 일련의 사실들(les lignes du fait)을 이탈하지 않는 실재론적인 것이다. 이에 관해서는 다음의 책을 참고(Raymond Vancourt, *La théorie de la connaissance chez Maine de Biran-Réalisme biranien et idealisme*, Aubier, 1944)

40) IHFP, 이 책의 제1부는 수동적인 습관을, 제2부는 능동적인 습관을 다루는데 5개의 장으로 구성된 2부 가운데 3개의 장이 세 가지의 기억과 습관의 문제를 다루고 있다.

수동적인 습관(des habitudes passives)과 능동적인 습관(des habitudes actives)으로 이분해서 논하고 있다. 비랑은 우리들의 인상 가운데는 반복되면서 무디어지는 수동적인 것이 있는 반면에 반복되면서 더욱 분명해지는 능동적인 것이 있다고 본다. 위에서 말한 감각과 지각의 차이가 여기서 제기되는데 감각은 되풀이 되면서 무기력해지는 반면 지각이란 되풀이 되면서 더욱 활동적으로 된다. 감각과 지각은 인간의 이원적인 본성처럼 정도의 차이가 아니라 본성상의 차이를 지니기 때문에 모든 감각이 지각으로 변형될 수는 없다고 비랑은 주장한다.[41]

여기서 감각과 지각의 반비례 관계에 주목할 수 있는데 감각이 습관에 의하여 약화될 때만이 지각 습관이 생겨날 수 있다. 감각 습관과 지각 습관이란 서로 대립되는 성격에도 불구하고 상보적인 관계에 놓여 있다고 할 수 있다. 지각에 미치는 습관의 영향은 지각의 운동적 활동성 혹은 노력을 조직화하면서 결과적으로 보다 신속하고 용이하고 정확한 지각을 가능하게 하는 것이다. 지각을 형성하는 데 요구되었던 초기의 운동적 노력의 강도가 습관에 의하여 점차로 약해지면서 그 결과 우리의 일상생활에서 이루어지는 지각은 특별한 노력이 없이도 습관적으로 가능하게 될 수 있는 것이다.

비랑은 능동적인 습관을 다루는 곳에서 기계적인 기억과 감성적인 기억 그리고 표상적인 기억에 대해 습관이 어떻게 행사되는가를 다루게 된다. 능동적인 습관이란 지각을 회상(les souvenirs)으로 바꾸면서 지각적 반성에 의한 판단을 무의지적인 기억에 의한 판단(jugement de réminiscence)[42]으로 변화시킬 수도 있다고 비랑은 말한다.[43] 기계

---

41) IHFP, pp.49-50.

42) réminiscence(레미니상스)란 어렴풋한 기억으로서, 심리학에서는 일상생활을 할 때 돌연 과거의 일이 상기

적인 기억이 근육의 운동이 지배적인 그런 성분에 비유될 수 있다고 한다면 감성적인 기억이란 감성적인 힘이 고양되는 그런 기질에 비유 가능하다. 표상적인 기억이란 이 두 가지의 기억의 힘이 잘 배합되어 균형을 이루는 좋은 기질의 상태를 가리킨다.[44]

그런데 능동적인 습관을 관찰해 볼 때 우리는 습관이란 것이 관념들과 기호들(des signes)을 반성적으로 결합시키면서 곧 이어서 이것들을 순수한 기계론(un pur mécanisme)으로 이끌어간다는 사실을 발견할 수 있다. 왜냐하면 언어 기호의 습관이란 반성적인 판단을 기계적인 판단으로 대체시키는 효과를 지니는 것이기 때문이다. 우리가 판단을 할 때 기호가 영향력을 행사하기 때문에 곧 우리들은 기호로 인한 습관의 노예가 되는 것이다. 그래서 그렇게 많은 사람들이 동일한 관습과 동일한 방식으로 습관적인 삶을 살아가는 것이다.[45] "한편으로 기호들은 일종의 구체적인 실재성을 관념들에게 부여하며 다른 한편으로 실재적인 실체처럼 간주되어진 관념들은 이번에는 이런 관습적인 용어들에다 어떤 불가해한 힘(pouvoir magique)을 전달한다."[46]

그런데 의지적인 노력의 주체로서 그 어떤 코기토적 자아를 거부하는 비랑에게 우리의 몸은 바로 의지적 자아(Volo, ergo sum / I will, therefore I am.)로서 등장하게 된다. 의지란 되풀이 되는 몸의 습관적 반복 속에서 인간이 지니는 능동적인 본성이 발휘되는 활동성이다. 여기서 몸을 통해 반복되는 습관이 우리의 사고 작용에 어떤 영향을

되 는 것을 의미하는 용어이다.

43) IHFP, p.172.

44) Ibid., p.LI.

45) Ibid., p.LIII.

46) Ibid., p.165.

미칠 수 있는가 하는 물음이 비랑에 의하여 심도 깊게 제기되는데, 18세기 프랑스철학이 관심을 기울이는 습관에 관한 이해는 비랑의 철학을 구성하는 중요한 테마로서 등장한다. 이는 몸을 경유하는 경험적 감각이 반복과 연합에 의하여 지각적인 인식으로 되어 가는 현상을 설명 가능한 것이 곧 습관이기 때문이다.[47]

4. 데카르트에 대한 멘 드 비랑의 비판과 우리의 몸에 대한 새로운 이해

데카르트의 기계론적인 생리학은 동물과 인간의 몸을 기계로 봄으로써 생물학적 탐구를 물리학에 종속시키는 결과를 낳았다. 이에 반발하면서 등장하는 생기론자들은 다양한 관찰에 토대를 둔 고유한 영역을 개척하면서 독자적인 생물학의 영역을 모색한다. 비랑은 생기론을 수용하면서도 이 이론이 수동적인 몸의 현상에만 타당할 뿐 능동적인 몸의 현상에는 적용되기 어렵다고 보고, 의지적 노력의 철학이라는 자신의 인간학을 창시한다. 이는 생리학과 심리학의 결합 또는 형이상학과 생리학의 결합이라는 독특한 것으로서, 비랑은 우리의 몸을 움직이는 구체적인 의지 행위로부터 자아의 확실성을 모색하는 내성심리학의 원조이자 프랑스 심리학의 선구자가 된다.[48]

비랑은 데카르트로부터 추호의 의심도 제기될 수 없을 만큼 확실

---

47) 본고는 비랑과 데카르트의 몸에 관한 이해를 비교하는 것이므로 비랑의 철학에서 차지하는 습관에 관한 심도 깊은 이해는 다음의 논문을 기약한다.

48) A. Bertrand, *La psychologie de l'effort*, Alcan, 1889, p.26.

한 인식의 원초적 사실이자 철학의 제일 원리를 탐구하는 자세를 계승한다. 그러나 데카르트가 주지주의적 합리론이라는 플라톤 이래의 서양철학의 지배적 전통을 이어받는 데 반대하면서 데카르트의 본유관념을 부인한다. 비랑은 오히려 영국경험론과 콩디야크의 문제의식, 즉 모든 인식의 경험적 발생을 추적하는 데 몰두하게 되지만, 그가 창시한 프랑스 유심론적 실재론은 외적인 경험과 내적인 경험을 상이한 인간 경험의 영역으로 분리하면서 영국경험론과의 차별성을 획득한다.

콩디야크의 경험론이 감각 안에서 사고를 구성하는 원초적 요소를 찾으면서 인간의 모든 정신능력이 감각에서 유래한다고 본다면, 이를 비판하면서 등장하는 카바니와 드 트라시는 곧 비랑의 직접적인 두 스승이 된다. 비랑은 카바니로부터는 내적 감각이라는 용어를, 드 트라시로부터는 의지의 노력이라는 여섯 번째의 감각에 대한 이해를 물려받는다. 이렇게 해서 탄생하는 유심론적 실재론의 경험에 대한 이해는 내적인 경험과 외적인 경험의 이분법이다. 외적인 경험은 객관적으로 관찰되어도 질적인 변화를 겪지 않고 드러나지만, 내적 경험이란 인간의 주관적인 내부 영역을 통해 직접 주어지는 질(質)적인 것이다.

비랑은 인간의 모든 경험 영역을 이렇게 두 가지 상이한 경험 능력, 즉 능동적인 내적 경험의 능력과 수동적인 외적 경험의 능력을 통하여 이해한다. 이런 두 가지 상이한 경험 능력은 곧 위에서 말한 두 가지의 상이한 인간 본성에 대한 이해, 즉 수동적인 본성과 능동적인 본성으로 연결된다. 물론 여기서의 본성이란 데카르트주의적인 의미처럼 선험적인 것이 아니고 경험적으로 주어진 원초적 사실에 의하여 드러나는 것이다. 여기서 인간의 자아는 경험의 원천으로서의 어떤 절대적인 것이 아니라 원초적 사실을 통하여 길어 올려진 자아, 외적 경험의 저항에 부딪혀 노력하면서 자기의식을 갖게 되는 실제적인 자아로서 현시(顯示)된다는 의미에서 현상적 자아라고 할 수 있다.[49]

코기토라는 인식론적 지반으로부터 세계라는 존재론적 지반으로 넘어갈 수 있었던 이행의 근거가 추상적이고 모호해서 우리의 몸이 처한 현실적인 구체성을 외면하고 있는 데카르트철학을 넘어서고자 하는 것이 비랑의 반데카르트주의의 문제의식이었다. 우리의 몸은 습관적 의지 또는 의지적 습관―습관적으로 되풀이되면서 형성되는 의지 또는 의지적으로 의도되어 반복되면서 형성되는 습관―으로 인해 데카르트적인 존재론을 인간학적으로 폐기시킬 수 있는 다양한 현상을 드러내고 있다. 몸이 의지할 때 세계의 존재성은 현상학적인 실존[50]과도 같이 의지하는 자아와 더불어서 주어진다고 할 수 있다.

우리의 몸에 관한 비랑의 새로운 이해는 현대 서양철학의 창시자인 후설의 현상학적인 몸 이해와 비교 고찰할 수 있는 많은 시사점을 던지고 있는데, 비랑의 후예인 베르그송과 후설의 현상학을 계승하는 메를로―퐁티의 몸 이해를 비교하게 될 다음 논문을 기약한다.

---

49) 차건희, 「멘 드 비랑의 자아존재」, 388쪽.

50) Maine de Biran, *Mémoire sur la décomposition de la pensée*, J. Vrin, 1988. 이 책은 제목이 시사하고 있듯이 인간의 사고를 분해하고 분석하고자 한다. 그런데 진행 중인 인간의 사고 작용에 관한 이해란 사후적으로 구성될 수 없는 발생적인 것이어서, 여기서 자아란 자기 동일성이 보장 불가능한 현상학적인 것으로서 드러난다. 비랑은 이 책에서 인간의 사유 주체가 현상학적으로 생기하는 현장을 포착하고 있다. 이에 관한 연구는 앞으로 후설의 후기철학과 더 나아가 해체론과도 비교 연구될 수 있는 중요한 작업인데, 비랑의 철학에 관한 현상학적인 연구를 위해서는 다음의 저서를 참고할 수 있다.
G. Romeyer-Dherbey, *Maine de Biran*, Seghers, 1974. Michel Henry, *Philosophie et phénoménologie du corps*, PUF, 1965.

참고문헌

René Descartes, *Oeuvres de Descartes*(publiées par C. Adams & P. Tannery), Librairie Philosophique J. Vrin, 1969. *Méditationes de la prima philosophie,* 이현복 역, 문예출판사, 1997. *Rules for the Direction of the Mind*(tr. L. J. Lafleur), The Liberary of Liberal Arts, 1961. *Discoura de la méthode* (ed. A. Robinet), Librairie Larousse, 1972.

Maine de Biran, *Oeuvres de Maine de Biran*(publiés par F. Azouvi), Librairie Philosophique J. Vrin, 1988. *Influence de l'habitude sur la faculté de penser*(intro. par P. Tisserand), PUF, 1954. *Biran à Bergson,* Librairie Philosophique J. Vrin, 1974.

Jean Beaufret, *Notes sur la philosophie en France au XIX siècle: De Maine de Biran à Bergson*, Librairie Philosophique J. Vrin, 1984.

Henri Gouhier, *Les conversions de Maine de Biran*, Vrin, 1948.

A. Bertrand, *La psychologie de l'effort*, Alcan, 1889.

J. Cottingham, *A Descartes Dictionary*, Blackwell Publisher, 1973, *Descartes,* 정대훈 역, 궁리, 2001

H. Canton, *The Origin of Subjectivity*, Yale Univ. Press, 1973.

D. Welton (ed.), *The Body: classic and Contemporary Readings*, Blackwell, 1977.

D. Garber, *Descartes Embodied*, Cambridge Univ. Press, 2001.

Jean-Luc Marion, *Cartesian Questions*, The Univ. of Chicago Press, 1977.

G. Lakoff, M. Johnson, 임지룡 외 역, *Philosophy in the Flesh*, 박이정, 2002.

A. Kenny, *Descartes: A Study of his Philosophies,* 김성호 역, 서광사, 1991.

A. R. Damasio, *Descartes' Error: Emotion, Reason and the Human Brain,* 김린 역, 중앙출판사, 1999

H. Gouhier, *Les Conversions de Maine de Biran*, Paris, J. Vrin, 1947

이승환, 「몸·신체·육체」, 『우리말 철학사전』 제2권, 지식산업사, 2004.

김정현, 『니체의 몸 철학』, 지성의샘, 1995.

영남대 인문과학연구소(편), 몸의 인문학적 조명, 월인, 2005.

조관성, 「인격적 자아의 실천적 삶과 행위 그리고 신체」, 『몸의 현상학』, 한국 현상학회 편, 철학과 현실사, 2000

차건희, 「멘 드 비랑의 자아존재」, 『고전 형이상학의 전개』, 철학과 현실사, 1995.

_____, 「생의 철학적 생명관 – 서양 18세기의 생기론」, 『과학과 철학』, 과학사

상연구회, 통나무, 1997.

_____, 「멘 드 비랑과 프랑스철학의 전통: 데카르트와 프랑스유심론」, 『철학
　　　사와 철학』, 한국철학회 편, 철학과 현실사, 1999.

황수영, 『근현대 프랑스철학』, 철학과 현실사, 2005.

홍경실, 「데카르트의 이원론적 실체관에 대한 베르그송의 비판과 극복」, 『철학』,
　　　제80호, 한국철학회, 2004.

제10장 베르그송과 메를로-퐁티의 우리의 몸에 대한 이해 비교

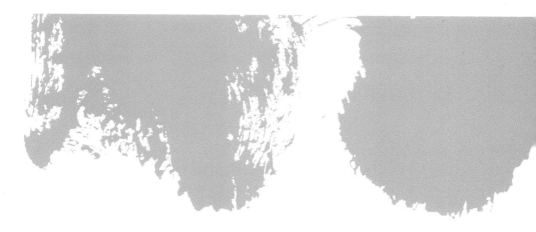

1. 문제의 제기

베르그송과 메를로-퐁티의 철학을 비교적으로 고찰하는 일은 국내외 철학계의 연구 풍토상 드문 현상이라고 할 수 있다. 그 이유 가운데 하나로 이들의 철학이 개화한 시대적이고 사상적인 배경이 다르다는 사실을 지적할 수 있다. 그러나 보다 더 설득력 있는 이유는 프랑스 현대철학을 대표하는 이 두 인물의 철학이 상이한 철학에 근거하기 때문이라고 보인다. 이런 배경 아래 이 두 인물의 철학은 프랑스 현대철학으로부터 탈현대철학이라는, 어떻게 보면 전혀 이질적인 사고방식으로의 사상사적인 변화에 깊숙이 관여하게 된다. 그러나 프랑스 현대철학과 탈현대철학 사이의 넘어설 수 없는 거리는, 아니 모든 사유체계와 실천체계 사이의 간극과 알력은 그것들의 지평으로부터 도출이 가능한 문제점을 공유하기 때문에 비교철학적인 고찰의 대상이 될 수가 있다. 이에 베르그송과 메를로-퐁티의 철학을 비교적으로 고찰하고자 하는 본고는 외견상 상이한 이들의 철학이 의거하고 있는 전통적인 문제의식 가운데 하나인 우리의 몸이라는 구체적인 현상으로부터 논의를 출발하고자 한다.

우리의 몸이 근대 자연과학의 물질적 기계론의 연구 대상인 육체라는 저 물질성의 오명(汚名)을 벗어던진 현대 프랑스철학의 지평 위에 베르그송과 메를로-퐁티는 등장한다. 그런데 이들의 등장을 부추긴 데는 이들의 철학의 시대적 상이성처럼 서로 다른 철학의 영향이 작용하게 된다. 전자의 경우는 멘 드 비랑이 창시한 유심론적 실재론이, 후자의 경우에는 후설의 후기 현상학인 신체의 현상학이 깊숙이 관여한다. 그러나 이들의 프랑스철학사적인 위대함은 이들의 철학에 영양분을 제공한 모태로부터 세상으로의 성공적인 출세를 이루어냈다는 사실에 있다. 베르그송의 지속과 생명의 형이상학은 프랑스 유심론적 실재론자들이 이해하는 정신이 우리의 몸을 통하여 이 세상으로 닻을 내리게 되는 과정에 주목한다.[1] 메를로-퐁티는 후설의 발생적 현상학이 논의되는 주요 무대인 생활세계를 우리의 몸을 통하여 종횡무진(縱橫無盡)으로 활보하면서 가히 혁명적이라고 할 만한 사유의 모험을 펼치게 된다.[2]

여기서 본고는 베르그송과 메를로-퐁티의 우리의 몸에 관한 이해를 비교하는 데 그 출발지로서 데카르트의 실체이원론에 주목하고자 한다. 데카르트의 이원론에 의한다면 우리의 몸은 정신이나 마음과는 전혀 별개의 실체로서 이해되어야 한다. 데카르트의 실체이원론에 의거하여 우리의 몸이 영혼과 이원론적으로 대립되는 육체로서 이해되는 것과는 달리, 베르그송과 메를로-퐁티의 경우 우리의 몸은 관계론적인 존재 이해의 산물로서 이해될 수 있다. 그러나 베르그송이 데카르트의 이원론을 넘어서고자 분투하면서도 지속의 존재론을 견지하기 때문에 그러한 이원론의 구도로부터 자유로울 수 없었다고 한다면,[3] 이와는 달리 탈현대철학과의 친화성을 보이게 되는 메를로-

---

* 이 논문은 2005년도 정부재원(교육인적자원부 학술연구조성사업비)으로 한국학술진흥재단의 지원을 받아 연구되었음(KFF-2005-075-A00037).

1) 베르그송 철학이 담긴 주요 저서들 가운데 이를 가장 잘 보여주는 저서가 바로 『물질과 기억』이다. 이 저서는 베르그송의 저서들 가운데 가장 심도 깊은 저서로서 주목받고 있는데, 여기서 베르그송이 우리의 몸이 지니는 철학적 중요성에 심취하는 태도는 메를로-퐁티 철학과의 비교철학적인 만남을 가능하게 하는 결정적 단서를 제공한다.

2) 전기 사상이 담긴 『지각의 현상학』에서 근대철학의 코기토-주체를 대체하는 신체-주체를 이야기하는 메를로-퐁티는, 후기 사상이 담긴 유고작인 『보이는 것과 보이지 않는 것』에 이르게 되면 급기야는 주체의 탈주체를 강조하기에 이른다. 물론 이는 후설의 신체 현상학의 영향 선상에서 이해될 수 있지만, 구조주의 철학이라는 프랑스 탈현대철학과의 연계 선상에서 더욱 잘 이해될 수 있다. 철학의 역사가 인간의 자기 사유의 역사라고 볼 때 사유의 자기 주체를 해체하는 메를로-퐁티의 태도는 가히 혁명적인 태도라고 볼 수 있다. 본문을 통하여 이를 살펴보게 될 것이다.

퐁티 철학의 경우 베르그송과는 달리 탈존재론적인 구조주의의 선구자적인 모습으로서 우리의 몸이 등장하게 된다.

그러나 우리의 몸이 이른바 탈존재론적인 구조주의의 스펙트럼으로 이해되기 시작할 무렵, 그래서 살의 존재론이 제기하는 새로운 형이상학이 탈존재론적인 구조주의와의 관련성을 입증해야만 하는 중차대한 프랑스철학사적인 사건을 맞이하게 될 즈음해서 안타깝게도 메를로-퐁티는 때 이른 죽음을 맞이하게 된다.[4] 베르그송과 메를로-퐁티의 우리의 몸에 관한 이해를 비교하는 작업은 이처럼 이원론의 문제를 중심으로 가능하지만, 이 두 인물의 이원론에 대한 입장은 이미 앞에서 말한 바 있듯이 상이한 철학적 배경과 관련되고 있다. 본고는 우리의 몸에 관한 베르그송과 메를로-퐁티의 이해를 비교하는데 그 관건으로서 이원론의 문제에 주목하고자 한다. 그래서 베르그송의 몸에 대한 이해가 데카르트의 이원론적인 구도를 벗어나고자 하면서도 이로부터 자유롭지 못하게 되는 과정을 먼저 살펴보고자 한다. 이어서 메를로-퐁티의 경우 몸-주체, 신체-주체가 후기 사상인 살의 존재론으로 이행하면서 탈이원론적인 구조주의철학을 예고하게 되는 과정을 살펴보고자 한다. 이어서 이 두 인물의 몸에 관

---

3) 이러한 사실은 2절에서 베르그송이 이해하는 우리의 몸이 육체와 동시에 몸이라는, 말하자면 존재론적이면서도 관계론적인 용어로서 이해 가능하다는 사실을 지적하면서 밝혀지게 될 것이다. 우리의 몸은 데카르트가 주장하듯이 이원론적인 실체로서 이해될 때는 영혼과 대립적인 의미에서 육체로 표기되지만, 탈이원론적이고 반실체론적인, 말하자면 현상학적으로 이해될 때는 몸이나 신체라는 단어로 혼용된다. 순우리말인 몸보다는 한자어 표기인 신체가 우리 학계에 학문 용어로서 정착되었기 때문에 현상학이나 메를로-퐁티의 경우도 몸-주체 보다는 신체-주체라는 표기가 선호되고 있다. 베르그송의 몸 이해에는 육체라는 객관적 실체 이해와 몸 또는 신체라는 현상학적 이해가 혼재되어 있다. 본고는 순우리말인 '우리의 몸'을 논문의 제목으로 하기 때문에 몸이라는 단어를 신체라는 단어보다 선호하면서 신체-주체를 몸-주체와 섞어서 쓰고 있다는 사실을 밝힌다.

4) '살의 존재론' 자체도 하나의 새로운 존재론인데 어떻게 탈존재론적인 구조주의와의 친화성이 주장될 수 있는가 하는 문제가 제기될 수 있다. 이에 관해서는 3장에서 살펴보겠지만 메를로-퐁티 자신의 해명이 불충분하다.

한 이해를 비교 고찰하게 될 4절에서는 그러한 작업의 관건을 우리의 몸과 언어, 언어와 사고와의 관계에 대한 이 두 인물의 상이한 이해를 중심으로 살펴보고자 한다.

2. 베르그송의 몸 이미지와 이원론의 문제

데카르트의 심신이원론은 그 자신도 『정념론』을 통하여 고민했던 것처럼 현실의 구체적인 인간을 이해하는 데 성공하지 못한 결과 숱한 철학적 논쟁을 제공한다. 그러나 이 이론이 중세철학과의 결별과 동시에 공존이라는 양립하기 어려운 난제를 해결하기 위한 데카르트의 천재적 이론장치라는 사실에는 이의가 없을 것이다. 데카르트가 우리의 몸을 점·선·면으로 이루어진 추상적인 연장성으로서 이해하면서, 이를 근대 자연과학의 결정론적인 기계론에 종속시킨 결과 인간에 대한 자기 이해는 파행적인 국면으로 치닫게 된다.

멘 드 비랑의 의지적 주체는 우리의 몸을 습관에 주목해서 새롭게 이해한 결과 형이상학과 심리학의 성공적인 만남으로서의 저 프랑스 유심론적 실재론을 창시한다. 이 이론을 계승한 라슐리에와 라베송에 많은 영향을 받게 되는 베르그송의 등장은 출발부터 반데카르트주의를 표방하게 된다. 우리의 몸에 대한 이해는 자연과학적 탐구의 영역이 결코 아니며, 그것은 자신의 내성심리학적인 방법론이라고 할 수 있는 직관에 의해서 가능하다고 베르그송은 주장한다. 이런 베르그송의 주장을 이해하기 위하여 먼저 요구되는 것이 다음과 같은 그의 이야기이다. "주체와 객체, 이것들의 결합과 분리에 관련되는 문제들은 공간이라기보다는 시간과 제휴해서 제기되어야만 한다."[5] 베르그송은 1912년에 행한 한 강연인 '몸과 영혼'에서 이 양자의 불가분적인 결속이 동적인 시간의 측면에서라면, 그 분리와 독립적인 관계는 정적인 공간의 측면에서라고 밝힌다.[6] 이는 말하자면 자신의 지속의 시간관과 실재관에 의할 때 온갖 이원론적인 존재들은 이미 불가분적으로 떼려야 뗄 수 없는 관계에 놓여 있다는 이야기이다.

그래서 베르그송은 근대철학을 대표하는 두 가지 존재론인 실재론과 관념론 모두 주체와 객체의 관계를 시간을 통하여 고찰하지 못하는 실패한 이론이라고 비판한다. 자신의 새로운 존재 이해인 지속의 시간관에 의하면 사물들과 존재의 실재성(réalité)이란 더 이상 구성되거나 재건되지 않고 다만 경험되고 느껴지고 침투되는 것이라고 베르그송은 주장한다.[7] 여기서 사물이나 존재, 이른바 객체를 경험하고 이에 침투하면서 그래서 이를 느끼는 인식능력을 베르그송은 직관이라는 자신의 신조어로 명명한다. 그리고 이런 능력이 지성의 공간화 작업보다도 더욱 폭넓게 근원적으로 인간에게 구비되어 있다고 주장한다. 직관은 정적인 지성의 인식능력과는 달리 이른바 지속의 시간적 추이, 그 과정적 흐름이라는 동적 실재에 걸맞은 역동적인 인식능력이라고 할 수 있다.

그런데 여기서 베르그송은 지속이라는 자신의 새로운 존재를 그 움직임이 정지된 정적인 존재로서 표현할 수 없기에 고민한 결과 이미지라고 하는 새로운 존재 개념을 제시하게 된다.[8] 말하자면 이미지

---

5) H. Bergson, *Matière et mémoire*, Oeuvres, 1970, p.74(앞으로 이 책은 MM으로 표기)

6) H. Bergson, *L'énergie spirituelle*, Oeuvres, 1970, pp.57-58 참고.

7) MM, pp.71-72.

란 지속의 존재 이해에 의거할 때 그 어떤 존재나 사물도 자기 동일적인 불변성을 지닐 수 없다는 사실을 대변하는 용어라고 할 수 있다. 그러나 아무리 자기 동일성을 획득할 수 없는 지속의 시간성의 흐름이라고 할지언정, 그러한 변화는 동일성에 견줄 수 있는 차이성에 의해서만이 가능한 것이 아닐까?

이는 『물질과 기억』에 나타나고 있는 베르그송의 시간관과 많은 유사점을 내포하는 후설의 『시간의식』을 통해서 입증될 수 있는 사실이다. 우리들이 매번 새롭게 변화하고 달라질 수 있다는 사실을, 시간이 흐르고 있다는 사실을 알 수 있는 결정적인 이유가 바로 시간의식 때문인데, 시간에 대한 의식이란 늘 과거와 이전의 의식과의 대비 아래서만 가능할 수 있다. 말하자면 시간이란 지연이며 비결정성이기에[9] 다름이나 차이성을 가능케 할 수 있고, 여기서 다름이나 차이성이란 바로 동일성에 대한 동일하지 않음, 같은 것에 대한 다름과 차이성일 수 있다. 여기서 동일한 것이 부단히 연기될 수밖에 없다고 주장하는 데리다 철학의 기본입장이 발견될 수 있다.

그래서 베르그송은 정신과 물질의 실재성을 인정한다는 이야기로 『물질과 기억』의 서두를 장식하면서도, 자신의 역동적인 지속의 시간관에 위배되는 이런 존재이해를 이미지 일원론으로 중재하면서 자신의 이미지 개념이 상식적인 것이라고 주장한다.[10] 그리고 곧바로 이 저서의 1절을 통하여 우리의 몸이 이러한 이미지와 어떻게 관계하는

---

8) Ibid., pp.1-3 참고. H. Bergson, *La Pensée et le mouvant*, Ouuvres, 1970. 이 책의 130쪽에는 중재적 이미지(l'image intermédiaire)라는 표현이 등장한다. 이 책은 직관에 대하여 별도의 장을 마련하고 있다(앞으로 이 책은 PM으로 표기).

9) PM, p.102.

10) MM, p.1.

가 하는 물음을 추적해나간다. 이제 이미지와 우리의 몸의 관계를 추적해가는 베르그송을 뒤쫓아 가 보기로 하자.

베르그송은 우리가 이미지의 형태 아래서 만이 사물을 파악할 수 있기 때문에 영혼과 정신의 관계에 관한 이원론적인 문제는 이미지들과 제휴해서만 제기되어야 한다고 주장한다.[11] 그리고 그런 이미지들의 중심에 바로 우리의 몸 이미지가 놓여 있다고 주장한다. 우리의 몸은 지각에 의해서 외부로부터뿐만이 아니라 감정에 의해 내부로부터 그 이미지를 안다는 의미에 있어서 다른 모든 이미지들과 대조를 이루는 하나의 이미지이다.[12] "이미지의 전체 속에는 더 이상 단지 표면적으로(à sa surface)가 아니라 그의 깊은 곳에서 지각되어지는 하나의 우호적 이미지(une image favorisée)가 있는데, 이것은 활동의 근원인 동시에 감정의 거점이다. 내가 나의 세계의 중심으로 그리고 나의 인격의 물리적 지반으로 채택하는 것은 바로 이 특수한 나의 몸 이미지(l'image de mon corps)이다."[13]

베르그송은 우리의 몸과 마음의 관계에 대한 물음이 철학사를 통해 부단히 제기되어 왔지만 실제로는 거의 연구되지 않았다고 본다.[14] 그래서 이 오래된 문제를 해결하기 위하여 우리들이 주목해야 하는 문제 해결의 실마리가 바로 기억의 지반(terrain de la mémoire)이라고 주장한다. 기억 현상은 정확하게 물질과 정신, 몸과 마음의 교차점을 드러낸다고 주장한다. "선입견 없이 사실의 영역으로 접근하는

---

11) Ibid., p.21.

12) Ibid., p.11.

13) Ibid., p.63.

14) Ibid., p.4.

사람들에게 영혼과 몸의 관계에 대한 이 오랜 문제는 곧 기억의 문제 주위로 축소되어지는 듯이 보인다."[15]

그런데 이원론의 문제를 해결 가능한 기억의 지반은 몸의 지각경험을 통해 구명된다. "먼저 이미지 전체가 있다. 이 전체 속에는 행동의 중심이 있는데 이것에 기대어 관련된 이미지들은 반사되는 듯하다. 이렇게 해서 지각이 생기고 행동이 준비된다. 몸은 이런 지각의 중심에서 드러난다."[16] 몸의 지각행동이 직접적인 반응을 보일수록 그만큼 지각은 단순한 접촉과 유사하게 되고 지각과 반응의 과정은 기계적인 양상을 보이게 될 수 있다. 그러나 반응이 점점 불확실해지면서 주저함과 망설임이 더해 갈 때 지각과 반응의 양상은 더 복잡해진다. 그래서 물질에 의해 수용된 자극이 이에 필수적인 반응으로 확장되지 않는 바로 그 순간에 지각의 비결정성이 제기되면서 의식적인 지각(la perception consciente)이 출현한다. 베르그송은 여기서 기억의 문제로 이행한다.[17]

지각과 기억의 관계에 관해 볼 때 다음과 같이 두 가지로 지각을 분류할 수 있다. 첫째는 구체적이고 복합적인 지각이다. 이는 기억으로 가득 차서 언제나 일정한 두께의 지속을 제공하는 지각이다. 둘째는 순수지각으로서, 이는 실제로 존재한다기보다는 이론상이나 원리적으로 존재하는 지각이다. 말하자면 모든 유형의 기억과 단절되어 물질로부터 즉각적이면서도 직접적인 비전을 갖는 지각으로서, 지속의 동적 시간관에 의할 때 현실적으로는 불가능한 지각인 셈이다.[18]

---

15) Ibid., p.5.
16) Ibid., p.46.
17) Ibid., p.28.

지각이 아무리 짧다고 가정할지언정 실제로는 항상 일정한 지속을 차지하며 결과적으로 지각들 사이에서 다수의 순간을 연장시키는 기억의 노력이 요구된다. "사실상 기억이 배어 있지 않는 지각은 없다."

여기서 베르그송의 이원론은 지각과 기억 사이에 정도나 강도상의 차이가 아닌 본성상의 질적인 차이를 주장하게 된다. 그래서 이런 이원론적인 질적인 차이를 간과하는 근대철학의 원자론적인 세계관이 인간 정신이나 우리의 몸에 관한 이해를 가로막는 오류를 범한다고 주장한다.[19] 지각과 기억의 이원론을 주장하는 베르그송은 이 둘 간의 이원론적인 질적 차이를 말소시키는 당시의 심리학자들이 기억을 지각의 정도상으로 환원하면서 물질화하는 오류를 범한다고 비판한다.[20] 여기서 지각으로 환원될 수 없는, 결코 지각이나 감각의 정도상으로 환원될 수 없는 순수 기억을 주장하면서 베르그송은 이것이 우리의 몸의 그 어떤 부분과도 무관하다고 주장하게 된다. "순수회상은 나의 몸의 어떤 부분과도 무관하다."[21]

"나의 몸으로 불리는 이미지는 매 순간 우주적인 생성을 횡단하는 단절을 형성한다. 따라서 그것은 수용되고 반송된 운동들의 통과지점이며 나에게 작용하는 사물과 사건 그리고 내가 영향을 미치는 사물과 사건, 한마디로 말해 감각-운동적인 현상들 사이의 연결점이다."[22] 현재란 불가분적인 전체를 이루기 때문에 감각인 동시에 운동이다. 현재란 감각과 운동에 결합된 체계 속에 있다. 나의 현재는 본질상

---

18) Ibid., p.31, p.71.

19) Ibid., p.69참고. 여기서는 본고의 논의상 기억이나 지각이론에 관한 상세한 이해를 피하기로 한다.

20) Ibid., p.155 참고.

21) Ibid., p.154참고.

22) Ibid., p.168.

감각－운동적(sensori-moteur)이어서, 내가 나의 몸에 관하여 갖는 의식 속에 있다고 베르그송은 말한다.[23]

　이원론에 의거하는 베르그송의 몸 이해에 대한 결정적인 비판은 몸 이미지와 무관한 순수기억의 존재론적인 형이상학을 베르그송이 주장한다는 점이다. 그래서 이미지 일원론에 의거하여 몸에 관한 논의를 전개하면서 몸과 마음과의 간극을 직관으로써 부단히 메우고자 하면서도, 베르그송의 이원론에는 두 가지의 몸 이해가 공존하게 된다. 베르그송의 몸 이미지에 대한 현상학적인 이해를 가로 막게 되는 이런 두 가지의 몸을 메를로－퐁티는 현상적인 몸과 객관적인 몸이라고 명명한다.[24]

3. 메를로－퐁티의 몸－주체와 살의 존재론

　데카르트의 실체이원론을 비판하면서 이미지 일원론에 의해 몸을 이해하는 베르그송이 자신의 지속의 존재론에 의하여 원리적으로는 두 가지의 몸이라는 이원론적 구도로 귀착됐다고 한다면, 메를로－퐁티의 몸 이해는 현상학적인 방법론에 의거하여 시종일관 이원론의 구도를 벗어난다. "인간이 된다는 것은 정신적이거나 육체적인 것이 된다는 것, 또는 이 양자가 된다는 것에 우선한다. 만일 우리들이 인간이 아니어서 인간이라는 범주를 알지 못한다면 이 두 가지의 이원론적인 개념이 별개의 분리된 것이라는 사실을 알 수 없을 것이다."[25]

---

23) Ibid., p.153 참고.

24) Merleau-Ponty, *Phénoménologie de la perception*, Gallimard, 1945, p.493 참고(앞으로 이 책은 PP로 표기)

이미『행동의 구조』를 통하여 이원론적인 이 두 개념 이전에 몸을 지닌 살아 있는 인간의 실존적 행위 구조에 주목한 바 있는 메를로-퐁티는『지각의 현상학』을 통하여 몸-주체/신체-주체를 강조한다. 이어서 후기 사상이 담긴『보이는 것과 보이지 않는 것』에 이르면 우리의 몸이 세계와 마찬가지로 살(la chair)이어서 몸이 지각한 것이 주관성의 정점인 동시에 물질성의 정점이라고 주장한다. "내 몸은 세계를 이루고 있는 살과 동일한 살로 이루어져서, 게다가 내 몸의 이 살은 세계에 의해 공유되고 있다."[26] 여기서 메를로-퐁티의 몸 이해가 몸-주체를 경유하여 이원론을 거부하는 살이라는 개념으로 귀착되는 현장을 포착할 수 있다.

후설은 활동하는 유기체와의 경험적인 관계에 의해서만 인간의 의식이 가능하다고 본다. 활동하는 유기체로서의 몸, 즉 의식의 신체화 혹은 세속화로서의 신체에 대한 의식의 지향성에 의해서만 신체는 단순한 물질적인 육체(Körper)에 대립하는 진정으로 활동하는 유기체, 즉 몸/신체(Leib)가 된다. 그러나 후설 생시에 출판된 저서 가운데 이에 대한 분석은 미비했으며 유고에서도 이런 분석은 암시적일 뿐이었다.[27] 프랑스 현상학적 실존주의자들은 이에 후설이 암시한 몸의 중요성에 주목하면서 현상학적인 기술에 의해 신체현상을 해명하고자 힘쓴다.

"현상학에 있어서 몸의 문제는 접근하기 어려운 문제 가운데 하나이다. 그것은 몸이 사물과 같이 단적인 경험으로부터 주어지는 대상

---

25) Stephen Priest, *Merleau-Ponty*, Routledge, 2003, p.67.

26) Merleau-Ponty, *Le visible et l'invisible*, Gallimard, 1964, p.302(앞으로 이 책은 VI로 표기).

27) Richard, M. Zaner, *The Problem of Embodiment*, 최경호 역,『신체의 현상학』, 인간사랑, 1994, pp.7-8 참고.

이 아닐 뿐만 아니라 자연과학적인 방법으로 다룰 수 없는 특성을 가진 대상이기 때문이다."28) 그러나 메를로-퐁티가 후설 현상학의 영향 아래 있으면서도 후설처럼 선험적 자아에로 도달할 수 없었던 것은 현상학적 환원이 궁극적으로 불가능할 수밖에 없다고 판단했기 때문이었다.29) 후설의 발생적 현상학에 더 경도된 메를로-퐁티에게는 세계와 삶의 지평이 선험적 자아의 구성행위에로 환원되기에는 너무도 버거운 짐과 같다고나 할 수 있을까?

메를로-퐁티는 베르그송으로부터 이원론의 문제의식을 계승하지만 이를 답습하거나 수용하는 태도로서가 아니라 비판적으로 검토하면서 해체하는 태도로써였다. "주어진 것, 그런데 먼저 올바른 것으로서 주어진 것은 반성적이지 않은 것을 향하여 열려진 반성이며, 반성적이지 않은 것에 대한 반성적인 이해이다."30) 전 반성적이고 선술어적인 지각의 경험으로부터 출발하는 지각의 현상학은 때문에 정신과 육체의 이원론적인 구분이라는 물음 자체를 해체시킨다. 육체니 정신이니 하는 존재론적인 선입견 없이 현상학적인 소여를 기술하게 된다면 이원론의 문제는 제기되지 않을 것이기 때문이다.31)

메를로-퐁티는 몸이 하나의 대상이 아닌 것과 마찬가지로 몸에 관하여 갖게 되는 의식 또한 하나의 사유가 아니라고 말한다. 이는 몸에 관한 명료한 개념을 갖기 위하여 이를 임의대로 분해하거나 재조립할 수가 없기 때문이다. 몸의 전일성과 통일성은 언제나 암시적

---

28) Ibid., p.391.

29) PP, p.8.

30) Ibid., p.413.

31) Stephen Priest, *Merleau-Ponty*, pp.68-69 참고.

이고 불명료해서 나는 나의 몸이라고도 말할 수가 있다. 적어도 몸을 통해 경험하면서 몸이 나의 존재 전체를 잠정적으로 스케치하는 듯하기 때문에 몸은 마치 자연적인 주체(un sujet naturel)와도 같다. 그래서 나는 바로 나의 몸이라고 메를로-퐁티는 말한다.[32] 그는 이런 몸-주체를 표현하기 위해 '세계에의-존재(l'être-au-monde)'라는 신조어를 주조한다.[33]

메를로-퐁티는 몸과 영혼의 통일과 결합이 서로 외적인 두 항, 즉 대상과 주체 사이에 자의적으로 질서 잡힌 것이 아니고, 실존의 운동을 통하여 매순간 이루어진다고 주장한다.[34]

그런데 이 이야기는 우리의 몸이 매순간 실존을 표현한다는 이야기로 확장되면서 메를로-퐁티의 몸 이해는 말과 사유와의 관계로 넘어가게 된다. "만약 몸이 매순간 실존을 표현한다고 말한다면 그것은 말이 사유를 표현한다는 것과 같은 맥락에서다."[35] 몸이 실존 전체를 표현한다는 말은 실존 전체가 몸 안에서 실현된다는 이야기이며, 이렇게 몸을 통하여 실현된 의미는 중심적이고도 중요한 현상이다. 육체와 정신 혹은 기호와 의미는 이런 중심적 현상에 대한 추상적인 계기들일 뿐이다. 이때 표현되는 것과 표현행위는 별개로 존재하지 않고 기호들 자체가 의미들을 밖으로 끄집어내게 된다. 이는 바로 몸이 실존 전반(existence totale)을 표현하는 방식과 동일하다.[36] 메를로-퐁티의 전기사상이 담긴 『지각의 현상학』에서의 이런 이야기

32) PP, p.231.

33) 조광제, 『몸의 세계, 세계의 몸』, 이학사, 2004, pp.94-95 참고.

34) PP, p.105.

35) PP, p.193.

36) Op. cit. 참고.

는 후기사상이 담긴 주저, 『보이는 것과 보이지 않는 것』을 통하여 심화되면서 살의 존재론으로 나아간다.

이제 『지각의 현상학』에 등장하는 다음과 같은 이야기에 주목하면서 살의 존재론으로 이행하기 위한 그 실마리를 찾고자 한다. "발화(la parole)는 사유에 대한 단순한 옷으로 여겨질 수 없다. 그리고 표현은 그 자체로 이미 명료한 의미를 자의적인 기호체계로 바꾸는 것으로서 여겨질 수 없다."[37] 메를로-퐁티는 데카르트적인 사유 주체로서의 순수한 코기토를 사유하는 사유(la pensée pensante)라고 부르고 자신의 언어현상학에 의해 새롭게 이해된 침묵의 코기토를 사유되는 사유(la pensée pensée)라고 부른다. 그래서 전자를 후자에 의해 무효화시키면서 언어활동이 우리들을 초월하기 때문에 순수한 코기토적 사유는 없다고 단언한다.[38]

여기서 '사유되는 사유'라는 표현을 좀 더 구체적으로 이해하기 위해 다음과 같은 그의 말을 들어보기로 하자. "언어가 아이에게 의미를 갖는 것은 언어가 사용되는 상황과 맥락을 아이가 이해할 때이다."[39] 말을 주고받는다는 것은 그 말이 이끄는 상황 또는 지평을 함께 주고받는다는 것인데, 여기서 상황이나 지평은 몸 자신에 용해되어 있다.[40] 몸에 용해되어 있는 무의식적일 수 있는 것들을 일일이 반성적으로 사유한다면 처음부터 아이들이 생각한다는 행위는 불가능할 수 있을 것이다. 언어 표현 행위가 언어활동 이전에 존재한다고 생

---

37) PP, p.445.

38) Ibid., p.447참고.

39) Ibid., p.459. 직역하면 다음과 같다. "언어가 아이에게 의미를 갖는 것은 언어가 아이에 대해 상황을 만들 때이다."

40) 조광제, 『몸의 세계, 세계의 몸』, 421쪽 참고.

각되어왔던 사유 주체를 통해서가 아니라, 바로 우리들의 구체적인 몸을 통하여 이해되어야만 한다는 주장은 언어활동이 사유의 산물이 아니라는 말이다. 그래서 "말하는 사람에게 있어서 발화는 이미 형성된 사유를 번역하는 것이 아니라 사유를 수행하여 완성하는 것이다."[41]

그런데 사회적 동물인 우리들의 실존이 언어라는 의사소통의 매개체를 떠나서 살아갈 수가 없다고 한다면 이는 언어가 곧 삶의 의미와 깊숙이 관계되기 때문이다. "살아 있는 몸에 내재되어 있고 살아 있는 몸에서 태어나는 의미에 대한 계시는 감각적인 세계 전체로 확산된다."[42] 이제 메를로-퐁티의 말대로라고 한다면 우리들이 주고받는 언어뿐만이 아니라 우리를 에워싸고 있는 이 드넓은 감각과 지각 세계마저도 살아 있는 의미들로 충만해 있는 상태라는 사실을 알 수 있다.[43] 이런 세계를 과연 어떻게 이해할 수 있을까? 메를로-퐁티는 이렇게 살아 있는 의미로 충만한 세계를 '살의 존재론'으로 이해하고자 했다. 살이란 모든 보이는 존재들의 거주지인 원초적이고도 근원적이며 보편적인 존재(l'Être)이다.[44] 긍정적인 것과 부정적인 것은 이런 존재의 두 측면으로서, 이때 개별적인 존재들은 모두 이런 구조를 갖는다.[45] 보편적인 살의 존재는 그래서 수직적이며 초월적인 것으로, 이때 초월성이란 바로 차이와 다름 가운데의 동일성이다.[46] "존재(l'Être)는 의식의 양태들(modes de conscience)이 존재의 구조화들

---

41) PP, p.207.

42) Ibid., p.230.

43) 조광제, 『몸의 세계, 세계의 몸』, 259쪽 참고.

44) VI, p.280 참고.

45) Ibid., p.278.

46) Ibid., p.279.

(structurations)로서 기재되는 장소이며, 이때 존재의 구조화들은 의식의 양태들이다."[47]

그래서 특정 사회 내에서 우리들이 생각하는 사유 방식은 그 사회의 구조에 연루되어 있다고 메를로-퐁티는 말하는데, 여기서 그런 구조들이 존재와 관련된다는 이야기를 좀 더 자세히 살펴보자. 메를로 퐁티는 세계를 보편적 구조[48]라고 말하면서, 구조를 기술하는 것, 구조들이 존재 안에서 통합되는 것을 기술하는 것이 중요하다고 말한다. 더 나아가 그는 개별적으로 존재하는 것(être)이 결코 인간이 아니라 지평(l'horizon)이라고 말한다.[49]

베르그송의 영향을 받은 제임스(W. James)는 의식의 익명성을 밝히기 위해 언저리(Fringe)라는 개념을 사용했다. 후설은 이를 발생론적 현상학의 중심개념인 생활세계를 이해하는 데 결정적인 지평(Horizont)개념으로 심화시켰는데, 말하자면 세계 내의 특정한 대상을 제거할 수 있다고 해도 그런 대상의 지평 자체를 제거한 세계는 있을 수 없다는 이야기이다.[50] "의식이 보지 못하는 것, 그것은 곧 의식이 보는 것을 가능하게 하는 바로 그것이다. 그것은 의식의 존재(l'Être)에의 엮임이며 의식의 신체성이고 세계가 보이는 것이 되게 하는 실존 범주들이거니와, 또한 대상의 출생 장소인 살(la chair)이다."[51]

살은 전통철학에서 이를 지칭할 명칭이 없는 것으로, 어떤 철학에서

---

47) Ibid., p.307.

48) Ibid., p.287.

49) Ibid., p.290.

50) Edmund Husserl, *Die Krisis der europäischen Wissenschaften und die transzendentale Phänomenologie*, 이종훈 역, 『유럽학문의 위기와 선험적 현상학』, 한길사, 2003, 274, 408쪽 참고.

51) PP, pp.301-302.

도 그 이름이 없는 것이다.[52] 살은 이원론적인 실체 개념에 의해서 설명될 수가 없는 것으로서, "기본 요소처럼, 원소처럼 존재의 보편적인 방식을 구체적으로 상징하는 것이 곧 살이다."[53] 그러나 다음과 같은 메를로-퐁티 자신의 메모는 살이 얼마나 애매모호한지를 단적으로 보여주고 있다. "나의 몸은 사물들을 빚어내고 사물들은 나의 몸을 빚는다: 모든 부분들로 세계에 연결된, 그래서 세계에 붙은 몸-이 모든 것이 의미하는 것: 실태나 실태들의 합으로서가 아니라 기록 장소로서의 세계인 살: 무효화된 것이 아니라 선 그어 삭제되어진 가짜(faux)."[54]

4. 몸과 언어의 관계를 중심으로 살펴본 메를로-퐁티의 베르그송 비판

몸과 언어와의 관계에 대한 물음을 살펴보기 위해서 먼저 언어와 사고와의 관계에 대한 베르그송과 메를로-퐁티의 이해를 살펴보자. 베르그송은 언어활동의 주체를 지성이라고 보고 이것이 공간화작업으로써 대상의 동적인 면을 정적으로 대체한 것이 언어의 상징체계라고 본다. 지성은 그 대상을 붙들어 매어서 움직임을 사상한 채로 공간적으로 인식하기 때문에 이미 저만치 달아나 버리고 있는 대상의 잔영을 가지고서 올바른 앎과 진리를 장담하게 된다. 이른바 지성의 공간화 작업이라고 하는 영사기적인 인식방법이 곧 그것이다. 지속의

---

52) Ibid., p.183, p.193.

53) Ibid., p.194.

54) VI, p.173. 메를로-퐁티는 여기서 존재론을 다루고 있는데, 난해한 살의 존재론에 대한 이해를 돕기 위해 역시 난해한 면이 없지 않지만 많은 점이 폭넓게 암시되고 있다.

역동적인 모습으로서의 실재를 직접 알아낼 수 있는 능력은 직관이라고 본다. 이는 말하자면 사유와 그 대상이 직관에 의해 만남과 결합을 보장받는다는 말이다. 그래서 베르그송은 언어활동의 영사기적인 인식방법이 지속의 실재를 고스란히 밝힐 수 없기 때문에 우리의 사고와 언어의 관계를 불가공약적(incommensurable)이라고 말한다.[55]

이와는 달리 지속의 존재론을 거부하는 메를로-퐁티에게 시간이란 몸이 분비하는 것이며(Le corps sécrète du temps),[56] 지각의 차원에서는 시간성이 주체성과 다름없기 때문에 몸은 곧 주체성인 셈이다 지각의 종합에서 감각들은 현재와 미래와 과거가 하나로 결합된다. 여기서 메를로-퐁티는 후설의 내적 시간의식 대신에 몸을 내세우면서 몸의 지향성 자체가 시간을 분비하는 방식으로 작동한다고 말한다.[57] "내 몸은 시간을 소유한다. 내 몸은 현재에 대해 과거와 미래를 존재하도록 한다. 내 몸은 사물이 아니다. 내 몸은 시간을 견뎌내는 것이 아니라 시간을 만든다."[58] 이렇게 우리의 몸을 중심으로 베르그송의 시간관을 비판하는 메를로-퐁티는 베르그송의 지속의 존재론이 상정하는 기억과 회상의 실재론 역시 거부하게 된다. 그래서 지각하는 것은 기억하고 회상하는 일이라고 하는 베르그송의 주장을 거부하면서, 지각행위는 결코 기억하는 일이 아니어서 지각의 선행이 없이는 기억의 회상이 결코 가능할 수 없다고 단언한다.[59]

메를로-퐁티는 베르그송의 지속의 형이상학이 시간의 지평을 간

---

55) H. Bergson, *Essai sur les données immédiates de la conscience*, p.124.

56) VI, p.275.

57) 조광제, 『몸의 세계, 세계의 몸』, 319-320쪽 참고.

58) Ibid., p.276

59) PP, pp.27, 30 참고.

과한 결과 현재의 진정한 의미를 파악하지 못했다고 비판한다. 그래서 나의 현재는 내가 나의 몸에 관해 지니는 의식 속에 있고, 내가 나의 몸에 관해 갖는 의식 속에 현재가 있듯이 나의 몸은 곧 지속의 횡단면이라고 베르그송이 말했을 때,[60] 그는 현상학적인 몸 이해를 공유하는 자신의 몸 이미지와는 다른 객관적인 몸을 인정하는 모순을 범했다고 비판한다. 그래서 유령과도 같이 잡힐 수 없는 과거가 가능하면서 시간의 지평이 결여된 몸의 현재 경험이 가능했다고 비판한다. 그러나 메를로-퐁티는 현재가 늘 시간의 지평을 전제로 할 수밖에 없기에 시간의 추이에 대한 의식이 곧 현재라고 주장한다.[61] 그렇다고 한다면 베르그송의 이해처럼 현재에만 관계하는 몸 이미지가 아니라 과거, 현재, 미래의 모든 시간성을 아우르는 몸의 지각행위에 의해 기억이나 회상이 가능한 것이라는 메를로-퐁티의 주장은 설득력을 지닌다. 이에 메를로-퐁티는 더 나아가 시간이 실재적인 과정(un processus réel)이 결코 아니라 의미일 뿐이라고 주장한다.[62]

의미란 그것이 없으면 세계도 없고 언어활동도 없으며 그것이 무엇이 되었건 모두 없어져 버리는 그러한 것이다.[63] 의미는 본질인 것이다. 철학은 의미 읽기이며, 의미 읽기의 한계까지 밀고 나간 의미 읽기이다.[64] 여기서 메를로-퐁티는 의미를 말과의 관계 속에서 이해하면서 언어와 살, 말과 살의 관계에 주목한다. "말은 살이 보이는 것과의 관계에서 그러하듯이 의미들에 관여하는 전적인 부분(partie

---

60) MM, p.153.

61) M. Merleau-Ponty, *L'union de l'ame et du corps chez Malebranche, Biran et Bergson*, J. Vrin, 1978, p.90 참고

62) PP, p.471, p.487.

63) VI, p.145.

64) Ibid., p.146.

totale)이다. 말은 살이 그러하듯이 개별적인 존재를 통한 존재(Être)와의 관계이고 살이 그러하듯이 나르시스적이고 성적인 자극을 받으면서(érotisée) 몸이 몸 자신을 느낌으로써 세계를 느끼듯이 말의 조직망 속으로 다른 의미들을 끌어들이는 자연적 마법의 소질을 지닌다. 말과 살 사이에는 사실상 병행관계나 유비관계가 있기보다는 연대와 얽힘(entrelacement)이 있다."[65]

메를로-퐁티는 의미가 말해진 것의 전체, 계속되는 말이 불러일으키는 차이화들(les différenciations de la chaîne verbale)의 전체라고 주장한다. 하나의 문장을 이해한다는 것은 어떤 의미에서 이 문장을 그것의 음성적 존재 속에 완전히 받아들이는 것에 다름 아니라고 주장한다. 혹은 흔히들 이야기하듯이 문장을 알아듣는 것(entendre)에 다름 아니라고 주장한다.[66] 고정된 의미란 없으며 다만 의미들의 차이들밖에 존재하지 않는다(Il n'y a que des différences de significations). 그래서 단어나 말들은 그 어떤 긍정적이거나 결정적인 의미들, 혹은 그 스스로 주어진 것(selbstgegeben)으로서의 체험(Erlebnis)의 흐름을 가리키는 것이 결코 아니다.[67]

메를로-퐁티의 살의 존재론은 전통철학의 존재론적 형이상학이 아닌 새로운 존재론으로서 등장한다. 지속의 시간 이해로써는 이해할 수 없는 다음과 같은 키아즘(chiasme)적인 시간 이해는 곧 살이라는 새로운 존재론의 핵심을 이룬다. "과거와 현재는 상호 침투하고 그 각각은 에워싸는 것인 동시에 에워싸이는 것이며, 그것 자체가 '살'이

---

65) Ibid., p.158
66) VI, pp.202-203 참고.
67) Ibid., p.225.

다."[68] 지속의 시간관을 거부하면서 등장하는 이런 살은 몸에 의하여 발화되는 말과 상호 교차적으로 관계하면서 의미를 가능하게 한다. 여기서 말과 언어행위의 주체로서의 인간의 고유한 의식의 주체성은 이제 파기되기에 이른다.

새로움과 창조성, 생명의 약동(엘랑 비탈)의 끊임없는 분출을 꿈꾸는 인간주의의 전도사, 아니 초인간적인 인간의 탁월한 능력을 주창했던 베르그송의 생명철학에 내재해 있는 자기 모순성을 메를로-퐁티의 천재적 혜안이 간취해냈다고 볼 수 있다. 베르그송의 시간철학이 정적인 존재론을 동적으로 이해하면서 우리의 몸이 지닌 그 현상학적인 함의를 발견했으면서도[69] 왜 메를로-퐁티처럼 시간의 지평이 곧 의미의 지평이라는 사실을 간취하지 못했을까? 메를로-퐁티는 시간이 곧 의미라고 주장하면서 베르그송의 지속의 그 존재론적인 위상을 거부한다.[70] 베르그송은 존재를 지속에 의하여 역동적으로 이해하면서도 왜 굳이 이원론적인 것들 간의 평화로운 조화와 접촉 그리고 결합과 만남을 꿈꿀 수밖에 없었을까? 데카르트의 이원론적 실체관에 대한 베르그송의 비판과 극복은 베르그송 자신이 이원론의 구도로부터 결정적으로 벗어날 수 없었기 때문에 성공적인 것은 아니었다고 말할 수 있다. 그 결과 베르그송의 철학은 메를로-퐁티 철학의 경우처럼 이원론적인 존재론철학과의 결별이라는 탈현대 철학으로서 이해될 수 없는 시대적 한계성을 드러낸다고 볼 수 있다.

---

68) VI, p.321.

69) MM, p.6 참고.

70) PP, p.487 참고.

5. 나오면서

　메를로－퐁티는 우리의 몸이 보는 동시에 보여지고 만지는 동시에 만져지면서 그렇게 안인 동시에 바깥이고 정신인 동시에 물질이라고 주장한다. 만일 그의 주장처럼 온갖 이원론적인 대립 구도의 양 극단을 우리의 몸이 자유로이 오갈 수 있다고 한다면 이때 베르그송이 그토록 갈망했던 이 두 극단 사이의 만남과 결합의 꿈은 깨지게 된다.[71] 베르그송의 지속의 존재론이 데카르트의 실체이원론을 극복하고자 분투하면서 현대철학의 새로운 지평을 열어젖힌 점은 높이 평가될 수 있지만, 그의 일원론적 이원론 혹은 이원론적 일원론의 기본 구도 자체는 이원론으로부터 해방된 것이라고 볼 수 없다.

　이와는 달리 후설 현상학의 방법론에 영향을 받는 메를로－퐁티는 시종일관 실존적인 인간이해에 의거하여 우리의 몸을 이해한다. 그것은 일원론이니 이원론이니 하는 존재론적인 이해에 우선하는 '세계에의 존재(être-au-monde)'로서 먼저 등장하여 새로운 '살(la chair)의 존재론'으로서 귀결된다.

　그러나 이런 존재론을 과연 어떻게 이해해야 하는지에 관한 충분한 해명을 하지 못한 채 메를로－퐁티는 때 이른 죽음을 맞이한다. 남겨진 우리들이 단정할 수 있는 분명한 사실은 이런 존재론이 분명 저 이원론적인 실체의 형이상학은 아니라는 점이며, 어쩌면 구조주의의 경우에서처럼 탈존재론적인 구조 개념을 경유하여 이해될 수 있는 것이라는 사실이다. 그가 남긴 마지막 유고작인『보이는 것과 보

---

71) VI, p.194 참고.

이지 않는 것』에서 이러한 사실을 주장할 수 있는 구절들을 발견할 수 있기 때문이다.

주체와 객체, 정신과 육체, 영혼과 물질, 언어와 사고, 사고와 존재, 안과 밖, 동일성과 차이성 등, 그 모든 이원론적인 이분법의 양 항들이 구조주의의 구조 개념으로 인하여 그 존재론적인 유효성을 상실하게 되는 철학사적인 사건을 우리는 프랑스 탈현대철학의 등장이라고 말할 수 있다. 그래서 구조주의와 후기구조주의의 담론은 탈존재론적인 인식론적 담론들이라고 규정할 수 있을 것이다. 그렇다고 한다면 메를로-퐁티의 철학은 분명 현상학적이고 실존주의적인 존재론과 구조주의적인 탈존재론을 공유하는 아슬아슬한 줄타기의 모습으로, 그래서 더욱더 애매해져만 갈 수밖에 없는 모습으로 우리에게 남겨진다.[72] 메를로-퐁티는 자신의 철학의 계획이 인간주의에 대해서는 물론이고 자연주의에 대해서도, 그리고 신학에 대해서도 타협함이 없이 제시되어야 한다고 주장한다. 철학은 더 이상 신, 인간, 피조물들을 구분하여 사유할 수 없다는 것을 논증하는 것이 중요하며 자신의 철학은 결코 데카르트처럼 인간에서(ab homine) 시작하지 않겠다고 밝힌다. 오늘날 구조주의계열의 철학이 보여주는 인간주의(l'humanisme)의 폐기와 거부는 메를로-퐁티 철학의 미완의 종착 지점이었다.[73]

지금까지의 논의를 통해 우리는 몸에 대한 베르그송과 메를로v퐁티의 이해를 이원론과의 관계를 중심으로 해서 살펴보았다. 그 결과 베르그송철학의 존재론적인 이원론에 관한 논의가 메를로-퐁티의

---

72) James Schmidt, *Maurice Merleau-Ponty: Between Phenomenology and Structuralism,* Macmillan Publishers LTD, 1985, 참고.

73) VI, p.328 참고.

철학에 의해 철학적 논의의 장으로부터 뒷전으로 밀려나가는 생생한 현장을 목격할 수 있었다. 그렇다고 한다면 프랑스 탈현대철학의 담론을 주도하는 푸코의 철학에는 과연 우리의 몸에 대한 이해가 어떻게 전개되고 있는지 다음의 연구 과제를 기약하기로 한다.

참고문헌

김형효, 『베르그송의 철학』, 민음사, 1991.

_____, 『메를로-퐁티와 애매성의 철학』, 철학과 현실사, 1996.

송석랑, 『메를로-퐁티의 현상학』, 문경, 2001.

송영진, 『베르그송의 생명과 정신의 형이상학』, 서광사, 2000.

조광제, 『몸의 세계, 세계의 몸』, 이학사, 2004.

한국현상학회 편, 『몸의 현상학』, 철학과 현상학, 2002.

홍경실, 『베르그송의 철학』, 인간사랑, 2005.

황수영, 『베르그송: 지속과 생명의 형이상학』, 이룸, 2003.

Henri Bergson, *OEvres*, Edition du centenaire, Paris, PUF, 1970.

_____, *Essai sur les données immédiates de la conscience*, 최화 역, 『의식에 직접 주어진 것들에 관한 시론』, 아카넷, 2001.

_____, *Matière et mémoire*, 홍경실 역, 『물질과 기억』, 교보문고, 1991.

_____, 박종원 역, 『물질과 기억』, 아카넷, 2005.

_____, *L'évolution créatrice*, 황수영 역, 『창조적 진화』, 아카넷, 2005.

_____, *La pénsee et le mouvant*.

_____, *L'Energie spirituelle*.

_____, *Mélanges*.

Maurice Merleau-Ponty, *La structure du comportement*, PUF, 1942.

_____, *Phénoménologie de la perception*, Gallimard, 1945.

_____, *Sens et non-sens*, Nagel, 1948, 권혁면 역, 『의미와 무의미』, 서광사, 1990.

_____, *Signes*, Gallimard, 1960.

_____, *Le visible et l'invisible*, Gallimard, 1964, 남수인·최의영 역, 『보이는 것과 보이지 않는 것』, 동문선, 2004.

_____, *L'union de l'âme et du corps chez Malebranche,Biran et Bergson*, J. Vrin, 1978.

Edmund Husserl, *Die Krisis der europäischen Wissenschaften und die transzendentale Phänomenologie*, 이종훈 역, 『유럽학문의 위기와 선험적 현상학』, 한길사, 2003.

_____, *Cartesianische Meditationen und Pariser Vorträge*, 이종훈 역, 『데카르트적 성찰』, 한길사, 2002.

_____, *Zur Phänomenologie des inneren Zeitbewußtseins*, 이종훈 역, 『시간의식』, 한길사, 1996.

Jacques Derrida, *La voix et le phénomène*, PUF, 1967.

James Schmidt, *Maurice Merleau-Ponty: Between Phenomenology and Structuralism*, Macmillan Publishers LTD, 1985.

Louis Lavelle, *La philosophie française entre les deux guerres*, Aubier, 1942.

Richard, M. Zaner, *The Problem of Embodiment*, 최경호 역, 『신체의 현상학』, 인간사랑, 1994.

Samuel B. Mallin, *Merleau-Ponty's Philosophy*, New Haven and London Yale Univ. Press, 1979.

Stephen Priest, *Merleau-Ponty*, Routledge, 2003.

제11장 푸코철학의 전기와 후기에 있어서 우리의 몸에 대한 이해 비교

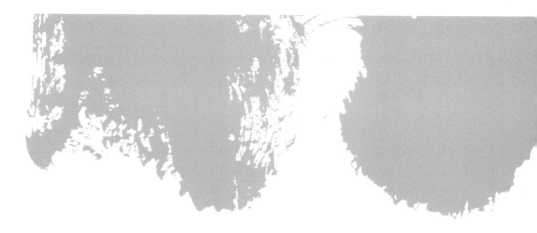

1. 들어가면서

일찍이 근대철학을 집대성한 칸트의 필생의 철학적 문제의식은 '인간이란 무엇인가'였다. 이런 문제의식으로 인해 정초된 비판적 합리주의는 새로운 선험철학의 장을 열면서 인식 행위의 본성을 파헤치게 되었다. 그러나 칸트의 위대한 업적이 채 가시기도 전에 이런 철학적 문제의식은 비합리주의적인 니체철학의 등장으로 새로운 국면을 맞이하기에 이르는데, 이때 니체가 주목한 것은 바로 우리의 몸이었다. 칸트가 보편타당한 선험적 인식의 틀로써 우리의 경험을 이해하면서, 사유의 주체로부터 경험의 주체가 비로소 가능하다고 논증할 때 니체는 바로 여기서 주체의 균열(Gespaltenheit)을 간파한다. 그래서 주체가 의식일반의 수행 과정 속에서 사유의 대상으로서 만들어지는 것이 아니라, 현실의 경험 가운데 몸에 의해 움직이는 활동에 대한 이름일 뿐이라고 주장한다.[1] 니체의 칸트로부터의 철학적 선회(旋回)는 이른바 '인간은 무엇인가'라는 후자의 물음으로부터 '지금 이곳에 이렇게 살아 있는 구체적인 나, 나는 어떻게 나 자신이 되었으며 왜 나 자신인 바로부터 고통을 받고 있는가?'[2]라는 물음으로 집약될 수 있다.

니체의 철학을 '몸 철학'으로 표현할 수 있다고 한다면 이로부터 그다지 멀지 않은 곳에서 우리는 푸코를 만나게 된다. 프랑스 현대철

* 이 논문은 2005년도 정부재원(교육인적자원부 학술연구조성사업비)으로 한국학술진흥재단의 지원을 받아 연구되었음(K R F -2005-075- A 00037)
1) 김정현, 『니체의 몸 철학』, 지성의샘, 1995, 98-99쪽 참조
2) James Miller, *The Passion of Michel Foucault*, Raphael Sagalyn, 1993; 『미셸 푸코의 수난 1』, 김부용 옮김, 인간사랑, 1995, 222쪽(1995a).

학의 담론을 주도하면서 전 세계 지성인의 주목을 받고 있는 푸코의 철학과 사상을 이해하는 데 있어서도 우리의 몸이라는 현상은 긴요하기 때문이다. 그러나 인간을 무엇보다도 사유로서 정의해온 서구 철학의 전통에서는 우리의 몸이 그 자체로서 다루어진 경우는 별로 없다. 우리의 몸이 철학사의 전면에 등장하면서 집중적으로 다루어지기 시작한 것은 유심론적 실재론의 창시자인 멘 드 비랑을 효시로 하는 프랑스의 반성철학의 전통에서이다. 그러나 반성철학의 전통이 우리의 몸을 반성적이고 내성적인 내면의 사유로써 이해하는 반면에 푸코철학은 이런 전통과는 전혀 다른 구도에서 우리의 몸을 이해한다. 프랑스 현대철학인 이른바 구조주의와 후기구조주의 이후 철학은 내성적인 내면의 사유가 아닌 바깥의 사유(pensée en dehors)가 되었으며 이에 우리의 몸에 대한 이해에도 커다란 변화가 생기게 된 것이다.[3]

본고는 미셸 푸코의 철학을 전기와 후기로 나누어서 각각의 시기에 푸코가 우리의 몸을 어떻게 이해하고 있는가를 살펴보고자 한다. 여기서 전기와 후기의 구분은 몸에 대한 이해와 접근이 전자는 주체의 희박화와 탈주체를 중심으로, 후자는 주체화를 중심으로서 행해졌음을 밝힌다. 각각은 2절에서 '탈주체와 주체의 희박화'로 그리고 3절을 통하여 '주체화와 우리의 몸'으로서 다루어질 것이다. 칸트의 인간학의 잠으로부터 깨어나려는 시도를 우리 시대의 철학적 임무로 규정하는 푸코가[4] 관습과 습관, 사회적인 제도 등에 똬리를 틀 수밖에

---

3) Michel Foucault, *L'ordre du discours*, Gallimard, 1971; 『담론의질서』, 이정우 옮김, 서강대학교 출판부, 2007, 150쪽 참조. 역자인 이정우는 이 책의 125쪽의 역자해설에서 칸트의 철학을 주관적 선험철학으로, 푸코의 철학을 객관적 선험철학이며 역사적 아프리오리의 철학이라고 규정한다(2007a).

4) Michel Foucault, *Les mots et les choses*, Gallimard, 1966; 『말과 사물』, 이광래 옮김, 민음사, 1989, 390-391쪽 참조.

없는 역사적 선험성(historical à priori)[5]을 통하여 우리의 몸을 이해해 가는 과정이 본고를 통하여 추적될 것이다.

2. 탈주체와 주체의 희박화 – 푸코의 전기철학

푸코철학을 전기와 후기로 구분할 때 전자는 탈주체와 주체의 희박화에, 후자는 주체화에 주목해서 우리의 몸에 대한 이해를 살펴볼 수 있다. 본고의 본론에 해당하는 2절과 3절은 따라서 푸코철학을 임의적으로 전기와 후기로 나눈 후 우리의 몸에 대한 푸코의 이해가 각각 어떻게 전개되고 있는지를 살펴보고자 한다.[6] 여기서 본 장을 대변하는 탈주체와 주체의 희박화라는 단어를 먼저 살펴본 후에 이를 지식과 권력 그리고 우리의 몸과 성에 대한 이해로 확장시켜보고자 한다.

'주체의 희박화(raréfaction)'란 표현은 『담론의 질서』의 한 장(章)의 제목인데, 이미 『지식의 고고학』의 제3장 4절의 제목으로 희박성(稀薄性)이란 단어가 등장한 바 있다. "언표란 복사나 번역에 의해서뿐만이 아니라 주석이나 주해, 의미의 내적인 증식에 의해서도 중복되는

---

5) '역사적 아프리오리'라는 개념은 칸트가 주장한 초역사적인 선험적 아프리오리와는 달리 역사적 시간성을 통해 전개되는 귀납적인 과학 지식을 이해하기 위하여 메이에르송(Emile Meyerson)이 『동일성과 지식』에서 사용한 개념인데, 푸코는 이 용어를 자신의 철학에 수용한다.

6) Michel Foucault, 2007, 146, 149, 153 등 참조. 이 책의 역자는 『광기의 역사』에서 『성의 역사 1』까지를 주체의 희박화를 다루는 전기철학으로서, 『성의 역사 2』와 『성의 역사 3』을 주체화를 다루는 후기철학으로 규정하고 있다. 푸코의 철학을 이렇게 전기와 후기로 나눌 수 있는 또 다른 근거로는 다음의 저서를 참고할 수 있다. Pierre Billouet, *Foucaul, les Belles Lettres*, 1999; 나길래 옮김, 『푸코읽기』, 동문선, 2002, 190쪽 참조. 이 책의 결론에서 빌루에는 푸코가 1976년 『성의 역사 1』을 발표한 후 8년간의 공백을 깨고 1984년 『성의 역사 2』를 발표하면서 주체 이해에 대한 결정적인 변화를 보이게 된다고 주장한다.

존재이다. 언표들은 희박하기 때문에 사람들은 그들을(그들을 통일화하는) 총체성들 속에 모으고 그들 각자 안에 거주하고 있는 의미들을 복수화시키는 것이다."[7] 주체는 이미 존재하는 언표적 장 속에서 어떤 자리를 잡음으로써 주체가 되기 때문에 언어를 만들어 내거나 마음대로 표현하는 것이 아니다. 그리고 그런 언표적 장 안의 위치와 자리가 제한되어 있기 때문에 주체의 가능성은 희박화될 수밖에 없다.[8] "하나의 명제, 하나의 어구, 기호들의 집합이 <언표>라고 불릴 수 있다면, 그것은 언젠가 그들을 말해 줄 또는 그들의 어떤 부분들로 잠재적인 흔적을 배열할 수 있을 어떤 사람이 존재하는 한에서가 아니다. 그것은 주체의 위치가 부여될 수 있는 한에서인 것이다."[9]

푸코는 자신의 철학의 씨앗이 배태된 처녀작인 『고전주의 시대의 광기의 역사』 이후로 탈주체 이해를 일관되게 주장한다. 『말과 사물』을 통하여 단어들과 사물 간의 관계를 자의적으로 이해하면서, 언어를 지배할 수 있는 주체라는 환상으로부터 벗어날 것을 주장한다. 언어에 의해서, 또 언어 속에서만 사고가 가능하기 때문에[10] 주체란 언어를 만들어 내거나 표현하는 것이 아니라 이미 존재하는 언표들의 장 속에서 특정한 위치를 차지함으로써 비로소 주체가 될 수 있을 뿐이다. 극단적으로 표현하면 말하는 것은 인간이 아니고 언어가 인간의 입을 통하여 스스로 말하는 것이다. 언어는 인간의 사유로부터 생산되지 않고 언어라는 존재가 인간의 사유와 일치하는 것도 아니다.

---

7) Michel Foucault, *L'archéologie du savoir*, Gallimard, 1969; 이정우 옮김, 『지식의 고고학』, 민음사, 2000, 174쪽.

8) Michel Foucault, 2007a, 165 참조.

9) Michel Foucault, 2000, 141.

10) Michel Foucault, 1989, 433.

언어는 주체라는 개념이 포기될 때 비로소 그 진정한 모습을 드러낼 수 있다.[11]

주체 개념의 등장은 서양 근대철학에서 가장 중요한 사건이라고 할 수 있는데, 주체란 곧 인식과 역사의 가능성의 조건으로서 선험적인 것으로서 주장되었다.[12] 그러나 근대의 주체철학이란 시간의 동물인 인간의 유한성을 선험적인 주체라는 개념을 통하여 극복하고자 했던 일련의 노력으로서, 이런 노력은 인간에 대한 환상만을 심어주는 자가당착을 범했다고 푸코는 비판한다. 그는 이런 주체철학을 인간학이라고 부르면서 현대철학의 과제는 곧 인간학의 잠으로부터 깨어나는 것이라고 주장한다. 그래서 인간학의 잠으로부터 깨어날 때 '인간이란 마치 해변의 모래사장에 그려진 얼굴이 파도에 씻기듯 이내 지워지게 되리라고' 푸코는 장담한다.[13]

'인간의 죽음'이란 주제는 자연주의적이며 본질주의적인 인간 해석을 거부하고 역사를 통한 인간의 자기 이해와 해석과 관계되기 때문에, 역사의 필연적이고 내재적인 목적론을 거부하면서 역사를 인간의 삶 속에서 벌어지는 구체적인 힘의 관계로 이해한다. 여기서 구체적인 힘의 관계는 니체의 힘이나 권력(Macht) 개념과 유사한 것으로서, 푸코가 논하는 권력은 사회과학이나 사회철학에서 논하는 그것과 다른 것이다. 푸코가 논하는 권력은 지식과 권력의 상관적 운동이라는 문제 틀 속에서 이루어지는 것이다.[14] "권력관계는 다른 유형의

---

11) Michel Foucault, 2007a, 116-117 참조.
12) Michel Foucault, 2007a, 106-107 참조, 특히 106의 도표 참조.
13) Michel Foucault, 1989, 440.
14) Michel Foucault, 2007a, 137.

관계(경제관계, 인식관계, 성관계)에 대해 외재성의 위치에 있는 것이 아니라 다른 유형의 관계에 내재하고, 거기에서 생겨나는 분할, 불평등, 불균형의 직접적 결과이며, 역으로 그러한 차별화의 내부적 조건일뿐더러, 금지나 추방의 단순한 역할과 함께 상부구조의 위치를 점하는 것이 아니라 작용하는 거기에서 직접적으로 생산적 역할을 맡는다."[15]

  푸코의 권력이론이 본격적으로 전개되는 저서는『감시와 처벌』및『성의 역사 1』로서 이 두 저서를 통해 우리는 지식과 권력 간의 관계를 살펴볼 수 있다. 푸코에게서 지식과 권력은 별도로 고찰될 수 있는 것이 아니어서 지식 속에서 반드시 권력이 작동하고 있으며 권력은 그 작동을 위하여 지식의 형태를 요구하게 된다. 권력이 성립하기 위해서는 반드시 지식을 구성하는 담론의 생산과 유통이 필요한데, 이 경우 진리라는 담론이 생산되지 않고서는 어떠한 권력의 행사도 불가능하다. 예컨대 법의 경우에도 그것은 순수하게 합법적인 진리나 전적으로 억압적인 이데올로기적 장치가 아니라, 늘 권력의 작동이 그 안에서 이루어지고 있는 담론일 뿐이라고 푸코는 주장한다.[16]

  그런데 여기서 권력의 미세한 전략들이 관찰될 수 있는 지점으로 푸코는 우리의 몸을 주목한다. 그래서 몸에 대하여 행사되는 다양한 권력 작용에 대하여 미시물리학적인 분석을 감행하게 된다. 미시물리학적인 분석과 연구는 권력이 하나의 소유물로서가 아니라 하나의 전략으로서 이해되어야 하며, 그러한 권력지배의 효과는 소유에 의해

---

15) Michel Foucault, *Histoire de la sexualité I: La volonté de savoir*, Galimard, 1984; 이규현 옮김, 『성의 역사 1』, 나남출판, 2006, 114쪽(2006a).

16) Michel Foucault, 2007a, 136-137 참조.

서가 아니라 배열, 조작, 전술, 기술, 작용 등에 의해서 이루어진다고 가정한다. 그렇게 행사되는 권력 속에서 우리는 소유할 수 있는 어떤 특권을 찾아내기보다는 오히려 항상 긴장되어 있고, 항상 활동 중인 관계망을 찾아내야 하며, 권력의 모델로서 어떤 양도거래를 행하는 계약이라든가 어떤 영토를 점유하는 정복을 생각하기보다는 오히려 영원히 계속되는 전투를 생각해야 한다고 가정한다. 그래서 권력은 소유되기보다는 오히려 행사되는 것이며, 지배계급이 획득하거나 보존하는 '특권'이 아니라 지배계급의 전략적 입장의 총체적인 효과이며 피지배자의 입장을 표명하고 때로는 연장시켜 주기도 하는 효과라고 가정한다.[17] 권력은 반드시 현실적인 작용지점을 통하여 행사될 수 있는데 푸코가 주목한 권력의 작용점은 바로 우리 의 몸이다. 이제 지식과 권력 그리고 우리의 몸은 서로 밀접하게 관련되는 세 가지의 항들로서 위의 두 저서의 중요한 내용으로 등장한다. "몸은 새로운 권력기구들의 표적이면서 동시에 지식의 새로운 형식 대상이 된다. 사변적 물리학에서의 몸이라기보다는 오히려 훈련을 위한 몸이고 동물적 성향이 스며들어 있는 몸이라기보다는 오히려 권력에 의해 조작되는 몸이다."[18]

『감시와 처벌』 및 『성의 역사 1』은 근대 서구사회의 전개에서 작동했던 권력의 놀이와 지식에 대한 연계를 탐구한 저서이다. 여기서 고전시대와 근대의 구분은 중요한데『광기의 역사』에서 그랬던 것처럼 고전시대의 야만적인 권력으로부터 근대의 계몽적인 권력으로의 이행이

---

17) Michel Foucault, 2006a, 57-58 참조.

18) Michel Foucault, *Surveiller et punir*, Gallimard, 1975; 오생근 옮김, 『감시와 처벌』, 나남출판, 2007, 245-246쪽. 여기서 논자는 신체를 몸으로 대체시켰음을 밝힌다. 그 이유는 본고의 제목에 등장하는 몸이라는 단어와의 일관성을 견지하기 위해서이다. 이는 본고를 통하여 동일하게 시행되고 있음을 밝힌다(2007b).

상세하게 묘사된다. 고전시대의 대감금과 유폐(le grand Renfermement)에 대한 논의를 통해 알 수 있듯이 이 시대의 권력은 미시물리학적으로 행사되기 때문에 미세함을 특성으로 한다. 감옥의 역사라는 부제가 붙은 『감시와 처벌』은 권력이 어떻게 인간의 몸을 처벌하고 감시하였으며 그 과정을 통하여 근대인의 모습이 어떻게 형성되는지를 보이고 있다.

권력의 미시물리학이나 신체의 정치경제학이라는 독특한 탐구로 이루어진 이 저서는 18세기 프랑스의 루이 15세 살해사건의 미수범인 다미앵(Robert François Damiens)의 몸에 가해진 잔인한 형벌로써 시작한다. 서구의 역사에서 중죄인을 처벌하는 구실로 인간의 몸을 대상화하는 권력의 전략을 주지할 때 그 첫 단계로 앙시앵 레짐(ancien régime, 구제도) 시대에 왕권 유지 수단으로 이용했던 잔인한 고문을 들 수 있다. 그러나 고문과 사형이라는 권력의 공개적인 폭력은 완전 무결한 것이 아니어서 권력에 대한 공포와 외경심을 주입하려던 폭력은 오히려 구경꾼들로부터 집단적인 분노라는 뜻하지 않은 결과를 초래한다. 집단적인 분노가 오히려 권력에 위협적일 수 있기에 앙시앵 레짐의 공개적인 고문행위는 비공개적인 처벌행위로 전환되기에 이른다. 앙시앵 레짐이 끝나가는 18세기 후반기에 접어들면서 잔인한 고문과 공개 처형에 대해 많은 논란이 일게 되면서 범죄를 저지른 사람에게 합당한 고통을 주어야 한다는 법제도의 변화가 일게 된다. 인구의 증가로 인하여 사유재산과 소유권의 중요성이 부각되면서 이와 관련된 범죄현상이 현저히 증가함에 따라서 범죄를 예방하고 범죄자를 처벌하는 기술상의 근대화가 당연히 요청된 것이다.[19]

---

19) Michel Foucault, 2007b, 6-10 참조.

프랑스 대혁명의 영향으로 19세기 이후 형벌의 양태는 현저히 변화하기 시작하는데 권력이 과시하던 직접적인 힘이 법이라고 하는 추상적이고 중성적인 힘으로 대체된다. 이에 따라서 권력의 작용점도 우리의 몸에서 정신으로 이동한다. 형벌이 우리의 자유를 구속한다는 의미에서 권력의 작용점이 정신으로 이동했다고 볼 수 있지만, 정신을 우리의 몸처럼 가둘 수는 없기 때문에 결국 형벌제도에서 중심적인 위치는 여전히 우리의 몸일 수밖에 없다.[20] 푸코는 근대적 감옥과 사법제도가 범법자들을 교화시키고 선도하기보다는 새로운 범죄자들을 만들어내는 제도적인 장치가 되었으며, 권력은 이를 정치적으로 경제적으로 이용했다고 주장한다. 과거에는 단순히 격리되었던 범죄자들이나 광인들이 감금됨으로 해서 절대적 권력의 감시하에 놓이게 되었다고 주장한다. 이러한 권력의 전략으로 인하여 인간은 개인화되면서 일망 감시 장치(panopticon)의 구조와 같은 감시체제로 합리적인 예속화의 길에 들어서게 되었다고 주장한다.[21]

푸코는 18세기 후반에 감옥제도가 만들어지고 일반화되면서 규율적인 사회가 형성되어가는 과정에 주목한다. 감옥이란 규율적인 권력이 행사되는 전형적인 예인데, 권력은 개개인을 통제하고 관리하며 훈련시키고 조직화하는 규율의 기술을 통하여 작용한다. 감옥이나 군대, 병원이나 학교와 작업장 등의 다양한 사회 영역에서 권력은 규율을 생산하면서 이를 실행시킨다. 규율사회는 우리의 몸을 길들이고 감시하는 사회로서 몸을 처벌의 표적으로 삼는 것이 아니라 길들임으로써 몸의 효율성은 물론 자본의 효율성을 증대시키고자 도모한다.

---

20) Michel Foucault, 2007a, 142-43 참조.

21) Michel Foucault, 2007b, 14 참조.

규율사회가 요구하는 것은 우리의 몸을 피라미드식의 권력에 복종시키는 것이 아니라 훈련과 평가, 시험이나 기록 등의 적절한 시간 관리를 통하여 시간을 자본화하는 장치를 개발한다.[22] "시간으로부터 항상 보다 많은 이용 가능한 순간을, 그리고 매순간 항상 보다 많은 유효 노동력을 이끌어내는 일이 중요하다."[23]

이제 본 장의 마지막으로 권력과 성(sexualité)[24]과 우리의 몸이 과연 어떻게 이해될 수 있는가 하는 문제를 『성의 역사 1; 앎에의 의지』를 통하여 집중적으로 살펴보기로 한다. 푸코는 이 저서의 제목에서 성을 sex가 아닌 sexualité로 표기한다. 푸코는 자연 상태로서의 전자란 구체적인 현실 세계에는 있을 수 없으며, 다양한 장치들에 의하여 조작되어 구체화되는 사회적이고도 역사적인 현상으로서의 후자만을 논의의 대상으로 삼는다. 이는 역사를 벗어나는 초시간적이고 공간적인 보편개념을 거부하는 푸코로서는 당연한 태도로 보인다. 성이란 권력이 우리의 몸들, 몸의 물질성과 힘이나 에너지 그리고 감각과 쾌락에 미치는 영향력으로 조직하는, 성의 장치(dispositif de sexualité) 내에서 가장 사변적이고 가장 이상적이면서 또한 가장 내적인 요소이다.[25] "성은 최근의 권력 장치와 깊은 관계가 있고, 17세기부터 점점 확산되는 상태였으며 그때부터 성을 떠받친 배치는 생식에 들어맞지 않는데다가 애초부터 몸의 강화, 이를테면 몸이 앎의 대상 겸 권력관계에서의 요소로서 가치를 부여받는 현상과 깊은 관계가 있었다."[26]

---

22) Michel Foucault, 2007b, 243, 249 참조.

23) Michel Foucault, 2007b, 243.

24) 이 단어를 혹자는 섹슈얼리티로 번역하면서 생물학적이고 상식적인 일반개념으로서의 성이나 섹스와 구분한다. 그러나 논자는 『성의 역사』를 『섹슈얼리티의 역사』로 옮기지 않기 때문에 섹슈얼리티를 그냥 성이라는 단어로 통일하여 표기한다.

25) Pierre Billouet, *Foucault, les Belles Lettres*, 1999; 나길래 옮김, 『푸코읽기』, 동문선, 2002, 144쪽 참조.

푸코는 근대 서양사회가 친인척관계를 중심으로 하는 피와 혈연의 사회로부터 성적인 욕망의 사회로 변모하게 되었다고 주장한다. 고전주의 시대에 구상되어 19세기에 실행된 새로운 권력절차들에 의해 피의 상징학(une symbolique du sang)으로부터 성적인 욕망의 분석으로 옮겨갔다고 주장한다. 18세기부터 서양사회는 혈연관계와 친인척 관계의 장치와 단절되지 않으면서도 이런 장치의 중요성을 축소시키는 데 기여하는 새로운 장치로서 성의 장치를 창안해내서 이를 배치해 왔다고 주장한다. "성의 장치는 금욕주의, 어쨌든 쾌락의 포기나 육욕의 평가하락이 아니라 반대로 몸의 강화, 건강과 건강의 작용 조건을 문제로 의식하는 경향인 것으로 보인다. 성의 장치는 생명을 최대화하기 위한 새로운 기법들로서 피착취 계급의 성에 대한 억압의 문제라기보다는 오히려 지배 계급의 몸, 활기, 수명, 자손, 가계의 문제였다. 성의 장치가 처음으로 쾌락, 담론, 진실, 권력의 새로운 배치로서 확립된 것은 바로 지배계급에서였다."[27]

신분제사회에서 귀족계급이 가문의 오랜 전통이나 혈통을 중시한 반면에 새로 등장한 지배계급으로서의 부르주아지는 자손과 몸의 건강에 눈을 돌리면서 성의 장치의 조직화를 통한 몸의 힘과 영속성을 확보하는 데 몰두한다. 우리의 몸을 중시하는 것은 분명히 부르주아지의 패권이 증대하고 확립되는 과정과 깊은 관계가 있다.[28] 19세기 전반기에 프롤레타리아에게 강요된 생활조건은 이들이 사느냐 죽느냐 하는 문제를 거의 중요시하지 않는 것이어서 이들은 저절로 번식

---

26) Michel Foucault, 2006a, 127.

27) Michel Foucault, 2006a, 142.

28) Michel Foucault, 2006a, 144-145 참조.

할 수밖에 없었다. 이들이 몸과 성을 부여받게 되면서 건강과 성, 생
식과 성적인 욕망 등을 문제시할 수 있었던 계기는 여러 가지 갈등을
통하여 가능했다. 예를 들면 공동생활이나 밀집된 주거환경 등의 도
시 공간에서의 갈등과 1832년의 콜레라와 같은 전염병 창궐과 매춘
으로 인한 성병 등을 들 수 있다. 그리고 무엇보다도 유능하고도 안
정된 노동력을 지속적으로 공급받고자 하는 자본 세력의 요구로 인
하여 이들의 몸과 성은 교육과 행정 체계 및 법적인 제도권 안에서의
감시와 통제 및 처벌의 대상이 되기에 이른다.[29]

푸코는 삶과 생명에 대한 권력이 17세기부터 두 가지 상보적인 형
태로써 전개되어 왔는데 그러한 전개의 중심이 바로 우리의 몸이라
고 주장한다. 먼저 형성된 듯한 것은 우리의 몸을 기계로서 이해하는
것인데 이는 몸에 대한 유용성과 순응성을 동시적으로 증대하면서
이를 조련하고 그 힘을 조절하는 규율로서의 권력절차이다. 푸코는
인체의 해부-정치(anatomo-politique du corps humain)에 의해 이것이
보장된다고 본다. 두 번째의 것은 18세기 중엽에 형성된 것으로서 우
리의 몸을 종(種)으로서 보면서 출생률과 사망률, 건강수준, 수명이나 장
수 등에 의하여 이를 변화시키고자 하는 인구의 생체-정치(bio-politique
de la population)이다. 말하자면 생명에 대한 권력의 조직화는 몸에 대
한 규율과 인구조절이라는 두 가지 극을 중심으로 전개되어온 셈이
라고 푸코는 주장한다.[30]

"19세기에 성은 생활의 가장 사소한 세부에서조차 추적되고 행동
에서 탐지되며 꿈속에서 뒤쫓길뿐만 아니라 아무리 사소한 광기일지

---

29) Michel Foucault, 2006a, 145-46 참조.

30) Michel Foucault, 2006a, 155-56, 162-63 참조.

라도 그 아래에 가로놓여 있는 것으로 의심받는다."[31] 이제 우리 사회는 성으로 특징되는 사회가 된 것이라고 푸코는 주장한다. 여기서 푸코는 권력의 메커니즘이 성을 억압하기는커녕 끊임없이 부추겨온 이유를 모색하고자 하면서 성의 장치에 대한 반격의 거점이 욕망으로서의 성이 아니라 우리의 몸과 몸의 쾌락임에 틀림없다고 주장한다.[32] "성의 장치는 우리로 하여금 우리 자신의 해방이 성의 장치에 달려 있다고 믿게 하는데, 바로 여기에 이 장치의 아이러니가 있다"[33]는 말로써 『성의 역사 1』의 대단원을 마무리하는데, 이 말은 8년간의 공백을 깨면서 이어지는 두 권의 성의 역사서를 준비하기 위한 말로서 이해될 수 있다.

문화적인 동물인 인간에게는 자연적이고 본능적인 성이란 성적인 장치에 의해 왜곡되거나 변형될 수밖에 없다. 현실적으로 성이란 존재할 수 없으며 우리의 몸을 통하여 이해될 수 있는 성적 욕망(sexualité)만이 해당 사회의 권력과 지식의 축 사이에서 우리의 몸을 통해 현실화될 뿐이다. 푸코는 정치적이고 사회학적인 제반 문화 현상의 지평위에서 언표되는 담론으로서의 성적인 욕망이 3절에서 살펴보게 될 주체화의 문제에 깊이 연루되었다고 주장한다. 주체화의 문제는 주체 철학에서처럼 우리의 정신이나 사유를 그 시발점으로 하기보다는, 우리의 몸을 그 시발점으로 하기 때문에 성의 문제는 주체화를 테마로 하는 푸코 후기철학에서의 관건으로 등장하게 된다.

---

31) Michel Foucault, 2006a, 163.

32) Michel Foucault, 2006a, 175.

33) Michel Foucault, 2006a, 177.

3. 주체화와 우리의 몸 - 푸코의 후기철학

『감시와 처벌』과 『성의 역사 1』 등에서 우리의 몸이 단지 권력의 작용점으로 다루어졌다고 한다면 이제 우리의 몸은 주체화의 시발점으로서, 주체화가 시작되는 장소이자 저항의 시발점으로 기능하는 장소가 된다.[34] 푸코에게 주체는 설명되는 것이지 설명하는 것이 아니다. 실체로서의 주체는 논외(論外)가 되기 때문에 그가 언제나 논의의 대상으로 삼는 것은 실체나 주체가 아니라 주체화의 과정들이 된다.[35] 푸코가 테마로 내세우는 자기는 자기의식이나 주체적 자아가 문제가 되는 자기가 아니라, 우리의 몸을 장과 매개로 하는 '자기와 자기와의 관계'이다.[36] 이때 자기란 결국 몸을 통하여 자기를 형성해 나가는 과정의 산물이 되며, 주체적인 자기란 곧 주체로 되어가는 주체화 과정에 놓이게 된다. "푸코의 자기의 개념은 전기철학에서처럼 주체에 대한 반인간적인 견해를 배격하지 않으면서도, 즉 진정하고 본래적인 자기를 회복할 기회를 결코 용납하지 않으면서도 개인에게 어느 정도의 권한과 자기 결단력을 귀속시킨 시도로 높이 평가해야 할 것이다."[37]

전기철학에서의 푸코의 인간 이해는 개인의 주체성을 완전히 무시하면서 수동적인 위치에 놓인 온순한 몸, 감시와 처벌 아래 무력하면서 개인의 자발적인 행위가 가능한 공간을 갖지 못하는 것이었다. 이

---

34) Michel Foucault, 2007a, 149 참조.

35) Michel Foucault, 2007a, 148.

36) Michel Foucault, *Histoire de la sexualité* Ⅲ: *Le souci de soi*; 이혜숙·이영목 옮김, 『성의 역사 3; 자기배려』, 나남출판, 2006, 역자 서문 8쪽 참조(2006c).

37) Michel Foucaul(etc), *Technologies of the Self*, University of Massachusetts Press; 이희원 옮김, 『자기의 테크놀지』, 동문선, 2002, 285쪽.

와는 달리 후기철학에서 푸코는 자신의 관심을 자기의 문제와 주체화로 이동시키면서 새로운 인간이해를 제시한다. 주어진 체제 내에서 수동적이기만 한 희생자로서의 개인이라는 종전의 개념을 깨고 적극적으로 세상에 대처하는 인간 이해를 제시하면서 자기의 윤리학과 미학적인 윤리학을 주창하게 된다. 자기의 윤리학은 칸트처럼 인간의 자유의지를 윤리의 존재론적인 조건으로 삼으면서, 윤리를 자유에 의해서 가정된 섬세한 형식으로 다룬다.[38] 여기서 윤리란 사회의 일반적인 규칙이나 제반 가치에 때로는 복종하고 때로는 저항하면서 자신을 다듬어가는 개인의 행위를 일컫는 것으로, 푸코는 도덕이라는 말 대신에 이 단어를 택하여 미학적인 윤리학을 제창한다. 여기서 미학이란 삶을 그 실증성에 입각하여 개인이 스스로의 삶을 예술작품처럼 형성할 수 있는, 자기를 일종의 실존적인 예술작품으로 변화시킬 수 있는 독창적인 행위와 관념의 유형으로 이해하는 역동적이고도 생동적인 삶의 이해라고 할 수 있다.[39]

1984년『성의 역사 2』를 기점으로 전개되는 후기철학에서 푸코의 탈주체관은 주체를 더 이상 역사적인 산물로서 이해하지 않고 자기를 염려하는 인간으로서 이해한다.[40] 여기서 자신에 대한 염려와 심려의 실체는 욕망이나 사유가 아니라 생명에너지(bios)로서 이해된다. 이는 혼돈과 개인적 에너지의 유동적 흐름의 상태에 있는 삶으로서, 푸코는 이것을 아무런 금지 없이 '우리의 몸과 쾌락'을 탐구함으로써 파악하고자 했다.[41] 쾌락의 활용이라는 부제를 달고 있는 『성의 역사

---

38) Michel Foucaul(etc), 2002, 188-189 참조.

39) Michel Foucaul(etc), 2002, 199-200 참조.

40) Pierre Billouet, 2002, 190-191참조.

2』는 자기 배려라는 부제를 달고 있는 『성의 역사 3』과 같은 해인 1984년 6월 동시에 발표되었다. 이 두 권의 성의 역사서는 쾌락의 활용과 관련된 주체화 양식의 역사를 다루고 있다. 그런데 이 두 권보다 더 먼저 쓰인 성의 역사서 제4권이 『몸의 고백』으로 푸코는 이 저서를 같은 해 10월 출간 예정이었다고 한다. 그러나 같은 해 6월 말에 갑자기 숨을 거둔 푸코의 유언에 의해 성의 역사서의 완결판인 이 저서는 사후 출판될 수 없었다고 한다.[42] 그러나 이 미간행 저서에 대한 소개가 『성의 역사 2』의 서론에 명시되어 있다. 푸코는 여기서 제2, 3, 4권으로 전개되는 자신의 성의 역사서들의 문제설정을 다음과 같이 설정한다. "어떤 역설과 어려움 때문에 내가 금기에 입각하여 쓰인 도덕체계들의 역사를, 자기실천에 입각하여 쓰인 윤리적 문제설정의 역사로 대체시키게 되었는가를 설명하도록 하겠다."[43]

푸코는 섭생의 도덕과 성 도덕 간의 관계가 여러 가지 학설이나 종교의식 혹은 양생술 등을 통해 어떠했는지를 역사적으로 추적하는 일에 흥미를 보이면서, 성적인 행동의 문제가 섭생행위의 그것보다 더욱 긴급한 관심사가 된 것은 오랜 기간에 걸친 양자 간의 분리 이후의 일이었다고 주장한다. 고대 그리스인들의 사상에서 먹을 것, 마실 것, 그리고 성적인 활동이 도덕적인 문제로 설정되었으며 음식이나 술, 여자 및 소년들과의 관계도 유사한 윤리적 제재가 되었다.[44] "엄격한 성적 절제의 원칙은 기독교에서 비롯된 것도, 물론 고대 후

---

41) James Miller, *The Passion of Michel Foucault*, Raphael Sagalyn, 1993; 김부용 옮김, 『미셀 푸코의 수난 2』, 인간사랑, 1995, 209쪽 참조(1995b).

42) Michel Foucaul, *Histoire de la sexualité II: L'usages des plaisirs*, Gallimard, 1984; 문경자 · 신은영 옮김, 『성의 역사 2』, 나남출판, 2006, 역자서문 10-11쪽 참조(2006b).

43) Michel Foucault, 2006b, 28.

44) Michel Foucault, 2006b, 69 참조.

기나 예를 들어 로마의 헬레니즘 시대의 스토아 철학자들에게서 볼 수 있는 극단적인 엄격주의 운동에서 비롯된 것도 아닌 규율이라는 사실을 알아야 한다."[45] 그래서 기원전 4세기 이후로 성적인 활동은 그 자체로 매우 위험하고 희생이 뒤따르기 때문에 세심한 행위로 제한되어야 한다는 생각이 명시적으로 표명되기에 이른다. 이런 성적인 엄격함은 도덕적인 체험의 변화를 이해해 볼 때 법전의 역사보다도 더욱 결정적인 역사에 속하는데, 그것은 개인을 도덕적인 행동의 주체로서 성립하게 한다. 그 결과 자기 자신과의 관계 양식의 완성으로서 이해된 '윤리'의 역사를 이루게 된다.[46] 성행위 자체의 가치를 기독교는 악이나 죄와 타락, 죽음 등에 연결시키면서 일부일처제의 결혼관에 입각하여 생식을 목표로 이를 이해했다. 반면 고대 그리스나 로마에서는 이에 긍정적인 가치를 부여해서 동성관계의 경우 그리스에서는 이를 찬양했고 로마에서는 이를 용인했다.[47]

푸코는 성이나 몸에 관한 문제의 두드러진 특성을 다음과 같이 말한다. "무해한 것, 혹은 무고한 것 속에 그 한계가 불분명하고 다양한 얼굴을 가진 힘이 은연중에 존재함을 가려내려는 것이 몸이나 성관계의 두드러진 특성이다."[48] 푸코는 아프로디지아(Aphrodisia)란 용어로써 성관계를 이해하고자 하는데 이는 아프로디테의 행위, 즉 에르가 아프로디테스이다. 아프로디지아 도덕의 관건은 쾌락과 욕망을 긴밀하게 연결 지으면서도 성행위와 결부된 욕망이나 쾌락으로 이루어

---

45) Michel Foucault, 2006b, 282.
46) Michel Foucault, 2006b, 283 참조.
47) Michel Foucault, 2006b, 29.
48) Michel Foucault, 2006b, 53.

지는 역동적인 전체를 제어(制御)하는 것이다. 이는 행위의 규범을 정하는 것이 아니라 행위와 쾌락과 욕망을 연결시키는 것으로서 일종의 힘의 존재론이라고 할 수 있다.[49] "성적 행동의 영역에서 도덕적 평가에 의한 첫 번째 분할 선은 행위 및 그 가능한 변이형들의 본성이 아니라 행위와 그것의 양적 추이에 입각하여 그어질 것이다."[50] 아프로디지아의 목표는 쾌락을 무화하는 것이 아니라 쾌락을 유지하면서 두 가지 형태의 무절제함을 피하는 것이다. 그 하나는 과잉이나 충만이라는 무절제이고 다른 하나는 관능적인 쾌락을 구하는 무절제이다. 이러한 무절제는 욕구에 근거하지 않는 행위로서 성적인 쾌락과는 거리가 멀다.[51] 푸코는 아프로디지아의 활용을 말하면서 주체의 연령이 너무 늦게까지 계속되어서도 안 되고 너무 일찍 시작되어서도 안 된다고 주장한다.[52] 또한 성적인 쾌락을 활용하는 데 가장 중요하고도 까다로운 것 가운데 하나는 적절한 순간, 즉 카이로스(kairos)를 결정하는 전략이라고 주장한다. 여기서 적절한 때라는 테마는 도덕적인 문제로서뿐만이 아니라 과학과 기술의 문제로서 항상 중요한 위치를 차지했다. 이런 실천적인 지식들에 함축된 중요한 사실은 단지 이를 아는 것만으로는 충분하지 않고, 실제적인 상황에 따르는 명확한 행동방식을 결정함으로써 개입해야 하는 순간을 아는 것이다.[53] 이 같은 형태의 전략을 통하여 개인은 자기의 행동규칙을 보편화함으로써 스스로를 윤리적인 주체로 세우게 된다고 푸코는 주

---

49) Michel Foucault, 2006b, 59 참조.

50) Michel Foucault, 2006b, 61-62.

51) Michel Foucault, 2006b, 70-74 참조.

52) Michel Foucault, 2006c, 152.

53) Michel Foucault, 2006c, 75-76 참조.

장한다.

『성의 역사 3』의 제4장의 제목은 '몸(corps)'인데 그 서두를 의학이 아주 오래 전부터 철학과 대단히 유사한 것으로서 출발했다는 이야기로 시작하고 있다. 환경이나 장소 그리고 시기에 대한 염려는 자기에 대한, 즉 자신의 현재 상태와 행동에 대하여 끊임없이 주의를 기울일 것을 요구한다. 몸과 건강, 환경과 상황에 대한 강한 염려가 드러나는 일상생활의 틀 속에서 의학은 성적인 쾌락의 문제를 자연스럽게 제기한다.[54] 여기서 2절은 성적인 쾌락이 과연 좋은가 아니면 나쁜가 하는 물음을 던지면서, 성적인 결합이란 본능에 속하기 때문에 그 자체로 나쁜 것으로 간주될 수는 없다고 주장한다.[55] 그러나 성행위는 극도로 주의 깊은 관리법에 따라야 한다. 그 이유는 성적인 활동이 병리적인 결과는 물론 치료학적인 효과를 낳는 양면성을 근원으로 갖기에 어떤 경우에는 치료를 가능케 하고 또 다른 경우에는 반대로 병을 일으키기 때문이다. 성적 활동과 결합이 이 두 가지 가운데 어떤 결과를 낳게 될지를 측정하기란 쉽지 않아서, 개인적인 기질이나 특별한 상황 혹은 몸의 잠정적인 상태에 따라 다른 결과가 초래한다고 한다. 말하자면 성행위는 긍정적인 효과와 부정적인 효과라는 양면성을 지니는 것이다. [56]

이런 성행위의 위험과 자기 관리의 근본원칙을 이해할 수 있는 단적인 표현은 다음과 같다. "성관계에 몰두하는 사람들, 특히 신중을 기하지 않고 거기에 몰두하는 사람들은 다른 사람들보다도 훨씬 더

54) Michel Foucault, 2006c, 126 참조.

55) Michel Foucault, 2006c, 134 참조.

56) Michel Foucault, 2006c, 140-43 참조.

엄격하게 자기 자신을 돌보아야만 몸을 가능한 최상의 상태로 유지하고 성관계의 해로운 결과들을 덜 느낄 수 있다."[57] "성행위는 하나의 질병이 아니라 그로부터 끊임없이 다양한 질병이 발생할 수 있는 영원한 질병의 발생지이다."[58] 그리스·로마의 의학을 통해 발견할 수 있는 공통된 특징은 성적 활동의 관리법보다 영양섭취의 양생술이 더 부각되는 것이다. 그 당시의 의학에서 중요한 일은 먹고 마시는 섭생의 문제였다. 성에 대한 관심이 영양에 대한 관심과 균형을 맞추기 시작한 것은 기독교가 등장하면서 수도원 제도를 통하여 성에 관한 관심이 질적인 변화를 일으키면서부터이다. 성과 성에 대한 관리법에 대한 관심이 음식물 처방의 엄격함보다 더 강조되는 때는 바로 유럽사회 윤리의 역사에서 중요한 순간이 될 것이다. 이로써 우리의 몸에 대한 조명도 점차 성적인 활동과 결부되면서 자기를 자신의 성행위의 주체로서 구성해나가는 주체화와 자기 배려의 과정의 관건으로서 우리의 몸이 부각된다.

근대 인식론 위주의 이론철학과 지식철학의 전개로 인하여 위축된 실천철학은 지식보다는 삶의 지혜를 중요시한다. 철학을 삶의 실천적인 지혜로서 이해했던 고대 그리스의 많은 사상가들은 섭생법이나 양생술은 물론 의학 등의 학문을 통하여 우리의 몸에 관한 성찰과 철학을 긴밀하게 제휴시켰다. 푸코는 의학과 도덕을 실천적이고도 이론적으로 접근시키는 이러한 전통을 다음과 같이 말한다. "우리의 몸의 주요한 부위가 처해 있는 상태를 깨닫는 것, 이것이 바로 철학의 출발점이다."[59] 보편적이고도 선험적인 주체를 인정하는 근대 인식론

---

57) Michel Foucault, 2006c, 146. 이 말은 루푸스의 이야기로 본문에서 인용되고 있다.
58) Michel Foucault, 2006c, 167.

철학은 주체를 곧장 존재론적으로 정립하면서 구체적으로 살아 있는 삶의 생동성에 맞닿는 데 무력했다고 볼 수 있다. 이에 푸코의 후기 철학에서 마지막 관건이 되는 자기 배려와 주체화의 문제는 주체의 존재론적인 자기 정립이라는 철학적인 요구에 영적인 요구를 가미할 것을 주장한다. "데카르트가 철학과 과학의 영역에서 몰아내 버린 것은 바로 '자기 배려'라는 개념으로 요약되는 주체의 변화라는 영적 요구였던 것이다."[60] 이는 말하자면 절대적으로 보편타당한 진리를 거부하는 푸코에게, 진리보다는 진리에 접근하기 위하여 필요한 주체의 자기 변화와 진리를 탐구하는 방법 자체를 문제시하는 실천적인 요구라고 할 수 있다. 그래서 성의 역사서 세 권들은 각각 지식이나 앎 자체보다는 이것으로 향하는 의지를, 쾌락 자체보다는 쾌락의 활용과 선용의 문제를 그리고 마지막으로 주체보다는 주체화와 자기 배려의 문제를 논하게 된 것이다.

4. 나오면서

근대철학의 아버지인 데카르트의 코기토로부터 발원해서 칸트의 선험적 통각에 이르러 완성되는 무역사적이고 초시간적인 선험적 주체로부터 푸코는 과연 어떻게 벗어날 수 있었을까? 시간의 흐름을 비껴갈 수 있는 주체란 있을 수 없으며, 주체란 시간의 흐름 안에서만이 스스로를 주체로서 형성해 나갈 수가 있기 때문에 이제 문제가 되

---

59) Michel Foucault, 2006c, 77.

60) Michel Foucault, 2006c, 역자 서문 11.

는 것은 주체화가 된다. 인간 주체화의 상이한 양식들의 역사와 인간을 주체로서 변형시키는 대상화의 양식이 문제로서 대두되는 것이다. 푸코에게 주체란 설명되는 것이지 설명하거나 정초하는 토대가 아니어서, 이제 논의점은 주체로부터 주체화의 과정들이 된다. 그런데 이런 주체화의 과정들을 우리의 몸과 결부시켜서 이해할 때『성의 역사 1』까지의 전기철학과 그 이후의 후기철학 사이에 결정적인 변화를 발견할 수 있다.

전기철학에서는 기존의 근대 주체철학에서의 그릇된 주체 이해에 대한 비판을 통하여 탈주체화와 주체의 희박화에 관한 논의가 두드러진다. 이때 우리의 몸은 주체와 권력 간의 상관관계 속에서 단지 권력의 작용점으로서만 집중적으로 조명된다. 즉 역사적 자료들을 동원하는 고고학과 계보학을 방법론으로 탈주체론을 주장하면서 우리의 몸이 어떻게 권력에 연루되어 왔는지를 고증한다. 권력에 연루되어진 주체는 결코 선험적 토대일 수 없으며 그것은 우리의 몸을 통하여 그 역사적인 상대성을 드러내게 된다. 그러나 후기철학에서 우리의 몸은 성을 중심으로 진정한 주체화 과정이 모색되는 거점이자 저항의 시발점으로서 부각된다. 그래서 우리의 몸은 전기철학에서처럼 역사적이고 고증학적으로 고찰되지 않고, 윤리적이고 미학적인 새로운 존재론을 모색하는 차원에서 조명되기에 이른다.

푸코의 전기철학에서의 우리의 몸에 대한 이해는 그것이 우리의 마음이나 정신과 분리되어서 그 외부로부터 관찰되어지고 있다는 점에서 볼 때 동양적인 이해와 대조된다고 볼 수 있다. 우리의 몸에 대한 동양적인 이해는 그것을 마음이나 정신 혹은 정서 등과 분리시키지 않으면서 내부로부터의 공감이나 감정이입 등을 통하여 접근하기 때문이다. 우리의 몸에 대한 동양에서의 지배적인 이해는 그것이 심리적인 것과 전일적이고도 유기적으로 통일되어 있다고 보기 때문에 수련과 단련 그리고 명상 등을 강조하는 문화를 낳았다고 볼 수 있다. 우리의 몸에 대한 후기철학에서의 푸코의 이해는 그러나 새로운 국면을 맞이하게 되는데 그 관건은 다름 아닌 주체화와 관련된 자기의 테크놀로지(technologies of the self)였다. "자기의 테크놀로지는 개인이 자기 자신의 수단을 이용하거나 타인의 도움을 받아 자기 자신의 몸과 영혼, 사고와 행위, 존재방법을 일련의 작전을 통해 효과적으로 조정할 수 있도록 해준다. 그 결과 개인은 행복, 순결, 지혜, 완전무결 혹은 불사(不死)라는 어떤 상태에 도달하기 위하여 자기 자신을 변화시킬 수 있는 힘을 갖추게 된다."[61]

후기철학에서 강조되는 주체화와 자기의 개념은 탈주체와 주체의 희박화라는 전기철학을 계승하면서도 우리의 몸에 대하여 전혀 새로운 이해를 도모한다는 점에 주목해야 한다. 즉 전기철학에서 우리의 몸은 탈주체 이해에 입각하여 개인의 주체성이 완전히 무시되면서 수동적인 위치에 놓인 온순한 몸, 법이나 사회적인 감시와 처벌 및 통제 아래 무력한 것으로서 집중적으로 조명된다. 말하자면 주체와 권력 간의 상관관계 속에서 단지 권력의 작용지점으로서만 집중적으로 고찰된 것이다. 그러나 후기철학에서 우리의 몸은 주어진 제반 체제 내에서 수동적이기만 한 희생자가 아니라 적극적으로 세상에 대처하면서 자신의 삶을 만들고 다듬어나가는 미학적인 방식에 관심을 쏟는 자기의 윤리학의 거점으로서 부상(浮上)한다.[62] 그래서 우리는

---

61) Michel Foucault(etc), 2002, 36.

62) Michel Foucault(etc), 2002, 284-85 참조.

푸코의 철학이 그 전기를 통하여 서구 근대의 주체철학을 폐기시키면서도 후기에 이르러서는 역설적으로 삶과 실천에 연루되는 참된 주체성을 추구하고자 하는 주체화의 대장정이었다고 평가할 수 있는 것이다.[63] 이런 의미에서 밀러(James Miller)는 푸코의 전 철학과 삶의 과정이 해방된 자아의 추구과정이었으며 푸코의 삶 자체는 "철학적인 삶"이었다고 단언한다.[64]

인터넷의 상용화로 인하여 말초 자극적인 감각과 관능적인 자극이 몸에 대한 진지한 성찰과 유리(遊離)된 사이버세계를 난무하고 있는 오늘날, 푸코가 간파한 주체화의 과정과 성의 장치(dispositif de sexualité)가 우리의 몸과 직결될 수밖에 없다고 한다면 이제 몸에 터를 잡는 실천적인 성문화를 본격적으로 고민해야 할 것이다. 그것은 푸코가 바람직한 모델로 연구한 고대 그리스의 성문화를 통해서건 아니면 일찍이 몸을 통한 수양과 수련, 명상을 발달시켜온 동양의 전통문화를 통해서건 진지하게 모색되어야 할 것이다. 그래서 몸을 통하여 실천적으로 정착 가능한 새로운 성문화와 성의 윤리학으로써, 몸과 유리된 사이버세계에 의하여 노출되고 있는 우리 시대의 성문화의 온갖 병폐를 지양해 나가야 할 것이다.

---

63) James Miller, 1995a, 역자서문 8쪽 참조.
64) James Miller, 1995a, 19.

참고문헌

Billouet, Pierre, *Foucault*, les Belles Lettres, 1999, 나길래 역, 동문선, 2002.

Deleuz, Gillese, *Foucault*, Les Editions de Minuit, 1986, 허경 역, 동문선, 2003.

Foucault, Michel, *Histoire de la folie à l'âge classique*, Gallimard, 1961, 이규현 역, 나남출판, 2005.

_____, *Naissance de la clinique*, PUF, 1963, 홍성민 역, 이매진, 2006.

_____, *Les mots et les choses*, Gallimard, 1966, 이광래 역, 민음사, 1989.

_____, *L'archéologie du savoir*, Gallimard, 1969, 이정우 역, 민음사, 2000.

_____, *L'ordre du discours*, Gallimard, 1971, 이정우 역, 서강대학교 출판부, 2007.

_____, *Surveiller et punir*, Gallimard, 1975, 오생근 역, 나남출판, 2007.

_____, *Histoire de la sexualité I: La volonté de savoir*, Gallimard, 1976, 이규현 역, 나남출판, 2006.

_____, *Histoire de la sexualité II: L'usages des plaisirs*, Gallimard, 1984, 문경자 · 신은영 역, 나남출판, 2006.

_____, *Histoire de la sexualité III: Le souci de soi*, Gallimard, 1984, 이혜숙 역, 나남출판, 2006.

Foucault, Michel(etc), *Technologies of the Self*, University of Massachusetts Press, 1988, 이희원 역, 동문선, 2002.

Miller, James, *The Passion of Michel Foucault*, Raphael Sagalyn, 1993, 김부용 역, 인간사랑, 1995.

Sheridan, Alan, *Michel Foucault; The Will to Truth*, Tavistock Publications, 1980.

* 각 논문의 발표지에 관한 서지사항

1) 「키에르케고어와 수운의 인간 이해 비교」, 『동학학보』 19호, 동학학회, 2010.
2) 「시간에 대한 이해를 중심으로 한 키에르케고어의 실존의 삼 단계설」, 『인문학연구』 20호, 경희대학교 인문학연구원, 2011.
3) 「키에르케고어와 베르그송의 사랑에 대한 이해 비교」, 『인문과학』 44집, 성균관대학교 인문과학연구소, 2009.
4) 「키에르케고어와 레비나스의 주체성 비교」, 『철학연구』 27집, 고려대학교 철학연구소, 2004.
5) 「동학의 종교학적 이해」, 『논쟁과 철학』, 고려대학교 출판부, 2007.
6) 「갑진개화운동의 근대통섭주의철학」, 『의암 손병희와 3.1운동』, 모시는사람들, 2008.
7) 「동학의 선악관」, 천도교종학대학원 초빙강의, 2008.
8) 「동학의 인본주의에 관한 고찰」, 『동학학보』 23호, 동학학회, 2011.
9) 「데카르트와 멘 드 비랑의 우리의 몸에 대한 이해 비교」, 『철학과 현상학연구』 32집, 한국현상학회, 2007.
10) 「베르그송과 메를로-퐁티의 우리의 몸에 대한 이해 비교」, 『철학』 95집, 한국철학회, 2008.
11) 「푸코철학의 전기와 후기에 있어서 우리의 몸에 대한 이해 비교」, 『철학연구』 37집, 고려대학교 철학연구소, 2009.

홍경실

「베르그송의 직관에 관한 연구」로 고려대학교에서 철학박사학위를 취득했다. 강원대학교 포스트 닥 연구원, 성균관대학교 책임연구원, 숭실대학교 연구교수를 역임했으며, 현재 고려대학교에서 강의하고 있다. 베르그송에 대한 번역・저술활동을 계속하고 있으며, 메를로―퐁티, 들뢰즈, 후설과 데리다, 푸코 등 현대철학자들에 대한 비교철학논문을 발표하면서 키에르케고어와 수운을 중심으로 하는 비교종교사상사 연구를 지속해 오고 있다.

『베르그손의 철학』(2005)
『시간과 나』(2008)
『물질과 기억』(역, 1991)
『메를로―퐁티』(역, 1994)
『형이상학』(역, 1999)

「『목소리와 현상』에 나타난 데리다의 후설 현상학 독해」(2006)
「푸코철학의 전기와 후기에 있어서 우리의 몸에 관한 이해 비교」(2009)
「키에르케고어와 베르그송의 사랑에 관한 이해 비교」(2009)
「키에르케고어와 레비나스의 주체성 비교」(2004)
「베르그손의 종교철학과 남겨진 과제」(2008)
외 다수

동학과
서학의
만남

초 판 인 쇄 | 2012년 11월 20일
초 판 발 행 | 2012년 11월 20일

지 은 이 | 홍경실
펴 낸 이 | 채종준
펴 낸 곳 | 한국학술정보㈜
주   소 | 경기도 파주시 문발동 파주출판문화정보산업단지 513-5
전   화 | 031) 908-3181(대표)
팩   스 | 031) 908-3189
홈 페 이 지 | http://ebook.kstudy.com
E - m a i l | 출판사업부 publish@kstudy.com
등   록 | 제일산-115호(2000. 6. 19)

ISBN   978-89-268-3871-6 93100 (Paper Book)
           978-89-268-3872-3 95100 (e-Book)